U0631278

智能时代
媒体重塑

王 巍 / 著

中国原子能出版社

图书在版编目 (CIP) 数据

智能时代：媒体重塑 / 王巍著 . —— 北京：中国原子能出版社，2022.9

ISBN 978-7-5221-2145-1

Ⅰ . ①智… Ⅱ . ①王… Ⅲ . ①传播媒介－研究 Ⅳ . ① G206.2

中国版本图书馆 CIP 数据核字（2022）第 170427 号

内 容 简 介

本书从传播技术的更新迭代，逐步聚焦智能时代下的媒体传播。以智能媒体传播的先锋"虚拟现实"为切入点，探讨占据智能媒体传播 C 位的智能新闻、智能媒体传播的核心社交网络，对智能媒体传播构建起的平台社会等问题进行剖析。简要梳理智能媒体发生发展的过程，总结透析智能媒体传播发展过程中的焦点问题，使读者了解大数据、物联网、VR、云计算等基本概念，理清其与传播学的关联及应用，为进一步认识智能媒体打下坚实的基础。本书论述严谨，条理清晰，内容丰富新颖，是一本值得学习研究的著作。

智能时代：媒体重塑

出版发行　中国原子能出版社（北京市海淀区阜成路 43 号 100048）

责任编辑　张　琳

责任校对　冯莲凤

印　　刷　北京九州迅驰传媒文化有限公司

经　　销　全国新华书店

开　　本　710 mm × 1000 mm　1/16

印　　张　13.5

字　　数　214 千字

版　　次　2023 年 6 月第 1 版　2023 年 6 月第 1 次印刷

书　　号　ISBN 978-7-5221-2145-1　定　　价　82.00 元

网　　址：http://www.aep.com.cn　　E-mail:atomep123@126.com

发行电话：010-68452845　　　　　　版权所有　侵权必究

前　言

　　媒介技术的发展将我们带到了一个瞬息万变、众语喧哗的新媒体时代。伴随着智能时代的到来,思想观念、生活方式乃至行为举措的急剧改变,也常常让人们有些无所适从。智能时代,媒体到底是什么?智能时代到来对传媒界又意味着什么?人们如何正确处理好与媒体的关系?这些问题看似简单,却又真真切切地摆在我们面前,需要我们去面对和解决。因此,理解智能时代的媒体特性在当下显得尤为重要。

　　人类社会发展的每一阶段都会有一些新型的媒体出现,它们都会给人们的社会生活带来巨大的改变。这种改变在今天这个智能时代表现得尤其明显:受众这一角色转变成了"用户",成了传播的主动参与者,而非此前的被动信息接收者;传播过程不再是单向的,而是双向互动的;传播模式的核心在于数字化和互动性。这一系列改变的背后是网络技术、数字技术和移动通信技术的发展,并由此衍生出新的媒体形态——智能媒体。

　　《智能时代·媒体重塑》是基于传播学而又超出学科界限的跨学科著作,在人工智能技术发展的大背景下,从传播技术的更新迭代,逐步聚焦智能时代下的媒体传播。以智能媒体传播的先锋——"虚拟现实"为切入点,结合大数据、物联网、VR/AR、云计算等新型智能技术,探讨占据智能媒体传播C位的智能新闻、智能媒体传播的核心社交网络,对智能媒体传播构建起的平台社会等问题进行剖析。

　　本书既有对人工智能技术和媒体发展轨迹及运行规律的理论归纳,又有对智能媒体构建实务的探讨,还结合了大量鲜活的智能媒体运作案例,真正做到了理论与实务的结合、运行与案例的相佐。希望能够以本书为起点,开启更多对媒体智能化发展的教育与研究。

作　者

2022 年 5 月　　

目　录

第一章

初识人工智能

第一节　什么是人工智能

　　在日常生活中,对于像自动驾驶的汽车、机器翻译,或者能够自己满地跑的扫地机器人,这一类不用人工参与就可以执行操作的产品,我们会很容易把它们认为是人工智能,而我们经常用的手机小程序或者 PC 机这一类,我们则会认为这些不太能够算得上是人工智能。

　　到底什么是人工智能呢? 它有没有一个容易界定的科学定义呢? 如果从公众关注的视角上来看,就是刚才我已经提到的那些让大众眼前一亮的东西,更偏向于会被认为是人工智能。从这个角度来看,人工智能就是机器能够完成人们不认为机器能胜任的事情。那么,什么又是不能胜任的事情呢? 显然,不能胜任的事情是随着时代的变化不停发展的。这在一定程度上也反映出,在当前的时代背景下,大多数普通人对人工智能的认识程度。比如,在新闻中看到机器可以下围棋,这让我们很惊讶,因为在我们的认知中,机器一直在围棋上是没有任何建树的,但是,它现在居然可以下围棋,而且还能打败世界冠军。这就是机器完成了人们不认为它可以完成的事情,显然,这无疑就是人工智能了。

　　如果从这个视角出发,其实,人工智能的定义是在不停动态变化的。1997 年,国际象棋的程序战胜了世界冠军的时候,当时人们认为国际象棋的程序显然就是人工智能。随着时间的流逝,大家就会逐渐忘记这一点,在了解了背后国际象棋程序的运作规律之后,发现它只是在一个很大的搜索树上进行搜索,穷举所有的下棋步骤,而且需要加载很多大师的棋谱,人们就慢慢倾向于这个国际象棋程序只不过是在搜索,那它可能就不是人工智能。到 AlphaGo 打败了世界围棋顶尖高手,人们就开始认为能够下围棋的显然是人工智能,所以,实际上从公众关注的视角来看,人工智能是一个变化着的概念。

　　除了下棋之外,人工智能还有其他的应用领域,比如,把图像中的文字识别出来典型应用就是光学字符识别 OCR,无论是印刷体的文字,还是人工手写的文字，OCR 计算机程序都可以从图片中把文字提取出来，大家觉得它能够从图片中识别字，那它就是人工智能。随着图片识别技术的发展，用户看到它只是做了图像增强边缘的提取匹配，在大家对图片内容识别习以为常之后，就认为这不是新的人工智能。现在，计算机程序对图像识别又进了一大步，不仅可以识别出照片里毛茸茸的动物是狗还是猫还是小鸟，还可以识别出一顿大餐照片中的食物内容。这时候大家又会觉得很惊讶，又认为这是个新的智能。

即使是在科学家的范围里，人工智能的定义也是在不停变化的，早期的时候，科学家们认为所谓的人工智能，应该和人类的思考方式相似。什么是与人的思考方式相似呢？最直接的概念就是让人工智能程序遵循逻辑学的基本规律，可以进行逻辑的推理、运算与归纳，甚至从一系列的规则中，推导出我们现在还不知道的事实。这就是科学领域中人工智能的定义，它强调的是思考方式，所以我们把人类最高的智慧，即数学和逻辑应用在这个定义上。可能我们会发现某方面的数学和逻辑是有局限性的，并不是所有的事情都能够描绘得很准确，所以，很多复杂的事情数学及逻辑都还描述不了。

我们可以再退后思考，我们暂且不管它具体的思考方式是什么样的，因为我们确实不知道机器的思考方式具体是什么，所以，后来我们逐渐流行的定义是：人工智能是和人类行为相似的机器程序。从思考方式到行为一个很大的变化，所谓的行为，是指它表现出来是一样的结果，即用相同的内容输入给人和机器，如果人和机器做出来的响应是相似的，或者是一样的，那么，我们就认为这个计算机程序它具有智能。放在人工智能上，就是不管人工智能的内容到底是什么，只要它表现出和人类一样或相似的行为，我们就认为它是人工智能。

从实用主义出发，无论计算机如何去实现这个方式，只要它在特定的环境下，能够表现得和人类相似，我们就说机器程序在这件事情上具有人工智能。我们前面提到的图像识别、图像的分类，或者对某个事情做决策、进行分析推导等，这些都从实用主义的角度出发。长远来看，从发展的角度，很多人工智能的程序，并不是一出现就马上具有跟人相似的概念，就像人从婴儿开始什么都不懂，到了成人，再到成为某个特定领域的专家，都会经历一个成长的过程，如果按照这样去定义，人工智能应该是一个会学习的计算机程序。所以，在最近的这一波人工智能热潮中，人工智能在人们的眼里就是一个会不断自我学习的程序，如果人工智能不能进行自我学习的话,就不能称作是人工智能,进行深入学习也是人工智能的核心指导思想。这也符合人类自身认知的特征,也就是每个人都要不断地学习,才能够更加智慧,以处理世界上更多的事情。

把历史上对人工智能的所有定义综合起来看,可以概括出一个不算是特别精确的定义:人工智能,是根据对于物理世界环境的感知,做出合理的行动,尽量争取获得最大收益的计算机程序。

第二节　身边的人工智能

一、家庭助手

家庭的人工智能我们叫作智能家居,智能家居是由家用电器极大丰富而引起的,科技给我们生活带来了很多的便利,让我们有更多的时间来享受生活。可能每个人都会经历这样的一个状况,随着家里的电器增多,遥控器也是到处都是,而这些需要由人来单独控制的电器显然还不能够称为智能,所以,什么是智能家居呢? 首先,它需要能够感知周围的环境,也就是家庭的整个环境,不仅仅是家庭的温度、湿度,甚至还有在家里活动的人的情况,所以有了像指纹门锁、自动感应灯、人体感应传感器等很多可以联网的传感器。

扫地机器人是典型的智能家居设备,它是搭载了智能处理器的吸尘装置,作为智能家居的代表,扫地机器人需要结合大量的人工智能技术,才能够更好地进行居家的自动打扫。我们把扫地机器人放在家里,它自己就可以在每一个房间里自主地活动,而主人并不需要告诉它,要打扫的这个房间是什么形状,扫地机器人可以通过它自己的传感器去感知环境,甚至地脏到什么程度,扫地机器人都会自己感知到。

到目前为止,国内外的扫地机器人产品已经都很成熟了,它们的外形都是大同小异,而对于扫地机器人而言,最重要的是要具备可以感知环境的传感器,比如说距离传感器、超声波的雷达传感器等。扫地机器人的底面除了吸尘装置和运动装置之外,更多的就是传感器了,比如说电子罗盘,它是可以去探测像台阶这样的悬崖传感器,以免扫地机器人在工作的时候从台阶掉下去。扫地机器人还可以在快没电的时候，感知到充电的地方在哪，自动地跑到充电点去给自己充满电，充好电后再接着干活。扫地机器人它对于空间的感知来自空间传感器，它有一整套的空间传感器，以及非常精确定位的算法，使它能够知道所处的房间是什么样子，在哪儿有桌椅板凳以便它能够绕开。

第二个典型的智能家居产品就是智能音箱，它是加载了智能语音交互系统的音箱，同时可以和网络连通提供互联网的服务，这样一来，它就可以获取互联网上的海量信息。用户可以通过简单的语音指令，让智能音箱播放音乐、查询信息，甚至通过智能音箱来控制各种智能家居设备的使用。从 2014 年 Google 的智能音箱风靡全美国以后，智能音箱迅速发展，在中国的智能音箱市场上也出现了众多已经很成熟的产品。为什么智能音箱如此的重要？从某些角度来说，智能音箱充当了人和人工智能、人和机器之间的媒介。

在 PC 时代，我们用电脑的时候，交互方式主要是通过鼠标和键盘来实现。到了移动互联网时代，当我们更多地通过操作手机来获取信息的时候，交互方式则通过触摸屏来实现，通过手指的触摸来获取各种各样的信息。到了人工智能时代，如果还用鼠标、键盘以及触屏的话，获取信息的效率就太低了。

人工智能时代的交互方式正在转移到语音、语言的理解以及视觉的理解上来，所以有了在手机上驻扎的个人助手，比如说苹果 iOS 系统的语音助手 Siri，你只要喊："嘿 Siri"，它就会跳出来说："我能为你提供什么样的帮助呢？"，用户可以用接近自然语言的方式来对 Siri 下指令，比如说发送信息、拨打电话等，甚至可以结合用户所处的位置来寻找附近的餐馆、酒店等，还可以做事件的提醒。

在 PC 机上，也已经有了语音助手，比如微软 Windows 系统里的微软小娜。它不仅仅可以听语音命令，还可以理解用户说的话，通过本地或者网络引擎的搜索来回答用户提出的问题，并且通过对设备位置的感知，来向用户提供本地化的信息显示。

国内也有很多个人语音助手的产品，比如小米的小爱同学，它以一个智能音箱的形式出现，用户只要呼唤"小爱同学"，它听到后，在能够确定用户身份的同时，和用户进行语音交互。除了播放音乐之外，用户还可以通过小爱同学来控制小米一整套的智能家居的设备，比如开关灯、控制空气净化器的打开和关闭等。

还有百度的小度机器人，它不光能够听到语音，还可以通过配置的摄像头识别到用户的表情变化，进行人脸识别的交互。小度机器人是机器人产品的形态，所以它还可以在小范围内进行活动、拍照等。除了这些之外，用户还可以通过它来进行搜索引擎上的信息查询，甚至可以用英文来和小度机器人进行对话。

二、机器翻译

在我们生活和工作中都少不了要接触到英文，尤其是出国旅行的时候，更避免不了要使用英文，这对于英文不是特别流利的朋友来讲的确是一个挑战，往往这个时候就需要翻译人员的帮助了，而现在，我们完全可以借助机器翻译来传递这些信息。

以前的机器翻译经常会闹笑话，比如"我说了算"这句话，机器翻译会把这句话按照汉语逐字地进行英文替换，我们就会看到一个很奇怪的英文翻译结果：I said calculation，机器翻译以为"我说了算"中的"算"是计算的意思。为什么会出现这样的笑话？因为以前的翻译方法主要是基于统计的机器翻译，这种方法把两种语言中同义的句子都切分成词，再根据词来进行内容匹配，进而把英文变成了中文或者把中文变成英文，翻译结果都是机器通过统计数据得出来的。

对于统计机器翻译来说，不同的发展阶段有不同的类型。第一种类型，是基于词的翻译，就是把一段完整的句子分解成一个一个最小的单词，然后再进行单词的替换。前面举的例子"我说了算"的翻译，就是基于词的翻译的产物。第二种类型，是基于短语的翻译，会把词进一步地组合成短语，包含了几个单词的短语就更加能够表达成语言或者说常见的用语，所以这种类型能够提高翻译的准确性。第三种类型，是基于句法的翻译，它先对一个句子进行语法的分析，把主谓宾定状补都分解出来，然后再用其他语言中相同的内容去替换它。这种基于句法规则的翻译，是基于统计机器翻译的最高的阶段。

在机器翻译发展的过程中，不断有辅助的技术加进去，但是，经过了多年的努力后，机器翻译的效果仍然没有达到预期的效果。正当人们陷入非常失望状态的时候，在2016年的9月，谷歌公司发布了用神经网络进行机器翻译的产品——谷歌翻译。这种智能翻译可以说是对以前机器翻译的强大颠覆，使人们对机器翻译又重拾信心，它能够使得单词的错误减少50%，词汇的错误减少17%，而语法的错误也能够减少到原来的19%，从翻译结果来看，它是相当逼近于人工的翻译的。这种全新的机器学习翻译系统，将全面启用在"谷歌翻译"里面的"中文翻译英文"，翻译的结果就更加准确流畅。同样是"我说了算"这句话，谷歌翻译就翻译得比较准确了，它的翻译结果是：I have the final say，就是说最后是由我来说话，我说了算的。

微软公司在人工智能机器翻译的产品开发上，也取得了很大的进展，主要体现在对通用的新闻报道的翻译上。我们都知道，新闻报道包括社会性事件、体育新闻等，这些报道充分体现了人类会受到语境语义限制的自然语言特点，而微软机器翻译系统在对新闻报道的翻译上，可以非常接近人工翻译的结果。所以，可以说微软的机器翻译系统，是第一个在新闻报道的翻译质量和准确率方面都可以比肩人工翻译的翻译系统。

在微软的机器翻译系统中，人工智能体现在两个技术上：第一个是对偶学习，即中文翻译成英文和英文翻译成中文，这两个任务存在着某种对称和对偶的结构，所以这两个任务可以通过相互提供反馈信息来互相提高。第二个是推敲网络，在神经网络上的翻译任务完成之后，机器可以继续学习，进行反复地推敲，而且它可以基于前一阶段的翻译结果，对新闻报道的翻译结果进行润色，以达到更高质量的翻译结果。

国内也有很多智能翻译的产品，比如"有道翻译官"，它可以做语音对讲翻译，也可以通过手机的摄像头拍照，然后对识别到的文字进行翻译。还有"网易见外"，它可以在视频中提取语音来进行实时翻译。

机器翻译还有一个很典型的应用，就是实时视频字幕。很多外文的电影或者影视作品要想让中国的一般观众都能看得懂的话，就必须加上字幕，这项工作通常都是由字幕组进行人工翻译来完成的。但在最大的视频分享网站YouTube上，就出现了自动字幕的功能，也就是说，不再需要人工去添加字幕了。在YouTube上，超过10亿个线上影片的字幕都是由系统自动生成的。YouTube从2009年开始，就已经启动了自动字幕，当时它是用语音识别技术来生成英文字幕，但仅仅是生成英文的字幕，而且生成的质量还不是那么高。随着人工智能的语音识别技术发展之后，在YouTube上的自动英文字幕就大幅度地提高了语音识别的准确率，而且在机器翻译技术的支持和发展之下，可以把识别的英文字幕实时地翻译成中文、法文、西班牙文等其他的非英文字幕。这样一来,我们在视频分享网站上就能够看到并不需要人工操作就能看到的各种语言,而且可以看出来,这些实时翻译来的字幕质量还是相当高的。

三、图像识别

图像识别,是通过人工智能技术根据图像来识别图像的内容、含义及所表达的意义,生活中我们可以看到很多图像识别的应用,比如按照图像来进行搜索、对照片进行分类、对人的面部进行识别,除了识别之外,还可以进行实时的处理,比如自动美颜,还有通过实时视频进行安防方面的监控等。

先来看按图像搜索,这项应用在百度识图和谷歌的图片搜索中都可以,当用户看到一张图片的时候,如果想找到这张图片在别的什么地方曾经出现过,或者和这张图片相关的新闻报道内容是什么,就可以启用按图像识别来进行搜索。比如,用一张图片去搜索,最后搜索的结果不仅可以确认这张图片出现在哪些网站上,还能够把和图片内容相关的新闻网页显示出来,而且,还可以分析出与这个图片相关的关键词是什么,这实际上就是对图片内容的解析。

第二个图像识别的应用是照片分类,典型应用是谷歌相册,它可以改变我们传统管理相册的模式。我们现在通过手机数码相机拍摄照片和影像的情况越来越多,在拍完照片之后,你如何去整理呢?在以前的胶卷时代,一个胶卷只有三十几张照片,一年下来也就拍个百八十张照片,用相册来进行分类就可以了。到了数码相机普及的时代,尤其是智能手机普及了之后,可能出去游玩一次就会拍下上千张照片,这时候再用传统的方法对每一张照片进行归类、进行标注的话,那么就会付出很大的时间代价及成本。所以,在人工智能技术的浸入下,照片分类就成成了完全自动的方式,在谷歌相册里面,照片不需要手工去添加标签就可以自动地进行分门别类,比如说按照人来分类,相册可以按照每一个不同的人脸,把相同的人都归成一类。也可以按照事物的标签来进行归类,比如拍了很多张食物的照片,用户只要搜索食物,谷歌相册就会把你拍过的所有的食物照片放出来。在人脸识别的基础上,谷歌相册还可以进一步识别出用户身边的宠物,你的猫、你的小狗都可以被识别出来,它们在家里活动的各种各样形态、瞬间都可以被相册放映出来。除了类似食物这种静止的名词之外，还可以搜索"会议"，相册就会把在上课、在开会的场景照片放映出来。

我们最常用的面部识别典型应用就是对手机进行解锁，手机解锁的传统方式是输入密码，画一个图形，或者指纹，这些方式都需要与手有所接触，需要用手来进行操作，引入面部识别解锁后，用户只需要拿起手机，手机的前置摄像头就能在瞬间认识到主人，然后自动把锁解开。最早的面容解锁是苹果的 iPhone X 发布的 Face ID，它采用了最先进的人脸识别解锁方案，在 iPhone X 里内置了能够感知到用户三维立体成像的三维深感摄像头，再搭配上红外摄像头，就能够提升面部识别的精确度和安全性，这样一来，就不能用平面照片骗过解锁系统了。

对视频进行实时的处理，典型应用是我们日常当中经常使用的自动美颜，现在喜欢自拍的人越来越多，每个人都对自己的容貌有非常高的期望，所以现在的自拍产品都会加入实时美颜的人工智能技术，比如在静态的拍照上进行处理，实时识别出你的面部，对眼睛、鼻子、嘴巴等，不太完美的部分做出自动调整，调整美颜完成之后，得到的面容并不是别人认不出来的，它仍然具有用户自身的神韵。除了静态的照片之外，人工智能技术也可以对视频进行实时美颜，这些技术常见于短视频网站和应用上，比如抖音、快手等，这些平台上会有很多对视频实现处理的美颜滤镜。

图像识别在安防和监控上的应用，对我们每个人的安全都非常的有意义。随着监控摄像头的分辨率越来越高，监控内容也看得越来越清楚，但是依然存在一个问题，那就是人工。也就是说，即使再高清的内容，如果最终还是需要人工来看的话，那么随着监控摄像头数量的增加，人力还是很有限的。在引入人工智能识别技术后，机器对监控影像的识别就从看清向看懂进化了，人工智能技术加上安防监控摄像头，就可以让人工智能来实时分析现场视频，及时发现可疑的人。比如说在逃的罪犯，如果他到了火车站的候车室，只要他一抬头，马上就会被智能摄像头识别，转而向警察进行报警。如果出现了事故，智能摄像头也可以第一时间进行报告。如果把智能摄像头应用在交通方面，对智能交通的实现也非常有帮助，它可以自动识别汽车牌照、汽车的违法行为，也可以分析交通流量，甚至可以知道在某个路段，每辆车的平均速度是多少，这些对于交通管理就会有一个很好的参考价值，通过这些参考的信息，智能摄像头还可以接入到红绿灯的控制系统，根据交通流量来对路口实现动态的控制，使整个城市的交通更加流畅，我们的生活更加的便利。

四、自动驾驶

汽车是我们人类现代文明的一个象征，也是人类最伟大的发明之一，作为基础设施，在工业社会中，交通运输物流，都需要由汽车来完成。那么，人工智能在汽车交通运输方面能有什么作为呢？那就是自动驾驶。

人工智能应用在自动驾驶上，有很多代表性的例子，比如说 Google 的 Waymo；吴恩达的 Drive.AI；把人工智能用在卡车也就是物流运输上的自动驾驶卡车；国内也有人工智能的自动驾驶的应用，比如小马智行和百度无人车。

首先我们来看看 Google 的 Waymo，从 2009 年开始，Google 的 X 实验室正式启动了 Google 的无人驾驶项目。2015 年，一位盲人乘客坐在一个没有人控制的、看起来非常可爱的、型号为"萤火虫"的自动驾驶汽车里，安全地行驶过奥斯汀市的街区，这也是全球首次真正意义上的无人驾驶。自此之后，Waymo 就开始向公众提供交通出行的服务，在2017 年 11 月，Waymo 宣布可以实现完全无人自动驾驶状态下的乘客运输，它和凤凰城山河谷公交公司合作，致力于把乘客送到公交车站，或者把乘客由公交车站接送到他们的目的地，这就是被称为"最后一公里"的一个衔接的工作。

除了 Google 在自动驾驶上的努力之外，还有一位非常著名的人工智能研究专家——吴恩达，他开创了 Drive.AI，这个 Drive.AI 首先在得克萨斯州进行了自动驾驶的测试，这也是美国得克萨斯州首次迎来可以日常载客的自动驾驶汽车。它是在固定线路和固定区域上进行行驶的，而这个无人驾驶的车队则成为城市南部产业园区办公室员工的通行车辆，可以带着他们穿梭在办公室、体育场和公寓之间，给员工带来了很大的便利。

Drive.AI 还考虑到与人交互的需求，所以配备了液晶显示屏，Drive.AI 把液晶显示屏的屏幕称为"人机交互系统"。这个系统可以通过文字和符号来完成与车外行人和车辆的沟通，它会提示车外的行人和车辆，这辆自动驾驶的汽车正处于什么样的状态、需要做什么事情等，这也是人工智能无人驾驶的一种辅助手段。

除了运输乘客之外，自动驾驶在货运方面也取得了很大的成功，Waymo 在自动货运的试运营上，在美国的物流中心亚特兰大，为 Google 的数据中心运输货物，它在工厂配送中心、港口、最后的货物需求点之间，形成了一个物流的网络。特斯拉也发布了自动驾驶的电动货车。由此看来，在货物运输上，人工智能也能够起到很大的作用。

Embark 自动驾驶卡车曾经完成了一个壮举——横穿美国，它穿越了美国的东西海岸线，从西海岸的加利福尼亚州，一路开到了东海岸的佛罗里达州，创造了一次完全无人驾驶卡车的测试记录，总里程达到了3864 公里。

我们国内的人工智能也不甘落后，在国内，有一个自动驾驶的独角兽公司——小马智行。在 2018 年 2 月，小马智行第一支无人驾驶的车队正式在广州的南沙上路运行。

百度公司一直声称要转型人工智能，所以，百度在无人车的研究上也投入了相当大的力量，百度和中国的客车公司——金龙客车合作，开发了一个 L4 级别的自动驾驶巴士"阿波龙"。

现在，人工智能在自动驾驶上，已经一步步地走向成功，相信不久的将来，我们就可以在城市的街头看到很多行驶的汽车，但是里面却没有司机，只有乘客。

五、医疗健康

人工智能技术如何能在医疗健康的领域发挥作用呢？人工智能技术和大数据的数据服务应用于医疗行业，可以大大地提升医疗行业中的诊断效率和服务质量，以便更好地解决医疗资源短缺的问题。将来为我们做诊断的医生，在人工智能和大数据的帮助下，他可能在短时间内就能建立起很丰富的经验，从而更好地提供医疗服务。

医疗健康有以下几个部分：

第一是医疗影像和诊断。在医疗影像和疾病的诊断方面，人工智能的优势在哪儿呢？首先长期的行医历史积累了大量的影像资料，通过这些影像资料，可以对人工智能进行训练。随着人工智能在图像识别和影像分类方面的技术越来越成熟，医疗影像和疾病诊断就得到了很大的发展，2018 年的 8 月初，江苏省的放射科专家们参加了"肺结节 CT 读片百人大赛"，他们不是相互之间进行比赛，而是和人工智能的算法进行比赛，从比赛的结果来看，人工智能的成绩都高于这些高级职称组的专家们，这个新闻就为我们提供了一个很好的线索，我们发现人工智能的专家，实际上已经接近甚至超越了人类高级专家读图和诊断的效率。除此之外，2018年的7月，"腾讯觅影"系统发布了"结直肠肿瘤筛查"的人工智能系统，它可以通过影像来帮助临床的医生诊断癌症和肿瘤的疾病状况。在国外，1997年在国际象棋比赛中战胜了卡斯帕罗夫的深蓝系统，它的第二代IBM Watson人工智能系统，则主要是面向癌症患者提供医疗诊断帮助，到目前为止，Watson已经为超过84000位病人提供了帮助，目前Watson系统还在继续地学习当中。

第二是在医疗方面的虚拟助手。开发在围棋比赛中战胜人类的AlphaGo的公司Deep Mind，它下设一个叫Deep Mind Health的部门，即医疗健康部门，这个部门利用AlphaGo积累下来的机器学习技术，预测病人住院期间病情恶化的情况，从而帮助医生和护士更早地发现病人的病情，及时采取治疗方案。作为医生和护士的虚拟助手的同时，病人也可以用来自助，像国内也有一些医疗方面的App程序，比如"康夫子医疗大脑"，它通过学习海量医学书籍，构建起了庞大的知识图谱，可以帮助用户做预期的诊断，然后再提供医疗的建议、用药的建议以及病愈之后的身体管理和饮食管理等。

第三是为患者动手术的医用机器人。医用机器人主要体现在外科手术领域，机器人通过机械臂，可以提供非常高的精确度和手术的可靠性，大大降低了外科医生的劳动强度，而且，机器人在微创手术的区域定位方面，可以达到非常高的精度，既可以让患者在手术后创口很小，也可以让病人快速地痊愈。在应用机器人方面，中国国有的天智航公司和我国最有名的骨科医院北京积水潭医院合作开发了一个骨科机器人，这个机器人已经在全国累计完成了3700多例的手术。

在可预见的未来，医生会和人工智能一起来为我们做疾病的诊断和治疗，也会有机器人出现在医院的手术室里面，这样的未来，让我们的健康更加有保障，整个社会的医疗资源就能够大大丰富。当然，医疗健康的问题不仅仅是所谓的诊断和治疗的问题，我们作为一个现代社会的人，也要注意自身的健康，不要等到生病的时候再来找人工智能，人工智能可做的是为用户提供健康管理的方案，这才是使我们的健康更有保障、医疗资源极大丰富的体现。

六、金融与商业

金融的发展、经济的发展和商业贸易是现代文明社会的本质特征，我们每个人都要不可避免地加入经济发展、金融交易和商业贸易中去。

金融、经济发展和商业贸易，既有自身发展的客观的规律，也受到个人心理状态、个人情感，甚至整个社会集体的群众心理的影响。在这样一个主观与客观交织的复杂领域中，金融、经济与贸易自然不可能像自然科学那样精确运行，那么，在这里面人工智能又能起到什么样的作用呢？它能否为我们的经济发展和金融贸易服务以及商业服务提供帮助呢？

第一个是智能投资顾问，它能为我们投资提供帮助。例如在投资股票的人，每天都会看到股票的数据，成千上万只股票数据在时时刻刻地波动，作为投资人如何能够发现它背后的规律，进而找到投资盈利点呢？对于人来说，除了经验丰富、资本雄厚之外，还需要克服很多心理上的障碍，因为人一旦看到红利，看到整个股市在上涨的时候，就会被投资热情感染，奋不顾身地投入进去，而一旦看到有下跌的迹象，可能就会感到极大的恐惧，造成更大的损失。在人工智能作为算法这一方面，它可以对整个数据金融投资数量进行详细的分析，不只是对历史数据进行分析，还能结合目前市场上的其他的数据，比如国家的政策、行业的发展，甚至个体投资对象的公司等，来帮助我们在投资的时候进行不同的组合。

近几年来有很多智能投资顾问产品出现，比如，第一个由商业银行推出的"摩羯智投"，它可以由用户自己选择风险的偏好，在金融投资方面，高风险往往意味着高收益，如果寻求稳妥的投资，都是可以由自己来进行风险设定的。在投资的过程中，智能投资顾问不会受到人的情绪波动的影响而做不利于投资盈利的事情。还有"灵犀智投"，它会根据经典的理论来设计投资组合，这些组合可以把风险分担，以求得最大的收益。这里涉及的理论和多领域的投资金融产品，是一般人不能在短时间内掌握的，所以，人工智能技术可以帮助我们在投资上进行盈利的组合，配置个性化的方案并进行管理，尤其在对用户心理的调整和跟踪服务上，当用户受到损失的时候难免失望，收益的时候又会兴奋，这些心理过程都会影响投资行为，而人工智能技术本身并不会有这样的情绪波动，所以，在这方面就能够保持理性的态度来帮助到投资人。

第二个是智能客服，即智能的客户服务，为了在商业贸易或者电子商务过程中给用户良好的交互体验，通常会设置很多客户的服务代表，而人工智能在客户服务方面也能够大有作为，因为客户服务是劳动密集型的行业，需要有很多人来接电话并回答客户提出的各种各样的问题，如果能够把这些问题进行归纳分类，把答复也进行一个标准化的处理的话，就可以由人工智能机器人来为客户进行服务，它可以及时回复用户的问题，不会因为人手不足而让客户服务延迟，人工智能也可以对用户的意图进行理解和预测，解决大多数常见的问题，至于一些疑难杂症，即一些少见的特殊、复杂问题，智能客服则可以转交给人工客服去处理，这样一来就大大缓解了人手紧张的状况。在很多大型的电子商务网站中，会专门开发智能客户系统，用人工智能技术涵盖众多的业务领域，其实，很少会有人类的客服能够具备如此众多的知识，而人工智能却不一样，它可以通过数据分析，通过对于业务规则的理解，达到一个极高的服务水准。

第三个是智能推荐。随着社会商业的发展，产品越来越丰富，这种情况下，消费者如何理性地去选择产品，以达到用最低的投资满足自己最大的需求，这时候就会用到智能推荐，人工智能可以跟踪用户的购买行为以及偏好，根据用户的喜好将各类产品向用户进行推荐，人工智能还会跟踪用户对消费过的产品的评价，再根据你的评价来推荐相关的产品。人工智能甚至还会在用户浏览网页、进行选择操作的过程中，跟踪用户的浏览时长以及鼠标移动的过程，以此来判断这些商品对用户的吸引力如何，当人工智能系统把所有的这些数据都记录下来并进行分析之后，就可以很快地为用户推荐喜欢的产品。其实，不只是商品的交易，新闻的网站，还有短视频网站等数字化的内容，都会根据用户的历史行为来推送它认为与用户相关程度大的内容。比如今日头条、京东、淘宝、抖音等，用户关心的是哪方面的内容，这些内容就会频繁地出现在用户所浏览的位置上。可能大家会产生疑问：如果人们都按照人工智能的推荐来进行选择和生活的话，会不会对人的自由意识产生些干扰，或者说使人的眼界变得越来越窄，只能了解到关心的那些事？当然，这是现在正面临的社会问题，也是人工智能发展过程中的问题，关于这个疑问，我们后面还会有专题进行探讨。人工智能的这些发展，虽然提供了很好的服务，但是会不会引发其他负面的或者消极的问题，还有待验证。

最后一个是智能监管。它涉及对金融业运行的监管，金融业除了金融服务和金融消费外,还有政府监管问题。针对违法或者违规行为的探测及纠正的情况,则可以在人工智能的系统中内置智能监管合约,让这些合约在合规的情况下可以自动地进展,在违规的情况下能够进行自我纠正,就使得新时代下的金融服务及金融交易中,高频度出现隐蔽性很强的违规行为,在人类很难发现的情况下由人工智能来做出判断并且来进行纠正,或者说进行举报,然后做出相应的处理。

人工智能在金融服务、商业贸易和经济发展的过程中,扮演了一只无形的手,它可以辅助个人、机构、组织及政府做很多事情,使经济更加快速健康地发展,使每个人的消费都能够达到满意的程度,最终促进整个社会的健康快速发展。

第二章

人工智能的发展

第一节 人工智能的发展历程

人工智能在发展的六十年间,经历了三起两落的跌宕式发展。

一、人工智能的第一次浪潮

人工智能的第一次热潮发生在计算机刚开始发展的时候,大约从20世纪50年代一直到20世纪70年代将近20年的时间,随着计算机的出现,人们开始探讨机器智能的问题,大量的专家学者开始对人工智能进行研究。

1946年第一台电子数字计算机面世,名字叫ENIAC。但1949年由计算机科学家先驱冯诺依曼指导制造的冯诺依曼体系结构的第一台计算机EDVAC更具有代表性,它是第一台可编程的计算机。现在我们生活、科研和学习、工作中用到的计算机,绝大部分都是冯诺伊曼体系结构的计算机,所以它更为重要和有代表性,因为他是第一台真正采用了二进制以及存储程序的计算机。1950年,计算机科学家先驱图灵发表了一篇名为《计算机机械和智能》的论文,在这篇论文中,图灵探讨机器是否能拥有智能,同时,提出了著名的图灵测试。1956年的夏天,大概是七、八月间,几位计算机科学的先驱学者,他们在达特茅斯发起了第一届人工智能的讨论会。在这届会议上由麦卡锡提出了Artificial Intelligence这个词,即我们现在所说的AI,也就是人工智能。所以,人工智能这个概念,从1956年的达特茅斯会议才真正的开始。麦卡锡和闵斯基后面又共同创建了MIT人工智能实验室。麦卡锡发明了Lisp语言,Lisp语言是专门用作表处理的一种函数式语言,它对于智能程序的编程和发展具有很重要的意义。

在达特茅斯会议上,计算机科学的先驱学者们讨论的内容主要有以下几点。第一个,计算机如何编程。当时存储程序的计算机,即冯诺伊曼体系结构的计算机刚刚出现，所以，在这个阶段对于计算机如何编程的讨论就显得尤为重要。第二个，神经元网络构建。人工智能，就是对于人的智能的模拟，计算机科学的先驱学者们在此次会议上就讨论到了神经元，以及如何把神经元构造成网络来进行智能程序的设计。第三，机器自我提升。计算机科学的先驱学者们在回忆中探讨了机器的学习，即一个程序不仅仅要能够处理固定的问题，还要能够通过它运行的历史来逐渐达到自我提升，所谓的自我提升其实就是不断地学习，然后达到越来越高的智能水平。

第一次热潮中，最开始对人工智能的研究可以归结为一种符号主义学派，符号主义是从数学逻辑出发，认为人工的智能一定是源于数学逻辑的，数学和逻辑是人类最高的抽象的智慧，所以当时对人工智能的研究就从符号主义开始。符号主义的代表成果是1955到1956年之间，由纽威尔和西蒙等人研制的称为"逻辑理论家"的数学定理的证明程序Logica Theorist，英文缩写LT，这就是我们早期的人工智能内容。为什么说它智能呢？如果说一个程序能够证明数学定理，而不是简单地计算加减乘除、计算微积分或者其他的数学公式，那么显然，这个程序就具有足够的智能，因为数学定理的证明毕竟只有少数最聪明的人才能够实现。"数学逻辑理论家"（LT）做了什么呢？它可以通过模拟人的思维过程来证明数学定理，当然，这个数学定理并不会像"哥特巴赫猜想"一样特别复杂。人工智能最初就是从这样一个简单的程序开始的，但是这个开始也很了不起。奠基了数学形式化和逻辑的数学巨著《数学原理》，其中收集了数学的所有原理，它从最简单开始，一步一步地把数学理论大厦构建起来。这个计算机程序，就用来证明《数学原理》中一系列的数学定理，人们用它试着去证明了《数学原理》第二卷中的头52个定理，完成了其中38个定理的证明，而且人们发现，在2.85这个数学定理的证明上，"数学逻辑理论家"（LT）的证明结果甚至比学者的证明更加简洁。"数学逻辑理论家"（LT）的成功研制大大增强了人类对于人工智能的信心。1962年，IBM公司的科学家研发了一个跳棋程序，而且这个跳棋程序战胜了当时人类的跳棋高手，跳棋高手也败在了计算机程序的脚下。结合"数学逻辑理论家"对定理的证明，结合跳棋程序，再结合"专家系统"的出现，第一次人工智能浪潮伴随着这些现象达到了一个顶峰。大家都非常乐观地认为，我们只要从数学逻辑中归纳出规则和知识，真正的人工智能就一定能够实现，达到和人类一样智慧聪明的程度。

仅仅过了十几年的时间,从 1970 年开始 AI 人工智能就遭遇了第一次寒冬,所谓第一次寒冬并不是失败,只是受到当时各种条件的限制,进入到人工智能发展的瓶颈,即使是当时最杰出的人工智能程序,也只能解决问题中最简单的一部分。例如,在数学定理证明中只能证明最简单的那几十个定理。再继续发展就遭遇了巨大的困难,这个困难包括了计算机自身的发展性能还没有跟上,当时计算机硬件的性能极其有限。一方面反映在非常有限的内存上,也许那个时候计算机有限的内存在现在看来简直是微不足道的,可能只有几千个字节或者几万个字节,而现在几百块钱买到的手机的内存至少都是几十亿个字节起,这个差别简直就是天差地别的。另一方面,当时计算机处理器的处理速度也没有办法跟上,毕竟人工智能是个很复杂的问题,甚至在逻辑算法的解决下,它可能是一个指数级攀升的复杂问题。也就是说,要解决的问题规模稍微增大一点,整个组合的数量就会爆炸性地增长,这显然已经不是当时的计算机硬件所能达到的水平。最后一方面,和当时人们对于人工智能的期望有关。当时人们期望计算机人工智能很快就能够达到和人一样聪明的水平,甚至有人预言说可能在 20 年后就会有跟人类一样聪明的人工智能出现了。但是后面发现,出现的这些人工智能甚至缺乏最起码的常识,有些常识并不是可以从符号主义的逻辑推理,从抽象思维的规则中推导出来的,这些常识涉及对于物理世界的认知和感知。研究者发现,就算是对儿童而言的简单常识,对程序来说也是巨量信息,没人知道怎样让程序进行学习。比如,在机器视觉和自然语言理解上,就需要大量对于真实世界的基本认识,但当时的计算机还没有发展到这样的程度。

人工智能的第一次浪潮轰轰烈烈地出现,但是由于各种各样条件的限制,进入了寒冬和低谷。

二、人工智能的第二次浪潮

AI 人工智能发展的第二次热潮发生在 20 世纪 80 年代,可以归功于当时的"专家系统"。"专家系统"是基于人类专家已有的知识和经验来解决特定领域的问题,比如,医学家或者对计算机配置有经验的工程师,他们的知识和经验以规则的形式保存下来,把存储好的规则贯穿起来,运用相应知识和经验来解决某个领域比较复杂的问题。在"专家系统"中计算机程序模拟专家求解问题的思维过程去回答问题,这个思维过程主要是对一些规则的判断,即特定的情况要如何去做,这是人类知识经验和计算机推理程序较好的结合。

说到"专家系统",其实第一个专家系统是在 20 世纪 60 年代末,由费根鲍姆成功研制了第一个用于识别化学中化合物结构的专家系统,叫作 DENDRAL,在这个专家系统中,可以应用化学家的知识来回答问题,它可以推断出化合物的复杂结构,给予化学家很多帮助。在 DENDRAL 的理念指导下,从 1980 年开始,DEC 公司和卡内基梅隆大学 CMU 合作研发了第一个专家系统,叫作 Xcon。这是第一个商用的专家系统,而不再只是用于科学研究,它用来为 DEC 公司服务。DEC 是一家生产计算机的公司,可以根据不同用户需求来定制计算机的配置,Xcon 专家系统会向用户提出一些关于需求的问题,然后根据用户的回答来定制计算机系统的硬件配置案,这样一来,对于熟练的售前工程师的需求就可以大大减少,在相同的人力支持下能够应付更多的客户。据估计,Xcon 专家系统每年可以为 DEC 公司带来 4000 万美元的收益,这在当时已经是一笔相当可观的收入。所以,在 Xcon 专家系统商用成功的案例指导下,人们开始投入巨大的精力,研发适合于专家系统使用的软件开发平台和硬件支持机器。基于此,适合规则推理的计算机程序设计语言 Lisp 语言被设计出来,它是一个函数式的程序设计语言,可以非常方便地编写符号推导类型的程序,它还建造出了 Lisp 机器,即单用户工作站,它是以 Lisp 语言作为主要的软件开发语言,进行高效运行的计算机。当时有一个公司叫作 Symbolics,他推出了第一台 Lisp 机器,这个 Lisp 机器名字就叫 Symbolics,这为全世界研发和应用专家系统的公司提供了很好的硬件支持。

在专家系统成功的鼓励下,很多国家的政府也开始扶持人工智能项目。最有名的就是 1981 年日本政府发起了第五代计算机的项目,所谓的第五代计算机是具有逻辑推理能力的智能计算机,它的目标是造出能够跟人对话,能够翻译语言,能够解释图像,并且能像人一样进行推理的机器,这个在当时可谓是一个非常宏大的计划了,投资也非常的巨大。其他发达国家的政府也采取了相同的做法,比如,英国耗资 3.5 亿英镑进行了 AI 人工智能的 Alvey 工程,关注大规模集成电路、人工智能、软件工程、人机交互(包含自然语言处理)以及系统架构;在美国,政府的国防高级研究计划局 DARPA 组织了战略计算的促进会,计算机的企业协会也组织了微电子与计算机技术的集团,在系统架构设计、芯片组装、硬件工程、分布式技术、智慧系统等方向发力。这些都在推动人工智能在专家系统领域的发展。这些计划,尤其是日本的第五代计算机计划在当时算是比较激进的,后面虽然没有达到原先设定的目标,但实际上在第五代计算机的计划下,已经有很多成果被研发出来,为以后人工智能的发展提供了很好的技术基础。

除专家系统这种基于智能进行计算机逻辑规则推理的符号主义知识体系外,还有另外一个思潮,被称为"联结主义",这是另外一个学派,联结主义在第二次人工智能的热潮中也重新获得了发展。所谓的联结主义,实际上更倾向于人去模拟自然从而进行人工智能程序结构的构造,而不是求助于数学和逻辑。新型网络 Hopfield(神经网络)证明一种新型的神经元连接的网络,能够用一种全新的方式来学习和处理信息。联结主义尽量模拟人的大脑结构来处理信息,这也就发展出了一些新的学习训练的算法,其中就有在最近这次人工智能热潮中得到广泛应用的反向传播算法。

有了人工智能发展的高潮,第二次寒冬也随之而来,主要出现在 20世纪 80 年代末和 90 年代初,标志性的事件就是计算机开始进入到个人家庭和小型企业,迅速降低了成本。以苹果公司和 IBM 公司作为代表,他们这时候开始推广第一代的台式机,此时计算机进入个人家庭,而且这个时候计算机的价格远远地低于专家系统开发所用的 Symbolics 和 lisp 这些硬件机器。所以,第二次寒冬是因为遇到了新的历史机遇造成的,最终的结果也是市场的需求,因为市场中对专家系统的需求,现在被台式机取代,所有业界的目光都被台式机吸引过去,大家都想着如何把这个计算机做的成本更低,进入到更多的个人家庭,进入到每一所学校的每一个人的桌面上。所以,整个产业发展的注意力被转移了,相应地,政府对人工智能和专家系统方面研究的拨款也逐渐减少,当然也有机器性能的问题,而且专家系统需要大量人力的参与,必须要有在特定领域中非常熟练的专家和专家系统的计算机科学家合作工作,才能够开发出特定领域的计算机专家系统,由于专家及程序设计工程师的缺乏,专家系统的使用性也就有了一定的局限。

经过几十年的发展,历经了两次热潮,可以看到人工智能应该以应用作为导向。当计算机的应用还没有扩展到全社会领域的时候,单独的人工智能是很难被发展起来的。

三、人工智能的第三次浪潮

人工智能发展的第三次热潮,大概是从 20 世纪 90 年代末期到现在,我们现在就正处于第三次人工智能热潮中,所以,我们现在对人工智能有着非常大的热情,大家都在谈论人工智能的应用、人工智能的产品等。

人工智能第三次热潮的典型技术特点是:传统的基于数学逻辑推理的符号主义学派技术被暂时的放在了一边,进而转向基于统计模型的技术。事实证明,从 20 世纪 90 年代末开始,基于统计模型来构建人工智能的基础技术在逐步完善并获得巨大成功。对人类最复杂的活动——下棋所展开的人工智能项目,就是一个标志性事件,在第一次的人工智能浪潮里是下简单的跳棋,而第三次浪潮的起点是下更加复杂的国际象棋。IBM 公司研发的深蓝(Deepblue)计算机配合人工智能的下棋程序,在 1997 年战胜了国际象棋世界冠军卡斯帕罗夫,这个在当时引起了巨大的震动,很多专家都认为人工智能已经发展到很高的阶段,因为在此之前,从来没有出现过计算机程序战胜顶级世界冠军的先例。深蓝(Deepblue)计算机国际象棋的基本技术,是基于国际象棋规则进行搜索并在搜索树上进行所谓的“剪枝”。可以理解成基于大量开局库、终局库的统计估值结果,就是说从开局开始有几种落子的可能,把这几种可能全部用穷举法找出来,当棋子落到其中的一个位置之后,把对手有可能下的落子点也穷举出来,就这样一层一层地把下棋过程中可能的落子点全部组织起来,就变成了一棵非常庞大的下棋的树,如果假设我们的技术能够延伸到下最后一步棋的时候,那最终这盘棋局的胜负是可以确定的。但是,由于这个组合爆炸的问题,可能性确实太多了,因此在这样庞大的搜索树上,我们不得不基于大量的开局终局或者说前人归纳出来的人类下棋思路的数据库,比如说棋谱,通过对大量棋谱的学习来进行统计,统计出下的每一个落子点的估值结果,然后下到这个估值最有可能胜的那一个落子点上,去辅助搜索树上的选择,虽然国际象棋的棋盘只有六十四格,但是可以落子的可能性已经相当多了。经过几十年的发展,在 20 世纪 90 年代末的时候,尤其是像 IBM 这样的公司,它能够制造出容量特别庞大、计算性能也很高的硬件设备,可以在统计规则的基础上做出这样的人工智能程序,也必然是计算机软件、硬件、人工智能技术发展水到渠成的结果,所以,人工智能能够打败国际象棋冠军,只是一个时间的问题。当国际象棋败给了人工智能程序以后，人们还心存侥幸，把目光投入另一个棋类——中国古老的围棋，觉得人工智能肯定不会战胜古老文明智慧，因为围棋和国际象棋有着很大的差别。围棋只有两种棋子——黑棋和白棋，对一方来讲它只有一种棋子，而国际象棋任何一方都有很多个种类的棋子，有王、有马、有象、有车、有兵。两种棋的走法规则也大相径庭，围棋虽然规则特别简单，但是棋盘要比国际象棋大得多，有361个落子点，在这样的基础上，国际象棋就已经是一个特别庞大的组合爆炸的搜索树，而围棋的棋盘可能的落子点更加庞大，通过剪枝搜索用穷尽落子点的搜索方法已经完全失效，即便是把古今中外几千年来人类下过的所有棋谱都输进去，再把各种各样下棋的启发式规则都放进去也无济于事。所以，很长一段时间，围棋的人工智能程序对于人类棋手来说一直处于绝对的下风，甚至人工智能在面对业余围棋棋手的时候也很难有战胜的把握。

　　第三次人工智能热潮的时代，有几个方面的体现。第一就是大数据。无论是在计算机的软件硬件方面，还是在计算机的系统方面都有一个巨大的转折，这个转折特别显著的状态就是互联网的发展，互联网的繁荣使可用的数据量剧增，互联网带来的物联网和移动互联网，使每一个人、每一个事物都加入网络当中，每天每时每刻都在不断地产生信息。这个时候，由数据驱动而不是由规则驱动的方法就引起了人们的注意，以大数据技术作为基础的技术从量变引起质变，不再只是数据量多少的问题，而是整个研究的技术方法发生了本质的改变。第二个是统计模型，有了大量的数据之后，在统计上可以通过对大量的样本来进行建模，把建好的模型再应用于分类、对应等进一步的工作，使得人工智能在对现实世界的理解方面有一个显著的提升。统计模型技术实际上就是在第二次人工智能热潮中提到的联结主义的神经网络，在人工智能第三次热潮里，多重的神经网络可以构建出更多更复杂的神经网络，比如说多重神经网络，它可以建立出更加复杂的模型，具有更高维度的分类能力。这些都让人工智能下机器的学习能力得到极大的增强。第三个方面是强大的计算能力。在第三次热潮中，计算机硬件得到飞速的发展，多达数万台高性能计算机可以并行计算，那这种计算能力是以前从未有过的，这样强大的算力可以满足对大数据处理、对复杂模型的计算能力的需求。不仅仅是大的科技公司或研究机构才可以具备这种计算能力，我们的家庭、个人，甚至每名学生、每个学校都可以轻易拥有以前时代从未有过的千万倍的计算能力。例如机器翻译,以前的人工智能翻译是基于规则,比如语法规则、词典的对应查找规则等,但是人工智能在使用了统计模型之后,机器做出结论不再根据规则,也不根据词性,而是根据统计数据得出来,基于统计的机器翻译,其实简单直白来说就是"如果人们都这么翻译,那我这个人工智能程序就也这样翻译"。这就是人工智能第三次热潮基于统计方法的翻译,它在方法上发生了本质的变化,以前需要基于大量的规则来进行,现在是有了大量的样本和数据之后,从数据中统计出来结论,即在大多数的情况下人们都这么翻译这句话的,机器翻译的人工智能程序就采用相同的方法来翻译,这是实现技术上的底层变化。机器翻译具有两个特征:一个是人工规定特征,另一个是机器自动提取特征。具体来说,就是按照单字和短语进行统计对应,而不是与词典规则对应,然后由机器来自动提取出每一句话的特征,通过计算得出哪些文本是相互对应的,它实现的前提是要有大量文本的样本数据、强大的计算力和复杂的神经网络模型(机器学习的模型),这三者同时具备才可能实现机器翻译。第二个例子是更加复杂的图形分类,在以前的图形分类中是基于规则进行的,大概是要把图像进行变换和增强,先找到它的边缘,再看它在哪里交叉,然后再和已经掌握的规则去对应来进行归类。新时代的技术出现之后,就开始使用更复杂统计模型的新技术方法来进行图形分类,有了大量的样本数据和强大的计算力之后,图像分类的技术手段使分类的错误很快下降、识别的精度不断提高,现在,图像识别分类的错误率已经低到了3%,已经比人工识别的错误率还要低,也就是说在图像分类这个领域上,人工智能已经超过了一般人。下棋也是这样,大量的样本数据、强大的统计模型和计算能力,最终使人工智能彻底地攻破了人类下棋的智慧的最后堡垒——围棋,从2017年3月开始,AlphaGo连续打败了国际围棋冠军李世石和中国的柯洁,AlphaGo的研究成果也被写成了论文发表在技术科学的顶级刊物上。这些都标志着人工智能第三次热潮的巨大发展。

为什么说第三次热潮跟前两次有所不同呢,主要原因是在"应用"上。我们前文提到过,人工智能作为一项技术不可能单独发展,它必须依赖于计算机技术在整个社会的广泛应用才能真正发展起来。那么,人工智能第三次热潮和前两次热潮相比有什么不同? 首先就是强大实用,这次的计算机人工智能热潮中,很多产品都是能够投入生活当中实际使用的,它具有强大的实用性。其次,是社会需求,当互联网、物联网、移动互联网普及了之后，当信息技术到了每个人的指尖，当计算机进入到每个家庭介入到生活当中的时候，人工智能开始解决日常生活问题，整个社会对于人工智能的需求也日渐增加。强大的实用性和快速增长的社会需求，这二者同时将第三次热潮的人工智能推动到了更新、更高的水平。

第二节　人工智能的发展展望

人工智能经过了三次发展热潮之后，尤其是我们现在身处第三次热潮之中，几乎全社会都在讨论人工智能以及它对人类社会带来的影响，在这个过程当中，不仅仅有振奋人心的消息，也会有很多疑问，人工智能到底会发展到什么样的程度？人工智能会不会超出人类控制的范围？会不会像很多科幻电影所表现的那样，机器人反过来控制人类，把人类作为奴隶来使用。

有些专家对人工智能的发展阶段进行了划分，第一阶段是所谓的弱人工智能，其次是强人工智能，最后是超人工智能。所谓的弱、强和超是什么意思呢？从字面上理解，还可以这样理解："弱"就是不如人的智能，"强"就是具有和人一样的智能，"超"即超越人的智能。这三个对人类社会有什么影响呢？

第一阶段是弱人工智能阶段，人工智能的程序专注于解决特定领域的问题，就像之前出现的人工智能那样，它专门面向某个特定的问题，比如说下棋、对图像进行识别、对自然语言进行翻译等，这些都只是对单个问题进行处理。从目前的发展来看，即使人工智能再弱，在特定的领域方面也已经开始超越人类，比如说下复杂围棋的人工智能AlphaGo，它已经全面超越世界冠军，这就意味着，人类无论是在象棋领域还是在围棋领域，甚至，将来在复杂的策略型网络游戏方面，可能都会落后于人工智能。还有精确的图像识别，在图像分类和图像识别上，人工智能程序的错误率已经低于普通人类了。

总体来讲，所谓的弱人工智能，它还只是供人类使用的技术工具，弱人工智能的技术可以推进我们社会的进步，对于普通人或者社会的管理者来说，更需要关注的是弱人工智能所带来的变革，尤其是在教育、劳动就业领域，还有在社会的伦理和秩序方面，我们要认真思考它带来的冲击，当机器有了丰富的知识，它能够做很多重复性的智力劳动的情况下，人类从基础教育到高等教育，会出现什么样的变革？我们是不是应该向创新型的教育和创新型的职业上转变。这些变化对于人类来说，还是有信心可以控制和管理的，只是一个调整的问题。

第二阶段是强人工智能阶段，目前还没有强人工智能的技术产品出现，所谓强人工智能也只是理论上的称呼。其实，它是一个通用性的人工智能，基本上是跟人一样聪明的，它可以胜任人类所有的工作，简单来说，人能做什么，强人工智能也能做什么，它具有了和人一样的智能能力。强人工智能带来的第一个冲击，就是它具有全方位的能力，其中包括人类抽象的推理能力、对知识的表示和融合的能力、自我学习的能力、在已有知识的基础上进行创新的能力、通过自然语言来沟通的能力，无论是强人工智能之间的沟通，还是人工智能与人之间的沟通，都可以通过自然语言来进行，还可以综合各项能力去实现既定的目标。

这种强人工智能的定义之下，最具有争议性的反而不是它的技术能力，而是它引发的伦理、道德和制度的问题，最核心的是强人工智能如果具有了和人同等的认知能力和智力水平之后，它是不是就具备了人类的意识，因为对于人类来讲，和动物区别的主要因素就是意识。如果强人工智能具备了意识，那我们是否需要像对待健全人格的人一样来对待一台机器？它是否也要具有人权？它是不是也具有一定的权利？这些才是更加具有争议的问题。进而也引发了一些推测，比如，强人工智能具有了意识之后，它还愿意为人类服务，受人类的控制和管理吗？它会不会产生出新的价值观，从而危害到人类社会，这个是更加具有争议性的话题。

第三个阶段是超人工智能，也是最让人震惊的人工智能。超人工智能应该定义为全面超越了人类的智慧，而且它在科学的创造力方面、智慧方面、社交能力方面等每一个方面，都要比最强的人类大脑聪明得多，这样的智能，就是在哲学上经常讨论的"超人"。虽然，超人在现实生活中还没有见到过，但是，超人工智能我们是可以讨论的，也有可能是由智商很高的人类的智能结合上特别强大的人工智能，产生了超人工智能。

超人工智能一旦出现之后,会发生什么样的事情呢?这个是我们所未知的领域。人类大脑的智能,它的发展是有限的,而且是相对缓慢的,它受到人的基因结构、大脑结构的制约,只能线性地发展,但是,随着技术发展,人工智能技术的发展是非线性的,它可能会有一个指数性的增长。总有一天,超越人类智能的超人工智能会到来。当然,也有专家估计我们现在所处的时代正是弱人工智能时代,还没有到达和人类同等聪明的时候,一旦人工智能发展到一定的程度之后,它很快就能够超越人的智能,当然,这只是乐观性的估计。

超人工智能会怎样发展也有不同的争议。很多人说它会加速到来,因为这才符合人类社会上万年来的发展规律的。人类社会在近 100 年来,几乎是飞速的增长,跟几千年前的发展完全不一样,所以我们完全有理由去相信,将来的发展会加速到来,当然也有可能会遭遇瓶颈。有一个很能说明加速到来的例子,就是 AlphaGo,它在几个月内就打败了顶尖的高手,几个月后,任何一个高手都已经对它无法企及,它的第二代已经能够完全打败第一代,所以这个进步是非常神速的。当然,也有可能会遭遇瓶颈,就像人的大脑受限于生物结构和物质结构一样,计算技术,包括硬件内容,都有一些极限。在计算机发展起来的几十年中,计算机领域有一个著名的摩尔定律,它是说每过一年半的时间,计算机的计算力就会增加一倍,价格会下降到原来的 50%。摩尔定律也遭受了挑战,但因为它具有物理瓶颈,因为当集成电路集成度高到一定程度之后,新的物理规律就会显现,新规律显现了以后,就不能简单地按照原来的方法加速发展下去,需要发现新的物理规律,并利用新的物理规律去达成新的计算技术。所以,超人工智能会加速到来还是会遭遇瓶颈,这两方面都是有可能的。

最后做个总结,在整个人工智能的发展中,分成了三个阶段。第一阶段,弱人工智能阶段,主要集中在单个的特定领域的技术产品上,属于人类可以利用的工具,就像飞机、汽车、轮船、机床、生产线这些工具一样,都是可以被人类利用的,可以被控制和管理的。第二阶段,强人工智能阶段,当人工智能发展到跟人一样聪明的时候,它会发生什么事情呢?目前我们其实还没有做好这方面的准备。最后一个阶段,超人工智能的阶段,这个已经远远超出了我们的认知的范围,我们已经完全无法从以前时代的经验去推测。超人工智能超人出现了之后,人类会变成什么样子?人类社会会变成什么样子?社会的技术发展又会变成什么样子？这只能够留给艺术家还有未来学家们去探讨。

我们目前所面临的社会，是弱人工智能越来越强的时代，需要每个人去思考的问题其实都很实际，那就是现在通过教育应该获取到什么能力？是简单的记忆知识、简单的具有推理的能力去解决现有的问题，还是要更多地面向未来未知的领域，去培养自己更多的创新和创造的能力，这是人工智能发展的状况给我们每一个人所带来的启发和思考。

第三章

智能时代媒体传播变革

第一节　传播的前世今生

一、传播技术的更迭

普遍意义上，传播可以分为自然界的传播和人类社会的传播这两大类。自然界的传播不发生在人类社会，所以也被称为非人类社会传播，比如鸟语、虫叫、电闪雷鸣、燕子低飞等，这种类型的传播只是自然界中的信息流动。人类社会的传播活动是人类社会中的信息流动过程，如聊天、写信、听广播、看电视及人的内省思考等。纵观人类传播活动的发展过程，实际上是社会信息系统不断发展并趋于复杂化的一段历史——传播媒介技术的演变历史。

人类的传播发展的过程，如果从媒介更迭的视角来看，可以分成四个前后相继的阶段，分别是口语传播阶段、文字传播阶段、印刷传播阶段和电子传播阶段。各种媒介在这四个阶段依次出现，但并非此消彼长的替代关系，而是相辅相成、叠加在一起的。

第一个阶段是口语传播阶段，也被称为口语时代。语言的产生是人类从动物社会的野蛮状态中摆脱出来的决定性的一步，而我们人类从动物世界中脱离出来的根源就是依靠语言形成社会，人类控制了语言，也就有了丰富的"语义世界"，而这个世界动物是没有的。德国释义学者伽达默尔（Gadamel）指出，语言是一种世界观，人们有了语言，就与"世界"有了联系，就有了一种特别地对待世界的看法。伴随着人类语言的发展，口语传播样态越来越丰富多元，从初期的个体交谈到部落内的群体讨论，从部落集会讨论再到传唱悦耳的民谣，包含着丰富信息的口语传播，成了联系社会成员的基本纽带。从这一点上来说，语言可以被称为人类的起点，口语是人类社会传播活动中最方便、最通用的媒体，任何其他媒体都是以口语媒体为基础的，它是以口语为基础的传播活动。语言是信息的载体，所以语言的产生与信息传播活动紧密相关，在古代文明的历史背景下，无论是马拉松之战中士兵波菲迪皮茨跑回雅典，向聚集的人群传达战争胜利消息；还是古代印度云游僧人在传教之余，向人们讲述他的所见所闻，口语传播可以说一直渗透于人类社会的发展之中，并对人类社会的发展产生着重要的影响。作为传播发展过程的起点，口语传播需要在有限的空间和时间内进行，它的传播途径短、时效性强。然而，口语传播的局限也十分明显，如受到个体间差异性以及人体自身限制，使得我们口语传播活动在空间距离上受到制约，此外，口语随说随逝，在时间距离上也受到较大限制。因此，当社会发展到一定程度时，单纯的口语传播已经无法满足人们信息传播的客观需要，人类由此不断发明和采用了一些早期的媒介工具，比如说擂鼓、烟火、结绳记事等，这些原始媒介的功能，已经非常接近文字，他们的出现意味着人类社会即将进入一个新的媒介阶段。

第二个阶段是文字传播阶段，也被称为文字时代。口语在传播过程中会受到物理空间的限制，例如，远在深山打猎的丈夫和在家农作的妻子，因为所处不同的物理空间，就没办法再通过口语实现信息交流。同时，口语传播也会直接受到时间的限制，口语在传播的过程中要求信息的传播者和信息的接收者同时在场才能展开信息传播，因为现时所说的话会即时消失，如若没有信息接收者同时在场的话，语言就失去了传播的意义，也就谈不上口语传播。在空间或时间受限的情况下，语言若不能被记录下来就无法形成信息的传播，因此，相应出现了新的信息承载介质——文字。中国和西方最早出现的文字都是象形文字，主要是文字都脱胎于图画，或者是洞穴的壁画。关于文字产生的时间，多数学者都认为大约是在五千多年前。

如果说，语言的产生是祖先从动物到人类的转变，那么，文字的发明是人类社会从原始到文明的路上一个里程碑式的跨越。文字的出现，标志着人类进入到文明社会，人类可以记载所掌握的知识，信息和知识可以被反复地阅读和保存，把人类积累的精神财富和文化遗产进行保存与传承。由于信息传播方式的变化，人们可以不只依赖于语言，文字书写拓展了人类信息传播的空间，人类从早期的原始部落时代转向城邦社会，人类的生活空间得到了极大的拓展。文字传播也需要一定的书写材料，相应地，最原始的文字媒介，比如说泥板、石头、树叶、甲骨、羊皮等，这些也应该与后面出现的图画、文字和智能共生、共进与共演。文字是记录人类语言与思想认知的书写符号，它不同于语言，并非自然习得的，而是一种人为的学习过程。

如果说语言是万事万物的直接符号，那么文字则是事物的间接符号；语言是人类的证明，那么文字则是文明的标志。从传播的角度来看，文字媒介使信息在空间上可以抵达、时间上可以久远，很大程度上弥补了口语媒介在物理空间和时间上受限的两大缺陷，引导人类从野蛮时代迈入了文明时代。早在东汉时期，著名经学家、文学家许慎就在其《说文解字·叙》中提到的："文字者，经艺之本，王政之始，前人所以垂后，后人所以识古。"就是在说前人用它将文化传给后人，后人用它认识古代文化，它是经艺的基础，也是政治的基础。此外，文字的发明以及在文献记录方面的应用，更加是人类传播史上的一大创举，也是人类文明的重要标志。

第三个阶段是印刷传播阶段，也被称为印刷时代。经过文字的产生，人们开始了规模小、成本高、效率低的手抄传播阶段，但是，由于书写媒体的局限性，比如费时费力，很容易导致抄错、抄漏等，不仅对文化的发展造成阻碍，也会给文化的传播造成不应有的损失。同时，早期书写介质的昂贵，以及广大民众的极低的文化水平，使得文字传播阶段形成了严重的信息传播的垄断，信息的传播只掌握在少数能够识文断字的贵族阶层，绝大部分民众生活在蒙昧状态。大众能够接受知识之光的照耀，除了自身的文化水平提高之外，更需要传播媒介的提升，大众需要廉价和便捷的信息传播媒介，由此，印刷媒介出现。

在我们国家，印章媒介起源于公元前 16 世纪至公元前 11 世纪，拓印媒介始于公元 3 世纪，这是我们最早的印刷媒介。最初是隋朝至唐初出现了刻版印刷，又叫雕版印刷，其在唐朝中后期得到普遍使用。雕版印刷是将文字、图像雕刻在平整的木板上，再在版面上刷上油墨，然后在其上覆上纸张，用干净的刷子轻轻地刷过，使印版上的图文清晰地转印到纸张上。这个技术的创新，改变了以前文字记录只能依靠手抄字来实现的情况。但是，它也有弊端，那就是刻一张板子就只能印一页内容，如果内容改变的话，需要重新雕刻。后来雕版印刷经宋仁宗时代的毕昇发展、完善，发明了活字印刷，又叫泥活字印刷，就是把单独一个个字用泥塑成版，再按照需要的顺序排列在底版上。活字印刷术发明后，传至朝鲜、日本、中亚、西亚、欧洲等地，至今仍有大量文字印刷术的应用。中国的印刷术经过雕版印刷和活字印刷两个阶段的发展，成了人类近代文明的先导，它标志着大众传播时代的来临，为知识的广泛、传播创造了条件，中国印刷术是继语言文字后，人类现代文明的先导和第三个里程碑。印刷术的发明使文字信息的复制成为可能，直接导致了读写的普及，信息传播从贵族的独享转向大众，塑造出了一种不同于口语或书写文化的新的文化传统。同时，也在社会层面上引发了巨大的影响，从某种意义上来讲，大众传播与印刷媒介同时产生，历时发展，共进共演。

印刷术的发明，标志着人们对文本信息有了批量生产的概念，也掌握了文字复制的技术原理。此后，德国工匠古登堡创造了金属活字排版印刷和手压印刷设备，其基础是中国的活字印刷和油墨技术，使得文字信息的机械化生产和大量复制成为可能，他在1456年首次印成了42行本《圣经》。印刷业迅速发展，印刷机催生了现代报刊，欧洲各大城市在15世纪末16世纪初期都有印刷所，印刷业和传播业开始出现。印刷媒介可以在一天里把全球各地的事件以大拼盘的形式，同时呈现在当地的新闻报纸上，所以在社会变革和社会生活中发挥着重要的角色。全世界的人们不会因为语言不通而无法交流沟通，印在纸张上的书面语言让人们的交流沟通越来越便捷。社会因共识的增多越来越趋向于一体化，人们可以在一个超越面对面交流的更大的时空范围内产生精神的链接。

与文字传播相比较，印刷传播具有空间维度上的广泛性、时间维度上的快捷性、信息保存上的长久性这三个特点。印刷品的传播，首先在传播中打破了少数人的垄断地位，打破了少数人的特权；其次，印刷品的大量涌现，使人们求知的欲望得到了很大的激发，促进了教育事业的进步、科学的启蒙、文化的普及和社会的发展。相反，人类知识的提升也会对书籍类印刷媒体的需要大大增加，例如科学、哲学、文学等。社会已进入大众传播时期，大众传媒的出现使得整个社会各个方面都发生了全所未有的改变。这表现在：印刷传播技术的出现不仅影响社群互动的方式，消除了人们彼此隔离的障碍，而且使那些使用者的精神面貌和心理结构发生了永久性的改变，社会的组织和功能也发生了改变。印刷物作为一种新媒介，有着结束心灵和社会、空间和时间上狭隘的地域观念和部落观念的作用。这是加拿大学者麦克卢汉曾经提出来的。整个社会也由此开始了现代启蒙的进程。

然后，人类社会开始了电子传播媒体的阶段，这也是媒介更迭的第四个阶段。广义的电子媒体是指所有依赖于电流传播信息的媒体，包括电话、电报、移动电话等个体媒体，以及广播、电视、网络等公共媒体。而狭义的电子传播媒体，则专门是指公共媒体。总之，从电报、广播到电视再到互联网,电子通信的时代经历了一次又一次的飞跃。电报的出现,初步解决了印刷介质在传播空间上的不足,而后来的电话、电视、卫星等媒体的出现,使得我们的社会、个体的生活都受到了很大的影响,使得我们的信息的传播范围和传播速度呈现出质的飞跃。19世纪科技的快速发展,刺激了广播的兴起。广播能够迅速发展起来,还有个原因,那就是帝国主义要对外扩张维护它殖民统治的需要。可以说,广播打开电子传播时代的大门,它不但可以真实地记录、复制和控制人类的声音,使其得以留存,同时,还具备了传播信息迅速及时、通俗易懂、时空限制小等诸多的优势。影视传媒是一种兼具声像和视听的、具有双声道视听优势和现场参与感的、声音和动态影像的大众传媒。1926年,出现了第一个机械电视。1935年,BBC正式把贝尔德发明的机械电视改为使用电子电视。电子电视的发明,标志着全球开始进入电子传播阶段,现代电视开始使用。电视的试验阶段持续了半个世纪,由一个小众产品逐步走向社会,成为一种大众媒体,科学家、发明家、无线电发烧友都在研究它的使用。电影的诞生则晚于电视,在光学、声学和机械学上实现了进一步突破。1895年电影诞生,1927年电影开始说话,电影从无声世界开始进入有声世界,1937年,彩色电影时代开始,世界开始进入声光电的传播时代。

若说印刷传播实现了文字的大量生产与复制,那么,远距离信息扩散的实现,则是电子传播的关键。电子通信打破时空限制,为资讯传播开辟了便捷高效、节省成本的传输通道,可以实现真实又快速地获取资讯的目的。电子传播也实现了真正的大众传播,由于电子传播使用符号的多元化,人们可以使用文字、图像以及影像,可以让没有文化的人也进入信息的世界,真正实现了信息无界限。电子传播技术实现了传播媒介的融合,这种融合不仅是信息传播媒介的融合,也是受众信息接受方式的融合,改变了印刷时代获取信息主要靠视觉的方式。在电子传播时代,人类社会的传播第一次实现了视听的融合。在电影和电视产生之前,无论是报纸、书籍、电话、广播,信息传播方式和接受方式都是单一性的,都只依赖于我们的视觉或听觉。电视和电影则综合了以前所有媒介的表达符号,让人们的视觉和听觉在媒介使用中得到了融合。

20世纪80年代以后,世界范围内的全球化和信息化进程得到了明显的推动,社会的形态和经济结构也发生了很大的改变。特别是进入90年代,人们进入网络的传播时期,传统的信息传递模式已经被打破。

在互联网时代,人类传播活动所使用的符号、传播渠道包括媒介都呈现了前所未有的融合的革命。人们以网络技术为依托,进入了全新的共享经济时期。网络的发展经过了两次革命性的飞跃。第一次,是阿帕网络所带来的通信方式的革命,以 E-mail 的广泛应用为代表。第二次,是媒体使用方式的革命,以网络浏览器的普遍使用为代表。网络经历了发展、演化和完善三个阶段,为人类社会构建了一个丰富的虚拟世界,并开始对实际世界产生了明显的影响。新媒体真正实现了双向互动的传播过程,使受众在传统大众传播过程中的被动地位得到了很大的提升,传受双方的界限变得模糊,传统受众不再仅仅是信息的接收者,可以随时作为信息的传播者出现。此外,新媒介还融合了多种媒介功能,在信息传播全球化的大背景下,媒介资源也得到了极大的丰富。可以说,网络正在深刻地改变着社会的形态与传播形态。20世纪70年代,网络世界中的社交媒体诞生了。20世纪90年代,社交媒体在电脑、网络等方面得到了广泛的应用。自 Web2.0 运动兴起,即 2004 年以后,社会服务网站开始出现,因此,社交媒体成了媒介的焦点,这股力量不可忽略。聚焦当下传播进程,智能媒体传播正在广泛而深入地与生产生活相融合。智能媒介是由 AI、信息技术、大数据三个层面构成的,不仅能够感知用户,还可以为用户营造出一个客户端与服务端相结合的媒体环境,解构和重塑着社会形态和人们的生活方式。

通过梳理纵观整个传播发展的历程,可以发现人类社会传播活动的过程,其实就是不断活跃、完善及发达的社会信息系统的发展过程。媒体技术的发展是一个从零开始的过程,从低级到高级,从简单到复杂,不断地发展。其中,新旧媒介之间并非简单的更迭交替,而是呈现出一种逐步融合的态势。传递技术的演化使得媒体不再脱离人们,与交流活动一同渗透进入整个社会整体,再建立起人类赖以生存的媒体生存状况。

二、传播思想的推进

上文我们共同了解了传播技术更新迭代所经历的各各环节,并用一种线性思维,回顾展望了人类传播活动的发展脉络。就是在这样一个历史进程之中,关于媒介技术在社会发展史上的地位和作用,许多学者从不同角度都进行过考察,接下来,就让我们走进传播技术的"四大预言家",感受一下他们所带来的精神财富。

（一）麦克卢汉

在传播技术的研究领域,必须提到的是大众的传播理论一代宗师——加拿大学者马歇尔·麦克卢汉,他从20世纪50年代开始研究通信与媒介,他认为媒介的变革改变了人与人之间的关系,从印刷媒介转型到视听媒介,电视时代将感觉全方位地综合起来,电子媒介在新环境变化唱主角的同时,也为艺术创造增添了活力。《纽约先驱论坛报》曾宣告,他是继牛顿、达尔文、弗洛伊德、爱因斯坦和巴普洛夫之后最重要的思想家,但学院派和保守派,则攻击他是"通俗文化的江湖术士""走火入魔的形而上巫师"等。然而,进入到网络时代后,麦克卢汉的很多观点再次被印证,比如"媒介即信息""热媒介""冷媒介""媒介即人的延伸"等,这些也是麦克卢汉媒介学说的主要思想内容。

"媒介即信息"指媒介对人类生活和文化会产生巨大影响,特定类型媒介会带来不同的文化和传播方式。媒体在人们的认知中只是一种传播工具,而在麦克卢汉的见解中,媒体的内涵和一般的认知并不相同。他认为,媒介本身传递的信息比所传播的内容更重要,人类有了某种媒介,才能开展传播活动,所以,传播介质的"信息"性质,以及传播媒体所创造的社会变革,才是真正有意义有价值的,而并不是传播的内容。比如,印刷品传播的内容并不重要,重要的是印刷品造就了人类的信息思维习惯。往往是那个时代的主流媒体让社会生活发生了实质性的变化,例如,在移动社交时代,微博、微信等程序化的表达空间在很大层面上影响了人们当前的社交表达方式,现在人们的情感表达方式都诉诸简单的文字、图像、表情包等,这些表达方式已经很难呈现书信时代那种完整而又真切的情感。在这个时代,情感表达的电子化、情感表达的这种保存方式也很难有持久性,因为人们随时可以卸载,随时可以删除。

"媒介即人的延伸"的原理,是指媒体都没有外在的个体与感官、媒体和社会发展历史的延伸,以及人类感官的能力的一种历史,也就是从"统合""分化"到"再统合"。麦克卢汉在《理解媒介》一书中提出了新媒介观和新传播观,他在《媒介通论》序言中写道:要回答"人体的延伸"这类问题,就必须把人体每一个部分之延伸合并在一起讨论。人体任何一部分的延伸,不论是手、脚或皮肤的延伸都会影响到整个心灵和社会。麦克卢汉的书籍中,"媒介"涵盖了很多的内容,除杂志、书籍、广播、报纸、电视等媒体之外,还有许多有延伸性的人造事物,如食品、建筑、交通工具等,都可以将信息传递出去。在他看来,石斧延伸了手,广播延伸了耳朵,纸媒延伸了眼睛,服饰延伸了皮肤,交通工具延伸了脚,电影电视综合延伸了人的视觉和听觉。所有的技术都是增加力量和速度的身体和神经系统的延伸,所有的媒介都将身体部分延伸到公共领域。麦克卢汉提出:任何一种感觉的延伸都改变着我们思想和行为的方式。美国传播学者斯蒂文·小约翰曾经分析这个内容并提出,在印刷术出现前,社会成员获得信息主要依靠听觉,情感上人与人之间很密切,形成了"耳听为实"的感知经验。印刷术的发明改变了所有的一切,视觉变的主流,它让人们产生一种新的知觉方法,有逻辑性和归纳性,这是印刷术在西方文化世界的出现所带来的。

麦克卢汉在理论上标新立异地提出了"热媒介"与"冷媒介"的概念,他认为,"热媒介"只不过是将一种感觉延伸出来,使它具有高清晰度,而这种清晰度实际上就是数据的丰富,要求我们受众参与的程度低,它是有排斥性的。也就是说,传递信息更准确与清楚,更容易被受众理解和接受,而且并不需要受众调动太多的感官及联想就能做到。在麦克卢汉看来,属于"热媒介"的有广播、电影、图片、文字等。"冷媒介"则恰恰相反,它要求受众参与度高,和"热媒介"相比清晰度低,比如电话、电视、卡通画、语言、会议等。对于麦克卢汉的这种划分,很多人提出了质疑,特别是不能容忍他把电视划在"冷媒介"的范围内,而把电影划分在"热媒介"范畴中,这种划分是具有相对性的。例如,我们把收音机和电话进行类比就比较容易理解了,听广播,是一种参与度要求较低的被动接受行为,相对于电话来说,清晰度较高,是一种被动接受。而电话是需要我们深度参与的,去填补这种"冷媒介"造成的低清晰度状态。但是,麦克卢汉的这种分类方法,并没有标准,具有一定的局限性。

麦克卢汉曾预言,未来的发展趋势是将电子媒体技术扩展到人类大脑中枢,从机械世界的束缚里解放人们的意识。而未来影像在智能媒介的语境中,正是通过对人类感官的全面延伸,从而实现客观世界与主观世界的融合,达到真实世界与虚拟世界的融合。因此,麦克卢汉的理论将很有可能实现,影像所营造的"拟态环境"会与人的意识相近。

（二）让·鲍德里亚

早在 20 世纪 70 年代和 80 年代,让·鲍德里亚就已经从科技的视角描绘了由符号、模拟、仿真所组成的新的社会类型。在过去,我们还可以把传播媒介当成一种对"现象"和"现实"的镜像反映,现在,包含智能媒体在内的大众媒体构建的"超现实",则无疑要比受众所认知的"现实"更加真实。鲍德里亚对麦克卢汉的"媒介即信息"和"内爆"观点进行了新的解读,他认为媒介即信息不仅意味着信息中介的消失,也意味着从一种真实到另一种真实之间的中间力量将不复存在,媒体效果就此实现了一种自我圆满。媒体的发展,加快了现代生产领域向后现代拟像社会的浸入,我们正处于现代社会向大众传媒所产生的仿真社会转变,媒介环境和现实生活环境已经融为一体,真相在其中已经无法辨认。

（三）曼纽尔·卡斯特

曼纽尔·卡斯特在 20 世纪后期就重点关注信息技术对社会的影响,并出版了引起全世界广泛讨论的《信息时代》三部曲。曼纽尔·卡斯特通过三部曲构建了"网络社会和信息社会理论",特别是将着眼点放在传播与社会的互动关系上,揭示了信息技术和社会变化的内在逻辑,揭示了社会结构的主要变化,例如信息资本主义、数字鸿沟等现象,并由此开始了他在传播学领域的研究。他认为,网络社会文化具有"真实＆虚拟"的特点,它包括了自由的时间和动态的空间,网络社会出现了新的传播方式及权利类型,并提出"网络社会的权力是传播权力"。他的思想饱含着技术、文化和权力的交织与探索,可以说为网络社会的发展提出了独特的审视视角。

（四）凯文·凯利

凯文·凯利作为《连线》杂志的创始主编,被人们广泛认为是"网络文化"的代言人兼观察员,也是一种"游侠"。他的《失控》《必然》《科技到底想要什么》三个系列著作,从多个方面进行阐释,不仅针对网络技术。凯文·凯利预测,人工智能会是未来 30 年科技发展的大趋势,未来社会网络将会是动态、自动和可扩展的网络结构,类似于一种镜像世界(Mirror World)或网状物(The Mesh)。此外,凯文·凯利还认为科技的发展、智能的进步或许可以促进我们的社交有型形态的发展,因为面对面的人际沟通永远都会存在。他也肯定了虚拟技术的未来前景,由于虚拟技术使得人们可以在屏幕上见到朋友,也能相应拥有那种作为人类最渴望的参与互动感。凯文·凯利指出,在各种社交媒介中,以虚拟现实和增强现实为基础的媒介环境,是实现社交属性的基础。

在传播技术的发展进程中,不仅有麦克卢汉、鲍德里亚、斯科特尔和凯文·凯利这样四位传播技术的预言家,来自不同领域、不同学派,使用不同方法、途径的研究从未停下脚步,而传播、技术、人与社会,其各自的发展以及彼此之间的关系,正是在这样的讨论之中不断地前行与发展,推动着人类社会完成一次又一次的飞跃。

第二节　智能媒体是什么

一、智能技术革命的到来

在智能技术变革的背景下,媒体演进发生了翻天覆地的变化,智能媒体及其所开创的新的社会实践,正在重构着社会形态和人们的生活方式。聚焦当下风起云涌的智能技术革命,这场机遇与挑战并存的技术浪潮将为人类社会带来更大的改变。

社会的发展和进步之路必然经历变革,距第一次工业革命到现在,已经过去了三百多年。人类社会在这三百年间发生了彻底的变化。第一次工业革命的标志是瓦特发明了蒸汽机,人类由此进入了蒸气时代;第二次工业革命的标志是爱迪生发明了电灯,为人类开启了电器时代的大门;信息控制技术革命的标志是原子能、电子计算机、空间技术、生物工程等,带动了大量新工业和第三产业的发展,其中,电子计算机的快速普及最具划时代的意义,可以说开辟了一个崭新的信息时代。直至今天,在第三次工业革命的成果持续造福人类的同时,智能技术所引发的新一轮革命浪潮也已经到来。

提到智能技术,我们首先会想到智能化。智能化是指非人工操作就可以满足人类需求的属性,它需要网络、物联网、大数据以及云计算等技术的支持来完成。例如,无人驾车汽车,将传感器物联网、互联网、大数据分析等技术结合起来,不需要人来驾驶,就可以满足人的出行,这就是智能之处,因为不像传统的车辆那样,必须有人来亲自驾驶。

与传统媒介相比,智慧化是媒介功能的全面升华,其核心是数据化。新媒体在智能技术中的应用,可以逐步具有人的感知、学习、记忆和思维、行为决策、自适应等感知能力,并根据人的类似思维方式和所规定的知识和规则,在不同的情况下,以人的需求为核心,启动对外部环境的能动感知,并通过数据的处理与反馈采取行为。智能化是人类现代文明发展的趋势,而要实现智能化,就必须有智能材料。智能材料结构是一门新兴的多学科交叉的综合性科学,研究内容十分丰富,涉及工农业生产、科学技术、人民生活、国民经济等各个方面的众多前沿学科和高新智能材料,具有十分重要的作用,应用领域十分广泛。

总体来说,智能技术旨在通过开发具有一定智能的系统,通过学习,让它达到人类大脑的智能水平,通过一定的硬件设备就可以模拟人的行为,完成以前需要人类才能完成的工作,包含这个方面的基本理论、方法和技术,对于智能媒体硬件及软件技术的了解和探讨是智能媒体研究的基础。目前,智能媒体技术的应用较为普遍,包括无人机、传感器、物联网、机器人、云计算、大数据等。

创新了传统媒体新闻采集方式的无人机,被视为媒体报道新闻的必要工具,它在规避环境限制的同时,最大限度地降低了记者的安全风险,有利于提高记者的工作效率和从业人员的机动性。另外,利用无人机进行航拍,其拍摄视角独特,可以将整体环境展现出来,带给观看者更直观、更立体的观感。比如,2015年的深圳光明滑坡事件,这里面应用了无人机的新闻报道,是无人机在媒体报道中比较早期的典型应用案例。

物联网是联结万物的媒体技术,物联网在"人的外延"中得到了极大的发展,而在物联网的时代,作为"触手"的传感器也延伸到了社会的每一个角落,在智能基础设施的各个方面得到了广泛的应用。传感器可以应用在生活的多个场景中,包括智能家庭,智能医疗,可穿戴设备等,这些终端极接近个体生活,可以感受到人们对行为数据的记录,从而为用户提供更好的智能服务。

传感器新闻通过各种各样的传感器终端设备获取到数据信息,再将这些数据信息以一定的方式分期整合到新闻报道中,进而以讲故事的模式去完成新闻报道。在物联网时代，有些技术公司逐步渗透到新闻生产的核心场所，通过其对用户数据的掌握，新闻制造主体也相应地拓展到 IT 层面，即掌握智能机器传感数据的物联网企业。

机器人写作已经成为信息制作过程中的重要应用，体现了人机合一以及去中心化的多元主体特征。2014 年，美联社的 Wordsmith 为顾客提供了超过 10 亿的资料和报道，平均每秒钟生成 2000 篇文章；《纽约时报》Blossomblot 在表达哪些内容方面具有社会化推广的作用，可以帮助编辑挑出符合推送的信息和内容，甚至可以独立进行标题、文案、图像等的制作。在国内，新华社的"快笔小新"、腾讯的 Dream writer、今日头条在里约奥运会期间进行体育新闻报道的 AI 记者"张晓明"，不管是在行业，还是在学术界，都得到了认同。尽管，机器人写作目前还处于初级阶段，但其在深度挖掘和处理数据方面的优势已经凸现出来。

大数据和云计算等技术，已经在信息的获取和分发方面被非常多地应用起来。以国内为例，在全网范围内通过爬虫技术抓取信息的智能技术，已经让传统新闻媒体慢慢边缘化，它可以轻松获得海量级流量入口。通过分析用户的手指点击和触摸行为，甚至深层次地跟踪用户需求和兴趣的转移，也可以抓取用户的需求和兴趣。在获取足够规模的用户数据后，建立了一个用户池，并与其他资源协作渠道相连接，既能实现用户分群和模型的建设，又能增强用户匹配黏性的多内容分发，进一步增强数据利用、增值和变现能力。

人工智能作为全球新一轮科技革命和产业变革的核心驱动力，已经到了能够真正进入产业、服务人类的阶段。人工智能在自动驾驶、安防、医疗健康、金融、零售、娱乐、AR、VR 这些领域的应用，也将成为新的生产力，激发新产业、新业态、新模式，成为第四次工业革命的主要推动力之一。这股历史大的趋势不可阻挡，而我们也正在飞快地进入一个由人工智能驱动的全新时代。

二、媒体传播的智能化：从广播电视到社交媒体

广播电视是把声音、图像、视频等传播到广大区域的新闻传播手段。仅有声音的广播叫作语音广播；同时，播发图像和声音的叫作电视广播。在狭义上，广播的传播内容仅以声音为基础，用无线电波和导线为传播。在广义上，广播在狭义的基础上还包括我们前面说的电视。

广播电视的形成,是人类社会发展的结论,也是科技进步的产物,广播电视事业的发展是让人类信息传播的广度和深度有了前所未有的扩展。1906 年有了无线电广播,世界上第一个正式广播电台是美国匹兹堡 KDKA 电台,在 1920 年 11 月正式开始广播。1923 年,中国广播电台开始播出,标志着中国人民广播电台诞生的是延安新华广播电台,它于 1940 年 12 月 30 日正式开播。20 世纪 50 年代发明了电视。英国广播公司(BBC)于 1936 年创立了第一个电视台。我国第一个代表性的电视台是北京电视台,1958 年 5 月 1 日试播,同年 9 月正式开播,并于 1978 年更名为中央电视台。

广播从功能上来讲,体现在以下几个方面:第一,宣传功能,就是运用广播电视这个现代化的大众媒体,在党的路线、政策的指导下,及时宣传党的路线、政策、民众所取得的成绩;第二,教育功能,即以广播电视为载体,不断提升民族的科学文化素质,将知识特别是现代科技知识传播到观众;第三,监督职能,即利用广播电视这一大众传播媒介,来监督社会经济活动与社会舆论,从而达到正风肃纪的目的。广播电视的信息产业的基本功能是生产和传输信息的功能,引导社会资源优化配置。广播电视的发展是实现信息产业的基础。

在智能技术革命的背景下,技术驱动下的媒体传播也都遵循着智能化的规律。从以广播电视为代表的传统媒体,再到以社交媒体为代表的网络新兴媒体,智能化进程正在不断演进。

在过去的几年里,AI 技术得到了飞速的发展,在“零点智媒”时代,智媒成了一股潮流。在这样的背景下,未来影像这一依托于智能媒体技术而产生和发展的技术、产业、传播等方面,已经被更多的人关注,这一切都成了未来影像解读的钥匙。目前还没有形成公论的“智能媒体”的定义,有很多角度可以理解这个概念,最普遍的解读角度有两个切入口,即技术和用户。许多学者从技术的观点来看,智能媒介是由媒体、人工智能、信息技术、数据等多个方面组成的。从用户的观点来看,一般观点是把智能媒体看成一种能够识别用户偏好、符合用户需求的、能够提供服务与资讯两个层面的综合性媒体。国内一些学者在此基础上提出了“智能媒体”的概念,即“传媒行业以用户为核心,以满足用户的需要为目标,运用智能技术,使得媒介系统逐渐具有人的感知、记忆、思维、学习、适应性和行为决策等作用,而媒介的智能化结果则是智能媒介”。这一定义综合了用户需求与智媒技术,把智媒看作是媒体智慧化的产物。

　　智能媒介是以人工智能为基础的媒介技术，它的智能性主要体现在两个方面：第一方面，是对人类能力的仿真；第二方面，是对人类能力的延伸，核心技术有传感器、物联网、虚拟现实、大数据、人机交互、云计算等。在用户体验方面，通过其深度学习能力，智能媒体既能理解用户的需要，又能满足用户的需要，从而为其提供最佳的服务。

　　智能化也影响着广播电视媒体的方方面面，在广电新闻采集、整合与分发的各个环节，从中央厨房的运作，到机器人的书写，到智能、个性化的推送，从新闻节目的 AR 主播，到娱乐节目的 VR 表情，广电节目的产、制、播、发等多个方面，我们都可以观察到智能化的技术逻辑，一个智能化的信息生态圈正在构建中。

　　当前，国内媒体也都看到了广电智能化的必然性，在近年的"两会"等一系列重大事件报道中，"中央厨房"式的智能制作和传播方式也在央视等多家媒体进行了尝试，极大地提升了媒体运作效率。传感器采集、人工智能整合与写作、定制式与个性化推送等，无一不在体现着智能化技术在广播电视媒体中的深度应用。媒介智能不仅是利用智能软件获取新闻稿，更重要的是利用人工智能技术对用户的数据和受众的情绪进行分析，乃至建立一个信息生态圈。比如说，BBC 运用面部识别技术去识别受众情感，只需要通过桌面摄像镜头，就可以记录观看者的面部表情，进而分析是哪一部分的内容触发了用户情感，或者挖掘跨平台电视观众，用 AI 技术对电视节目进行分析。此外，增强受众黏性的一系列创举，如聊天机器人的开发和应用，也成为广电融合智能科技的新尝试。

　　目前，除了在广播电视等传统媒体上广泛应用的智能技术，与网络社交媒体的融合程度也在不断提升，智能化社交媒体在社交媒体的信息产制方面，不仅出现了智能写稿和内容审核机器人，使人力从内容管理中解放出来，还将 AI 技术投入视频、图片信息的处理和识别过程中。比如说，Facebook 致力于开发识别视频中人物语言的相关技术，并且自动生成字幕，还可以根据视频中人物的服饰、身材、发型等进行识别并标记人物，方便用户日后检索。另外，图像视觉技术、自然语言技术、智能语音技术等的信息识别与处理技术大大地提高了社交媒体的信息产制效率。

　　而在信息传播过程中，基于用户画像技术的精准化，个性化信息推送被广泛应用，极大地提升了信息传播的精度与效度。比如，Facebook将所有热门主题的编辑、推荐和排名都交给了机器算法，以有关文章的数目和主题的贴文为依据；微博则基于其自身的几亿用户、千亿关系和近万亿的内容，描绘了一幅中国网民的图谱。在受众接收信息的方面，具备语音功能的聊天机器人，使社交媒体变得更加贴心，也开创了人机互动的新模式。

另外，受众数据的抓取和分析，也可以通过智能化技术来完成，帮助后台更加深入地了解和预测受众的心理偏向、选择意图和行为模式。此外，数字商业新闻网站 Quartz 就上线了以人机对话方式推送新闻的客户端，它会用聊天式的口吻向读者推荐个性化新闻，其互动过程完全由机器算法来完成。而经过调查显示，这样的聊天式新闻，也着实大大提高了用户黏度，这无论是对新闻媒体还是社交媒体，都提出了一种全新的可能性。

当然，在社交媒体这一基于人际网络关系的重要命题上，其智能化需求正在与日俱增，人工智能和大数据将借助算法等各种技术为用户拓宽弱连接关系网络，无论是各种凭借画像和标签所进行的相关内容、相关用户的推荐功能，还是凭借 AI 技术对用户行为等信息的智能分析和深度学习，以辅助人际交往、面向不同社交需求的智能化社交媒体越来越多地出现在我们面前。

然而，从广播电视到社交媒体，尽管媒体传播变得越来越智能化，但它给人们带来的束缚也逐步威胁着我们的社会交往和日常生活。机器的聪明是否会放大人类的懒惰？被动地接受推送又会不会磨灭属于人脑的主动性和创造性？不可否认，媒体传播的智能化演进，无疑是传播进程的又一次飞跃，但它背后的引用地带也更加需要我们进一步的思考。

第三节　未来媒体的发展方向

前面以传播技术为基线，从媒介形态的更迭到传播思想的推进，逐步将眼光投射于以智能技术为核心驱动力的智能媒体传播。总体来说，人工智能的探索历史,可以被简单地概括为"喧嚣与渴望、挫折与失望交替出现的时代"。

作为电子传播时代最具变革力的技术,智能媒体和未来影像引领着未来媒体的发展方向,这一核心技术所开创的"信息"及社会图景,正越来越清晰地被展现出来。回顾人类传播技术更迭的历史,继口语传播、文字传播、印刷传播之后,电子传播时代的智能媒体,融合了语言、文字、视觉影像等各类媒介的优势,创新出了更加适应人类发展需求的媒体特征,使麦克卢汉笔下"人的意识与感官无限延伸,虚拟与现实融为一体"的预言成为可能。被誉为"第四次工业革命"的智能媒体技术革命,正在全面涌入媒体传播与社会生活之中,传统媒体在智能化浪潮中,正在寻求与智能技术的合作以及自身的智能化转型,在产、制、播、发等各个领域,构建智能化的信息生态系统。而新媒体则紧抓智能传播的机遇,运用自身的网络基础与传播优势,搭载核心技术,实现其功能的延伸与结构突破。智能媒体传播时代,不仅媒体形态有了颠覆性的转变,传播系统也发生了从未有过的变革。未来,智能媒体将会构建一个庞大的传播共同体,每一个个体都将具备个体化特征的媒介属性,他们既是媒体内容的生产者,又是传播过程的参与者,更是传播权力的享有者。

当下,智能媒体和未来影像技术逐渐普及,和人类的联系也越来越紧密,只要留心观察,不难发现生活中经常可以看到很多智能媒体传播的身影,无论是日渐火爆的 VR 游戏,还是每天都离不开的扫码操作,或是手机、电脑等在开机时用到的人脸识别,智能媒体和未来影像已经在慢慢渗透到人们的日常生活中。今后,游戏、影视、设计、制造、零售、医疗、教育、艺术等更多的产业系统都会使用未来影像和智能媒体来进行传播。

具体来说,在设计、制造等领域,智能媒体技术的应用可以使使用者利用仿真设备进行操作,通过更低的成本,在提高设计效率的同时,也节约了大量的支出。在零售业,将来的图像和行销结合,让身临其境的购物体验,如 AR 看房、AR 看车、AR 试衣等,对电子商务发挥了促进作用。在医疗行业中,如手术模拟、模拟治疗、远程救助等医疗、教育、艺术等,也可以应用智能化媒体;教育领域的教学实验模拟操作和训练,而 AR、VR 和全息影像也已经在许多艺术领域的舞台上大放异彩。未来影像蓬勃发展,各产业推广和应用都在加快,并伴随着虚拟现实技术逐渐成熟。

在学术研究方面，近几年，国内对智能媒体的研究主要有以下几个研究角度。

从媒介融合的角度关照智能媒体。很多学者认为，媒介融合的进程不会随着媒介产业内部各个子系统的融合而结束，相反，所有媒体的数字化、网络化只是更深层次媒介融合的开始，这标志着媒介融合的步伐已发展到了一个较高的发展阶段，那就是"互联网+"与物联网技术系统带动的媒体跨界融合与智能传播时期的到来，而智能媒体与人类智慧的协调发展，将对媒体产业产生颠覆的变化，从而对整个社会产生深远的影响。

对媒体智能化的本质现状进行探讨，这一视角下的研究更加注重从理论角度解析智能媒体，从研究理论上和分析层次的角度，将智能媒体研究的议题化划分为：以政治经济范式的社会建构主义宏观研究、以新媒体研究范式的科技中心主义宏观研究、采用认知心理学范式的科技中心主义微观研究和采用科技人类范式的社会建构主义微观研究四大类，最终，他们预言，采用科技人类学范式的社会建构主义微观研究将成为未来研究的主流。

对智能媒体未来的发展态势进行展望，并对人工智能的风险、网络安全等进行预警，进一步思考智能技术如何重塑现实与虚拟的界限，以及人的主观世界与外在的客观世界的关系如何被审视。而这些问题，在社会媒体发展的新阶段中，已经成为学术研究和现实应用领域共同需要思考的关键。

总之，现行的传播形式和格局呈现出皆为媒介、人机合一、自我演化的特点，智能媒体时代正在大数据、人工智能、物联网、云技术等新技术的蓬勃发展下显现雏形。后面的内容，将对智能媒体时代的相关现象和具体案例展开更为详细而深入的讨论，从而逐步构建起一个较为完整的智能媒体思维脉络。

第四章

智能媒体传播

2017 年 12 月，AI 被评选为中国媒体 2017 年"十大流行语"之一，什么是人工智能呢？

人工智能（Artificial Intelligence），英文缩写为 AI，是崭新的技术科学，研究、开发用于模拟、延伸和扩展人的智能理论、方法、技术和应用的系统。人工智能（AI）是计算机科学的一个分支，它试图理解智能的本质，并在该领域的研究包括机器人、语音识别、图像识别、自然语言处理和专家系统等，生产出一种新的智能机器，能够以人类智能的相似方式做出反应。人工智能能够模拟人的意识，能够模拟人的思维信息过程，人工智能不是人的智能，但可以思考得像人一样，也可能超出人的智能。自诞生以来，理论和技术日趋成熟，应用领域也在不断扩展，可以从未来人工智能中产生出科技产品，是人类智慧的"容器"。

人工智能是一种极具挑战性的科学，从事这项工作的人必须了解电脑、心理学、哲学等信息。人工智能是内容非常广泛的科学，它由机器学习、计算机视觉等不同的领域组成。总体来看，人工智能研究的一个主要目标是使机器能够胜任一些复杂的工作，这些工作通常需要人类的智能才能完成，但是不同的时代，不同的人对这种"复杂的工作"的理解是不一样的。

第一节　智能媒体传播的新特点

一、万物皆媒　万物互联

现在是一个物质产品极度丰裕的时代，那我们就来谈谈智能媒体传播中的物。在智能时代，一切物都有可能变成媒介，而媒介又使得一切物有可能彼此互联，并进一步与人类相连。

请你观察一下你及你周围的环境，在你的桌子上、书包里、手中以及身体各个部位上有哪些物品？是不是有文具、电子用品、衣物、装饰物、家具等，哪怕是日常中随时都会处在的最简单的场景里，我们都被数十种物品包围着。这些物品中又有哪些属于媒介物呢？电脑、手机、平板电脑、可穿戴式电子设备以及附属的鼠标、键盘、音箱、耳机等，这些都属于媒介，它们已经成为我们日常生活中必不可少的陪伴物。

通常我们可以把媒介物从其他的物品里独立出来，单独作为一类，因为它们是以存储、处理和传输信息为主的，与那些针对物质和能量而制造的物，有相当大的区别。很多时候我们会忽略媒介作为物的存在，而只关心它所传递的信息内容或它自身的传播功能，但是，现在情形发生了变化，有两个相辅相成的过程在发生着，那就是媒介的物化与物的媒介化。一方面，媒介越来越体现为物，是某种东西，它不仅仅是符号的无形载体，更是有独立实体的物品或物质系统，就像我们刚才所观察的，现代人拥有各种媒介物品，如电脑、平板、智能手机等；另一方面，许多物开始有了信息存储和传输的功能，比如运动鞋，通过安装芯片可以记录我们的步数以及其他运动信息，那它也就成了一种具有媒介功能的物。

（一）物联网

在媒介的物化与物的媒介化基础上，我们就有了建设物联网的可能性，是一种与能够被独立地寻求地址的普通物理物体互联互通的网络，它是利用互联网、传统电信网络等信息载体来实现的。简单来说，如果一个物品有一个网络身份证，有一个独立的网络地址，并且能够接入互联网和电信网络，它们就接入到了物联网之中。早在 2005 年，国际电信联盟的年度报告就把物联网作为主题，在这份报告中指出以后的互联网将是 Anytime、Anyplace、Anyone、Anything，即任何时间、任何地点、任何人、任何物都是未来互联网这个大型网络中的组成元素。

物联网的实现要依靠各种技术的发展，其中一项重要的技术就是射频识别技术（RFID），通过在物体对象中嵌入芯片和晶片，建立电子标签，再通过无线读取来获得与物品相关的信息。实际上，这项技术应用已经非常广泛了，例如我们每个人都使用的二代身份证就含有相关的芯片，可以通过无线方式读取。它还涉及智能嵌入技术和纳米技术，有的物品非常微小，要实现射频识别就需要纳米技术，比如人工心脏起搏器就需要嵌入纳米级别的芯片来实现射频识别。我们在科幻电影中看到过这样的场景，通过在人体内嵌入芯片来完成各项生活场景的无缝连接，这种情况就可以通过物联网 RFID 技术识别的方式来实现。还有一项重要技术就是传感器，它将事物的各项运动变化转化为电流，并进一步生成 1 或 0 的数据，从而实现事物的运动变化数字化。传感器网络是实现万物互联的基础性网络，有了这个网络物品之间才可以进行连接，但要让物品能够接入传感器网络，它还需要有一个独立的地址，还需要有可以进行信息交换的协议，所以要通过独特的编码系统，来建立起万物互联的智慧地址系统，这样物品间信息就可以实现畅通无阻互相连通。最后，物联网的这一切都是在大数据和云计算的整体发展中实现的。那么，物联网有什么应用呢？对于媒体与传播又会有怎样的影响？

物联网可以应用于各行各业、各种场景，对于社会个体来说，一个很明显的变化体验就是可穿戴式设备的完善与智能家居的实现。我们未来的眼镜、耳机、手表、衣物和随身物品都将彼此互联，也与人相连，以后，媒介也许不再只是静态的外在系统，它可能变成我们每一人随身的动态化、移动化的媒介小环境，跟随我们走遍千山万水。家庭环境也会随之发生变化，其实它已经在变化了，很多人已经安装了智能门锁、智能灯泡、扫地机器人等家庭智能工具。许多大型的互联网企业也都在致力于开发以家庭智能网关和语言助理为关键的整套智能家居系统，在不久的将来，我们家里的每一个重要物品都有可能嵌入芯片并接入到智能家居系统之中，通过一个作为智能网关设备的物品，语音控制智能家居系统中的各个物品实现功能，比如现在的 AI 智能音箱小爱同学和天猫精灵，如果你家里使用的是与智能音箱配套的 AI 智能插座，那便可以通过智能音箱来语音控制插在这些智能插座上的电灯、洗衣机、空调等，比如语音唤醒天猫精灵，并让它把客厅的灯打开，接着再把卧室的空调打开并调到 25 摄氏度，这就是我们所说的智能家居系统。物联网还有很多应用，例如在零售业中的无人便利店可能会越来越多。物流运输业也将是物联网运用的重要体现，汽车会形成车联网，城市交通系统会通过物联网的使用变得更加智能化，智慧城市将随着物联网的发展变成现实，智能制造、智能农业、智能医疗、智能教育、智能消防与智能公共服务在物联网的发展下都将获得普及。

（二）物联网发展的关键过程

对于人类传播来说，物联网的根本性影响就是使得万物都可以媒介化，同时它们也都可以成为媒介终端。比如，家庭里的屏幕会增多，除了电视机、计算机和移动设备之外，我们的电冰箱、微波炉以及路由器和智能网关也可能会拥有自己的屏幕，它们有可能会成为新闻信息与娱乐的新窗口，媒介的泛化将会成为一个普遍现象。

首先,先把什么是媒介理清楚了再说。媒介有广义和侠义之分,一切物质都是广义的媒介,能够使人与人、人与物或物与物之间产生联系或发生关系。而狭义的媒介则专指广告媒介,是指物质工具,利用该媒介对信息进行存储和传播。加拿大文学批评家、传播学家和传播媒介环境学派一代宗师麦克卢汉曾经说过,"媒介即信息"。同时"媒介"也成了一个职位,如媒介专员、媒介策划、商务媒介等职位。媒介包括两方面要素:第一种是将书(甲骨、竹简、帛书、纸书)、胶片、磁带、录像带、CD 光盘等携带的数据或内容的容器;第二种,包括通信类,比如电报、传真、电子邮件、智能手机等,广播类,比如通知、报纸、杂志、广播、电视等,以及网络类这三大类,即用以传播信息的技术设备、组织形式或社会机制。如今,社会媒体是指机械印刷的书籍、报纸、杂志、无线电、电视、国际网络等,均是大众传播信息的工具,或是影响大众意见的传播信息的媒体。

在实际生活中,人类对"媒体"的理解很杂乱,甚至是狭义上,人类对"媒体"的理解与使用也是非常糟的。有时会把它与象征性质的符号混淆:"媒体是指文字、各种印刷品、记号等具有象征意义的实物、信息传播设备等物质实体,和像声光、电波等具有物理能量的物理能量";有时也会将媒体混同于传播形式:"媒体是一个简单方便的术语,通常用来指包括电影、电视、广播、报纸、杂志、通俗文学、音乐在内的所有面向广泛传播对象的信息传播形式"。我们相信,媒体概念的混乱会产生讨论的混乱,而讨论的混乱必然会造成理论的混乱,而混乱的理论无法指控传播实践,所以,媒体的概念必须进行再定位。

在这个万物媒介化的过程中,有以下三个重要内容。

声音将会成为关键性入口、中枢和纽带。这个其实已经显现出来了,最近几年来,各大互联网公司都在研发语音助理系统和智能音箱,这是为什么呢?因为极有可能以后的智能家居内容是要依靠语言来控制的,我们不需要点选,不需要手指滑动,而是通过语言交互来进行控制。无人驾驶的车辆也可能会通过语言来操作,这既给传统媒体带来挑战,也带来机遇,例如传统的广播业可能会失去家庭空间与车辆空间这两个重要阵地,但与此同时,它可以通过研发声音产品,来融入新的智能传播体系。

我们将会进入多屏时代或者无屏时代,甚至是全屏时代。通常,我们把电视机屏幕称作大屏,把手机和平板电脑的屏幕称为小屏,今后家里的屏幕也会增多并且互联,它不仅仅是多屏,也可以实现内容的跨屏传播。随着全息投影的发展,我们会不会过渡到无屏的时代呢？无屏的时代也意味着我们周围的空间可以随时形成屏幕,因此无屏意味着全屏的可能,这将带来视频呈现的新时代。

万物都可能变成媒介,而媒介也不仅仅是媒介。物品的各项功能、用处能够整合在一起,提供全方位的服务。这点我们也能够深深地体会到了,比如广告和销售的界限已经趋于消失,现在常说到的带货,不仅能提供商品的信息、品牌的宣传,更是直接提供了购买的入口和渠道。再比如,很多政务新媒体已经把政府审批和公共服务的各项功能整合到了媒体应用之中。

从我们身外之物及我们所处的环境看,媒介的物化与物的媒介化已经发生,而物联网已经在实现的过程之中,它将会影响社会的各行各业、各个方面。对于媒体传播来说,已经进入万物皆媒、媒生万物、万物互联的时代,我们将迎来更多的可能性。今后还会有什么可能,有什么变化和发展呢？让我们拭目以待吧。

二、人机互动 人机合一

有一个词叫赛博格,CYBORG,它讲的是人与机器的融合。接下来,我们来谈一下,人与计算机的关系问题。

随着计算机的普及,人工智能的发展,我们与机器之间的对话越来越多。苹果设备所用的 iOS 系统给用户提供了一个语音助理 Siri,很多用户都曾经与 Siri 有过对话,有个有趣的说法叫调戏 Siri。可能 Siri 经常会被问到的问题是："你觉得我美吗？"或者是"你觉得我帅吗？",我们会得到一些有趣的答案。其实,这种对话只是一种拟人化的形象对话,它与语音识别和信息搜索整合在一起,为我们提供服务。

人类与机器的对话远比这个要普遍得多,也复杂得多,我们实际上是通过持续不断的人机对话来实现各种计算机的功能。比如下面这些例子,你在 Word 里面点击按钮,发出某种操作指令,改变了文档的某一部分；你在搜索引擎里输入关键词,获得了一长串结果,并从中进行选择；你在手机上按下指纹,完成了一次支付；你删掉了设备中的照片,设备告诉你照片还将在回收站里存在一个月才会被彻底删除；你扫描一个二维码等,我们把这种双向的控制过程叫作人机互动(HUMAN-

COMPUTER INTERACTION）。

人机互动（Human Machine Interactive）是人与机器间的交互，实质上是人与电脑间的交互，或可以被理解为与"包括计算机的机器"进行互动。1959年，美国学者写了一篇关于电脑控制台设计的人体工学的论文，从人在操作电脑时如何缓解疲劳出发，被认为是第一篇关于人机界面的文章。1960年，人机界面学（Human Contrology）的启蒙被首次提出，即人机紧密共栖的概念。1969年，第一次人机系统国际会议于英国剑桥大学举行，同年《国际人机研究》创刊，可以看到，这一年可以称为是人机界面发展的元年。1970—1973年间，发表了四本关于人机互动的经典著作，系统地指出了人机交互界面的发展方向。20世纪80年代初，学术界对人机交互最近的研究成果进行了深入的出版，共6部，人机交互科学逐渐构成了自身的理论和实践范畴的构架。自20世纪90年代后期开始，人机互动的研究主要集中在智能互动、多模式（Multi-Models）多媒体互动、虚拟互动和人机协同互动上。

人机交互过程实际上是人通过人机界面向电脑输入指令，电脑处理后向用户呈现输出结果的一种输入和输出过程。人与计算机之间的输入和输出形式是多种多样的，所以交互形式也是多种多样的，大致可分为：数据互动、图像互动、语音互动、行为互动。说到数据互动，主要有以下形式：问答式对话数据输入互动、菜单选择数据输入交互、填表数据输入互动、直接操纵数据输入互动、关键词数据输入互动、条形码数据输入互动、光学字符识别声音数据输入互动、图像数据输入互动等，苹果用户与Siri的对话只是人机互动过程中一个拟人化实例。

计算机包括软件和硬件两部分，对于用户来说，我们首先是在界面中与计算机进行互动，然后在应用中实现它的功能。无论是界面还是运用，我们都发出一系列指令并获得一系列反馈，这是一个控制论的过程，控制论的英文是CYBERNETIC，它也是赛博格CYBORG这个词的来源。

在计算机以及人工智能的发展历程中，许多科学家做出了重要贡献，其中有两个人，做出了最杰出的贡献。一位是英国著名的数学家和逻辑学家阿兰·图灵，图灵提出了计算机的通用语言，发明了图灵机，促进了计算机的发明。与此同时，图灵也问了一个意味深长的问题"机器能思考吗？"，他提出了著名的图灵测试，来测试计算机的智能是否能让人类无法辨别。"图灵测试"采用"提问"和"回答"的模式，即观察者通过控制打字机,将电话打到两个被测试者身上,其中一个被测试者为人,另一个被测试者为机器。要求观察员不停地提出各种问题,以便对答复者是否为人或机器进行辨别,如果机器让每个参与者平均误判30%以上,那么这台机器已经通过了测试,被认为具备了人类的聪明才智。所以,图灵经常被人们称为"电脑科学之父""AI之父"。不过,图灵所设想的计算机是一个一次成型的计算机,换句话说,首先,人类智能设计出人工智能;其次,人工智能完成他的任务,这就意味着人工智能永远是从属性的。另一位是美国数学家诺伯特·维纳,他是控制论创始人。维纳提出的控制论为人机交互贡献了一个相当重要的思想启发,那就是反馈以及调整的过程。在维纳的控制论过程中,计算机或其他机器并不是一次性完成自己的任务,而是在获取反馈后调整自己的行为,以达成目标。这种控制论的过程,不就是人和其他生物体采取行动的一般性过程吗?这样机器的行为就和有机体的神经网络越来越相似了,因此我们可以把人机互动的过程理解为一种控制论过程。

目前人和计算机不仅可以实现普通的对话,而且呈现了高度融合的态势,我们可以发现以下三种现象:

计算机的具身化。具身化指的是计算机越来越适应用户的身体,众所周知的可穿戴式设备就是这种具身化的典型体现,如手机越来越适合我们的手掌,更不用提智能眼镜、智能手环、智能耳机等,今后我们的衣物可能也智能化了。现在,有些科技企业还在探索智能头环的研发,在不远的未来,这些智能设备甚至会进入我们的身体之内来发挥作用。

计算机的遍在化。遍在化指的是计算机应用普遍存在于我们周围的环境之中。在短短十年之前,计算机还只是在特定场景下用于特定信息和娱乐活动的工具,而现在,我们身边充斥着各种各样的计算机应用或者采用了计算机系统的电子物品,例如车载电脑、智能手机、智能手表等。

计算机的拟人化。拟人化指的是计算机被当作与人类相似的主体来看待。比如,我们会给语音助理起名字,把它想象成一个有生命之物。我们会把人工智能的机械物做成人形,或者赋予它生命体征。比如,很多酒店大堂里都有迎宾机器人,它可以引领我们上电梯、去房间或者给我们送物品,除了能和我们对话之外,它还特意画上眼睛模拟出人的形象。

在计算机拟人的情形下,人和机器就可能合二为一了,这种时候我们就称为"赛博格",即一个人,若其生理功能由机械或电子装置辅助,或由此类装置独立完成,那么就被称为"赛博格"。我们来看一个极端的例子,2019年,一部电影《阿丽塔战斗天使》在世界各地上映,它描绘了一个想象的世界,即人的身体可以被机械装置或电子设备改造,只要你的脑子还存在人就不会死去,人身体的其他部位全部可以换成机械。类似的想象在各种科幻电影和科幻小说中层出不穷,大家可能会说,这毕竟是幻想,但是,风起于青蘋之末,类似的现象已经开始萌芽了,其实很多人体内已经有了机械装置,比如电子心脏起搏器,也有很多人安装了义肢,他们已经是第一代的"赛博格"了。

说起人工智能和科幻电影,有的电影里描绘了人工智能机器人对人类的反抗,甚至变成了人类的主宰,这种现象让人不寒而栗。美国特斯拉公司的创始人埃隆·马斯克曾经警告人类不能再无限开发人工智能了,否则,机器人反噬人类的那一天必将到来。有趣的是,他提出的解决方案是通过脑机接口来拓展人类智能的控制范围,他的意思是说不能发展独立的机器人,但是可以发展"赛博格",通过让人脑和电脑相连,人类智能与人工智能相连,以此来保证人的控制权。那么,问题就来了,这种形式下的"赛博格"人类还是原原本本的人类吗?如果出现了《阿丽塔战斗天使》中的情况,人类身体的大部分都变成了机器,我们是否仍可称为人类?有一个古老的哲学故事可以帮助我们思考这个问题,哲学家曾经提出来一个叫"忒修斯之船"的思想实验。忒修斯想要开船从A地到B地去,路上要航行365天,他的船只恰好也是由365个零部件组成的,忒修斯在船上准备了全套365个备用的零部件,第一天航行结束的时候,他用其中一个备用零部件替换了船的对应部分,第二天又替换了另一个,以此类推,等365天结束的时候,忒修斯抵达了目的地,而船上的零部件也都换了一遍。最有趣的部分来了,忒修斯把换下来的零部件,在旁边又重新组建了一艘船,这艘船的365个零部件就是出发时船上原原本本的365个零部件,两艘船并列停泊在那里,哪一艘船才是原来那艘船呢?如果一个人身上的零部件一个个都被机器替换了,那么请大家思考一下,这个"赛博格"还是原来那个人吗?

三、万众皆媒 万众参与

随着智能终端的普及和社交媒体的扩散,我们进入了一个众生喧哗的时代,有一句话是这样说的:"人人都是自媒体,人人都有麦克风",这句话是在说,在现今社会,我们每个人都成了传播者。其实,在日常生活中,我们每个人不都是传播者吗? 和另一个人交谈的时候,双方都既是信息的传播者,又是信息的接收者,所以,人人都是传播者才是人类社会的常态。

信息传播者和信息接收者(或者说受众)的分化,是近代随着大众媒体的诞生才发展起来的。16世纪,意大利的威尼斯出现了手抄小报,后来,随着近代印刷术的成熟,以报纸为代表的近代新闻业诞生了,这也就催生了第一批以传播作为职业的专业劳动者,也就是我们常说的记者和编辑。现代大众媒体的出现使得传播者出现了三个特征,即专业化、职业化和组织化。

专业化指的是传播者有了自己的技术门槛,具备信息传播的专业性,懂得新闻采访和写作的各种技巧,也懂得相关的技术设备如何使用。职业化指的是传播者开始形成了一门行当、一门职业,有人专门以此为生。组织化指的是,这些专业人员为了完成大众传播活动,往往是挂靠在某一机构之下的。与传播者对应的概念就是受众,它指的是信息接收者的总和。因此,当大众传播到一定阶段之后,就形成了一个二元对立的关系,即传播者与受众之间的关系。我们所熟悉的很多传播理论,都是默认这种关系存在的前提下才形成的,比如两极传播论或者沉默的螺旋理论。

随着互联网的发展,传播者与受众二元对立的情况发生了改变,在互联网时代的信息传播中,大众传播与人际传播开始融合,形成了一种新型的、特殊的传播形态。例如,你既可以用微信跟家人或者朋友聊天,也可以用它来获取新闻,或者发出自己的声音,这种时候你既作为信息传播者出现,又同时具备着受众的身份。再如,专业性的媒体,不仅拥有自己的网站,还要在社交媒体上开设账号,跟订阅者们进行互动,在互动的过程中既扮演着信息的传播者又同时扮演着信息的接收者。所以,在互联网的传播大环境下,"受众"这个概念已经越来越不适用了,如果你现在去互联网企业应聘,面试的时候不小心蹦出了"受众"这个词,得到的答复肯定会是:"对不起,您不适合我们公司。"为什么呢? 原因就是你不具备互联网思维。互联网时代下的传播,普遍采用的概念是"用户"而非"受众",与"受众"相比,"用户"这个词的使用,揭示了互联网时代信息传播的两个非常重要的变化,首先是信息的使用从之前的被动接收变成了主动获取；其次，信息的使用不再是群体性的、千人一面的，而是个体化的、个性化的、千人千面的，这才回归了人类社会信息传播的真实情况。

受众地位的转变以及获取信息的个性化和主动化还不是现今社会信息传播最根本的变化，信息传播在互联网时代的根本变化在于，互联网不仅打破了大众传播与人际传播的界限，也打破了传播者与受众之间的界限，更重要的是，信息的生产与消费之间、信息的传播与传播之间的沟通。原本，记者是信息的制作者，而那些通过和浏览这些信息的人，是报社的消费者。现在，在网络环境里，形形色色的用户们在微博上发布帖文、浏览贴文，并对贴文进行转发和评论，我们很难分清楚这些用户里面谁是生产者，谁又是消费者。有一位叫布朗斯的学者创造了一个新词儿来描述这种情况，即"产消者"。在英文中，生产者是 Producer，消费者是 Consumer，布朗斯把生产者和消费者合在一起，称为"Prosumer"，我们翻译过来，把它称为"产消者"，指代的就是一个既是生产者又是消费者的用户群体，即生产性消费者，如果把"产消者"这个词放到信息传播中来看，就是在说既进行信息生产又进行信息消费的人。

这种情况在社交媒体中是非常普遍的，例如大家所熟悉的知乎，它整个网站的主体信息内容，就是由一组组问题及回答来构成的，这些问题由知乎的用户们提出来，问题的回答也是由这些用户来添加的，如果把所有用户自己生产的内容去掉，知乎也就只剩下一个技术的空壳，成为一个没有内容的网站了。还有大家所熟悉的各种互联网服务，基本上都是在社交网络的基础之上产生的，也都依赖于"产消者"所做出的贡献，哪怕是技术最发达、算法最高明的互联网企业也是一样的。例如今日头条，它现在是国内装机率最高的新闻服务应用，可你知道它的内容是从哪里来的吗？今日头条有一句口号："我们不生产新闻，我们只是搬运工"，通过爬虫软件，从互联网的每一个角度收集到新闻，回到自己的网站上。如今，今日头条已经成为最具吸引力的新媒体平台之一，大量的机构和用户都在上面开设"头条号"，这些"头条号"会在今日头条上主动提供信息内容。头条号是一项由政府部门、媒体、企业、个人等内容组成的开放内容创作和分发平台，截至 2019 年 12 月，头条号账号总量突破了 180 万，日均发布内容 60 万条。

从上面这些现象里面可以看出，互联网的海量信息内容的生产来源可以分成三类。一类是专业工作者生产的内容，我们叫PGC，比如澎湃新闻，这里面绝大多数的内容产品都是专业新闻人制作的。另一类是用户生产的内容，叫作UGC，比如豆瓣，用户在豆瓣上发一条广播、写一篇日记、添加一个影音条目、发表一篇书评等，都是在生产内容。此外，第三类是前两者的结合，形成了PUGC，也就是准专业的用户生产内容。例如在哔哩哔哩网站上，有的UP主本来是一个普通用户，但他制作的视频内容很受欢迎，慢慢成长为一个具有一定专业水准，并且由此获得收入的头部内容（爆款优质内容）生产者，甚至还成立了自己的工作室，专门以此谋生，这就是从UGC向PUGC的转化。

现在，各大互联网企业都在大力推崇这种PUGC的生产模式，人工智能技术的发展也将会进一步推进这种状况。通过以智能化的机器、技术与平台为中介，专业生产的门槛将会降低，更多的用户会参与到内容生产中来。这些用户创造的内容汇聚在一起，就形成了众创的模式，这种参与式的创造，不仅仅意味着普通用户能够模仿专业人士，这种内容生产方式还可能迸发出更广阔的创造力，进而改变我们信息和娱乐消费的面貌。我们举几个例子，一个是"同人小说"，张爱玲曾说过，人生有三恨：一恨食鱼多刺，二恨海棠无香，三恨《红楼梦》未完，所以，《红楼梦》的文学家爱好者们很热衷于给它写续集。现在，根据自己热爱的文娱作品开展创作，已经成为普遍现象，就拿《哈利·波特》来说，无论是在英文世界中，还是在中文世界中，都衍生出了无数同人作品，各种类型、各种形态、各种风格，甚至形成了一个新的文本宇宙。另一个例子是虚拟偶像，这是二次元文化中的一个现象，在二次元的热潮中，有些科技公司看到发展势头，创造了一些虚拟偶像，比如初音未来、乐正绫、洛天依等。这些虚拟偶像的产生，完美地迎合了粉丝们的创造乐趣，粉丝们可以自己写歌、编曲，然后让自己喜爱的虚拟偶像为自己歌唱，这在大众传媒时代是无法做到的。还有个例子是网络游戏，网络游戏的乐趣到底从何而来呢？有的人认为是战斗设计巧妙、场景宏大、武器精良或者视觉效果良好，但我们可以设想一个极端的情况：如果一个网络游戏制作的精美无比，但玩家只有你一个，那么它还会有乐趣吗？这种网络游戏可能还不如一个古老的单机版RPG游戏吸引人。所以，网络游戏的最大吸引力就在在于玩家的聚集。

互联网的最大创造力就来自它广大的用户群体，智能媒体传播就在于用新的工具和技术去激发这种创造力。然而，我们要思考一点，所有的内容是我们用户共同创造的,所有的贡献是我们用户共同做出的,那么,是否所有成果也应该由我们用户共同享有呢?我们应当努力重建"共享"的公共性文化,这就是万众皆媒、万众参与的意义所在。

第二节　智能媒体传播的新时空

一、时间无序性与碎片化性

孔子说"逝者如斯夫,不舍昼夜",这说的是时间的线性流逝,那就让我们来谈一谈智能媒体传播时代的时间问题。

通常,我们认为时间是一种客观存在,它以单向线性的方式向前行进,有过去,有当下,有未来。它的行进是不以人的意志为转移的,换言之,它的行进应该是匀速的。但是,在当下的数字化时代,我们却有一种时间加速行进的感觉。有一首歌叫《时间都去哪儿了》,我们每天都觉得时间不够用,甚至进入时间焦虑的状态。为了便于理解,我们可以这么说:客观的真实的时间是匀速行进的,但是,人类的时间实践,也就是标记和度量、使用和感受时间的方式发生了变化,从而造成了这种加速。这与当前人类的政治、经济状况相关,也与互联网的普及有关。

互联网给人类的时间实践带来了哪些变化? 一个关键因素是,它使得我们标记和度量时间的基准更加精确了。古代的时候,人们依靠天文观测和自然手段来确定时间,并发明了日晷、沙漏、香篆等计时工具。后来,又有了机械时钟、石英时钟、电子时钟、原子时钟,有了国际标准时间,有了全球协调一致的时间比对系统。如今,全球可以共享一个时间基准,它的误差在一秒以内。随着互联网与卫星的加入,随着自动化与智能技术的发展,全球时间协调,守时和授时已经构成了一个精密的系统,对于我们每个人来说,也都获得了一个基准时间。20 年前,我们很多人都带着机械手表或电子手表来计时,它们是一个一个独立的计时器,为了保证能够和其他人的时间同步,我们常常需要对表,或者找一个标准来对时,比如广播或电视。20 年后的今天,很多人的计时工具变成了自己的手机,也有人佩戴与手机相连的智能腕表,我们发现再也不用对时了,因为它会自动从服务器中获得标准时间。所以,智能传播时代,我们对时间的标记和度量更加数字化、自动化、精确化了,它使得我们可以同步时间。

时间同步了,我们的交流就一定是同步的吗?不一定。比如大家在视频网站看电视剧的时候,可能会发弹幕,不同用户还可以彼此回应,看上去似乎是在同一个时间进行交流,但这种弹幕互动交流其实是不同步的。这种时间基准同步,但是交流时间异步的状况就带来了传播更大的复杂性,实际上,是原有的时间秩序被打破了。

再说说我们使用和感受时间方面的变化,它体现在以下三个方面:

时间运用的延长性。延长在过去的几年里,有网络公司想要实施九九六工作制,代表中国网络公司普遍存在的加班文化,即拥有九点上班、晚上九点下班、中午和晚上分别可以有一小时(或不到)的吃饭休息时间,合计工作时间超过 10 小时,每周要上班六天。这引发了舆论的热议,有的人说,这不是现代版半夜鸡叫的故事吗? 2019 年 3 月 27 日,一个名为"996ICU"的项目在 GitHub 上传开,这个项目发起人呼吁程序员揭露互联网公司的超长工作制"996ICU",并对互联网公司的 996 工作制进行坚决抵制;《人民日报》于 2019 年 4 月 11 日发表评论员文章《强制加班不应成为企业文化》,回应"996 工作制";阿里巴巴在 2019 年 4 月 12 日透过官方微信号,分享马云支持 996 的看法,并于同日下午做出回应,表示"任何公司不得当,也不能强制员工执行自己的 996"。的确,劳动者可以通过延长工人而创造更大的价值,而资本家利润也会更高。不过,现在社会可不像过去的地主老财那么简单粗暴,它用了更系统的方式来延长和增加劳动时间。比如灵活雇佣制,允许劳动者自主安排工作时间甚至工作地点,只要按时完成任务就行,这看上去是件好事,却把一天 24 小时的时间都变成了可能用来工作的时间。再比如,各种心灵鸡汤,都在传达一种理念,那就是只有勤奋工作才能获得成功,这就把浪费时间变成了一件令人自责的事情。此外,我们的媒介也参与到这个系统中,我们都使用微信等即时通信软件,这些即时通信软件给我们带来了便利,也形成了新的社会网络,与此同时,它还成为新的劳动工具,我们可以用它来进行工作洽谈、文件传输、团队合作、信息传播,而这些活动很多都是在常规的工作时间之外进行的。所以,劳动时间的延长是在我们不知不觉间进行的,也成为我们自觉自愿的事情。

时间管理的科学化。因为劳动时间的压力越来越大,而劳动时间又不断扩展到每一个时刻,所以,我们希望对时间进行更精细、更科学的管理。大家应该都听说过一个词儿,叫"Deadline",它是指死线的意思,就是我们必须完成某项任务的截止时间。很多人在面临"Deadline"的时候恨不能死掉算了,所以拖延症现象越来越严重。其实,如果没有必须完成任务的压力,又怎么会有拖延现象呢? 因为有压力,人们就想做一些无关的事情来缓解压力,就产生了拖延。因为拖延,心中负疚,压力就更大了,这就形成了一个焦虑的死循环。为了克服拖延,人们也发展出一些科学的时间管理方法。比如,番茄工作法,把每半个小时作为一个工作时段,通过精细化的方法,以增强自律、克服拖延。各种时间管理软件也应运而生,帮助我们成为更像机器的劳动者。智能手机成为时间管理的重要工具,例如,手机上的日历软件,通过用户主动输入或自动获取其他软件的信息,能够把现阶段你手上必须完成的各项任务整合在一起,成为一个"Deadline"的大汇总。未来,随着人工智能的发展,我们会不会有一个随身的智能秘书或者智能助理,无时无刻不在提醒我们:你今天还有八件事儿没有完成呢。

　　时间使用的碎片化。随着时间管理越来越科学、越来越精细,我们的时间段也就被划分得越来越细致,这就是我们现在常说的"碎片化时间"。其实,这种时间使用并不是现在才出现的。欧阳修在《归田录》里说,他构思文章,多半是在马上、枕上、厕上,也就是在赶路的交通工具上、在临睡前的床上、在卫生间的时候。这不就是我们现在所说的碎片化时间吗? 不过,现代人往往不是在沉思或创作,而是在地铁上看一集电视剧,在临睡前刷刷抖音,在卫生间里打一局游戏等。这时候,我们发现智能手机是多么得重要啊,我们所谓的碎片化时间往往都交给它了。智能手机简直就是专门用来解决我们碎片化时间的,它是移动性的、随身性的,以可以通过互联网,不断给我们提供新的信息和娱乐活动。对于手机应用的开发商来说,碎片化时间成为主要的争夺对象,所以,短、平、快也就成了手机应用设计的基本思想,我们的生活节奏也就和这种时间状况、媒介状况嵌合在一起了。

　　回到一开始提出的问题,以上就是为什么我们会觉得时间在加速的原因。时间的标记和度量越来越精确,全球时间在同步,但人们的交流却不见得如此。资本家要工人多干活,工人总想逃。劳动时间延长到24 小时,工作中充斥着各种"Deadline",我们一方面,想要对时间进行科学管理,另一方面,又陷入各种碎片化的时间中。每个人都越来越忙,所以,才会有时间加速的感觉。不过,德国科学家韩炳哲认为,实际上这不是时间在加速,而是时间变得无序化、不良化所带来的一种现象,他提出一个叫"凝思生命"概念与之对抗,即凝思的时间,韩炳哲认为现代的时间危机不是时间的加速,而是时间的碎片化,因此,一切内容都很难驻留,人成了劳动不息的动物。日常的过分活动夺取了人们凝思的能力,而那些所谓的放缓策略却并不能真正消除时间危机,只有通过"凝思的生命",才能克服这一时间危机。简单来说,在智能媒体时代,我们要学会放下手机,让大脑有时间去放空一下,也认真思考一下。

二、空间的流动化和场景化

"山高路远,鸿雁传书",空间一直是人类信息传播面临的最大障碍之一。今天,随着现代媒介、互联网以及智能媒体传播的发展,空间障碍似乎已经被消除了,但事实是否如此呢? 关于传播空间的话题,主要涉及两个点: 空间的流动化以及空间的场景化。

在现代社会中,对消除空间距离有显著作用的是以下两个体系的发展。其中一个是交通系统,火车、汽车、轮船、飞机这些现代化的交通工具,可以让我们在短时间内跨越千山万水,通过交通系统,人类的物质产品和人本身能够迅速移动到很远的地方。另一个是通信系统,如电报、电话、大众媒介、移动通信和互联网等,让人们能够传递各种信息的同时,也拉近了人们之间的距离。所以,马歇尔·麦克卢汉认为全球已经缩减为一个村落,他称为"地球村"。有趣的是,无论在英文中,还是在中文中,交通与通信都曾经是同一个词儿。英文中的"Communication"和中文的"交通"都兼具交通和通信这两方面的含义。

现在,人类对于速度的追求到了无以复加的地步,在交通系统中,高铁的时速可以达到250公里,磁悬浮列车,可以达到600千米每小时,而超音速飞机则可以达到数千或上万千米。在通信系统中,信息传播的速度也更加快捷,5G的传输速度达到每秒1GB以上,信息可以借助互联网实现即时传播。看来,空间对信息的传播已不是障碍的,马克思说的"用时间消灭空间",目前已经实现。

在这样的空间条件下,人的流动性或者说移动性是空前的。这种空间的流动性似乎给人们带来了很大的便利,我们可以上到3000英尺的高空,可以到从未去过的地方,见识异域的美景和秘境,也可以与全世界各地的人进行交流。但我们需要注意,这种移动性并不是平均的,不是人人都具有同等的移动性,有的人比其他人拥有更大的移动性,而有的移动性却又仅仅是假象,空间移动性的不均等主要表现在以下这几个方面:

移动性是有社会结构性差异的。无论是在阶级方面还是在族群或性别方面,社会优势群体总是比弱势群体有更高的移动性。简单来说,你的收入越高,你的移动可能性就越大。

移动性是媒介化的。有句古话叫"秀才不出门,尽知天下事",是说有知识的人即使不出家门,但是凭着读书看报,也能知道外界的事情,知天下事是借助书籍和文字的媒介进行的。以前,因为交通和通信传播都很有限,所以只能通过读书看报来获取信息,了解世界,但这是非常有限的,现在,信息传播优势发展,有了可以连通全世界的网络,坐在家里就能获得全球各地的最新资讯,才真正实现了"秀才不出门,尽知天下事"。有了现代媒介之后,我们曾说电视打开了面向世界的一扇窗户,那么在互联网时代,我们更是可以坐在家里就能实现周游列国。2019年,法国的巴黎圣母院不幸遭遇火灾,网上有中国网友说:"太令人痛心了,这是我玩刺客信条去过无数次的地方。"你看,即使我们在玩儿游戏,也可能有了移动性。智能技术,比如 VR,也可能成为我们移动性的中介。

移动性并不一定会拉近人与人之间的距离。海德格尔说:"人类在最短时间内走过了最漫长的路程。人类把最大的距离抛在后面,从而以最小的距离把一切带到自己面前。不过,这种对一切距离的匆忙消除并未带来任何切近,因为切近并不在于距离的微小。"媒介让我们可以跨越界限进行交流,但这种交流中可能出现了新的阻碍。比如,身处异地的恋人们,可以通过手机的视频通话进行交流,但是,恋人们能够四目相望,含情对视吗?答案是:不能。摄像头是在屏幕上方边缘的,大部分手机或电脑,只有在你看着摄像头的时候,对方才觉得你是看着他的,但这种情况下,你就看不到对方的眼睛了。所以,视频通话的情形下,我们很难做到四目相望。即使两个人真的见面了,处于同一个空间里,又怎么样呢?有一句话是这样说的:"世界上最遥远的距离不是生与死,而是我就坐在你面前,你却在玩手机。"

上文谈了空间的流动化以及人的移动性问题,接下来我们来看看空间的场景化。空间是很复杂的,我们可以把它分成四个纬度:地理空间、社会空间、媒介空间和想象空间。举例来说,请考虑一下你现在身处的情况。地理空间,指的是你处于哪个经纬度的交汇点,海拔多高的位置。有时候我们会给这样的地理空间命名,比如在哪个大洲、哪个国家、哪个省份、哪个城市、哪座建筑物、哪一间房屋等。社会空间,指的是人的活动介入上面说的地理空间之后,形成了基于社会关系的空间状况,比如你周围有哪些人?你们的关系是什么?你们的距离有多远?你们所处的位置有没有遵循一些社会规则?这种空间状况有没有在移动、变化等。媒介空间,指的是人借助媒介,在当前地理空间和社会空间之外,所连接的另一重空间,比如,当我们在看综艺节目视频的时候,媒介就把作为观众的我们所处的观看的位置,与综艺节目中嘉宾所处的节目的空间连接在一起了。除了媒介空间这个用语之外,我们还常常把现代社会的互联网媒介空间称为虚拟空间。想象空间,则是我们在脑海中形成的另一种空间,它可能源自我们当前的地理空间、社会空间与媒介空间,也可能和这些完全无关,我们处于逼仄的陋室、拥挤的地铁、偏远的乡村,但想象力可能驰骋在浩瀚的宇宙之中。

场景化就是在这多重空间的基础上形成的,简单来说,基于地理空间和社会空间,每个人都处于一个场景之中,而媒介则根据这种场景,提供相应的信息、娱乐和服务,并将它们嵌入到这个场景中,进一步改变这个场景。场景化的实现取决于移动设备、定位系统、传感器、社交媒体和大数据技术等新技术和新工具。假如说,我是一个移动社交应用的服务商,而你是一个用户,你的手机向我开放了所有的信息获取权限,我通过你的手机卫星定位了解到,你现在离开了自己的居住地,出现在香港的铜锣湾,这是一个购物区。我还通过你的智能手环了解到,你现在正处于移动状态。同时,你在社交媒体上发布了帖子,告诉我你正和两个朋友一起逛街。那么,我就可以通过我所掌握的当地数据系统,向你推送离你最近的网红咖啡馆,让你和朋友们可以去喝个下午茶,这样就实现了根据场景所进行的信息推送。听上去很神奇,但原理很简单,不过要真正实现出来也不是很容易。目前,对用户的场景了解还处于比较粗劣的阶段,我们通常只能确定两个因素。第一,手机用户所处的地理信息点,即从地理信息点来判断用户在地图上的位置。第二,手机用户正处于四大类场景中的哪一个?这四类场景分别为家居场景、职场场景、移动场景、大众场景。如果想要了解得更精细,更需要数据信息的获取。

场景化,需要对用户进行精确画像,这种精确画像的典型流程是这样的:第一,获取用户的基本特征,包括用户所处的时间和空间;第二,了解用户在这个场景中的关系和行为;第三,理解用户的需求、情绪和习惯。其中,第一个内容是可以通过设备和技术自动获取的,但第二和第三个方面信息的获取,则需要在用户主动输入的前提下才能进行,例如,可以通过用户搜索关键词来进行了解,只有这样才有可能提供精确的、场景化媒介产品。

在智能媒体传播中,空间的流动性、移动性可以增强,但它能否拉近我们之间的距离呢? 空间的场景化日益得到重视,但它是否能真正实现呢? 这些对于我们来说都还是未知数,值得我们继续探索与讨论。

第三节　智能媒体传播的迷思

一、智能 vs 人类

在了解了智能媒体传播新特点,以及智媒传播在时间与空间方面新型表现形式的同时,我们不禁也会产生一些疑问:人工智能为我们带来诸多关于未来传播生活无限希望和全新想象的同时,会不会给人类带来麻烦? 智能会不会超越人类呢? 理智会战胜情感吗? 虚拟和真实的界限又在哪里呢? 我们到底需要怎样的伦理设计与人工道德呢? 那么,接下来就让我们围绕着这些迷思来谈谈智能与人类之间的关系。

我们首先来看一个关于"搭便车机器人"Hitchbot 的小故事。Hitchbot 是来自加拿大安大略省的机器人,它在 2013 年由传播系教授 David Harris Smith 和 Frauke Zeller 共同研发。Hitchbot 身高 1 米,体重 6.8 公斤,身体就是一个简单的啤酒冷却器,脚蹬黄色漂亮的大皮靴,要搭汽车时,就把屁股后面的支撑架放下来,然后坐到路边,把带黄色荧光手套的手伸出来,大拇指翘起来,像真正的人在路边搭顺风车一样,上下挥动,除非电池消耗完,否则它不会手酸,也不会停下来。当然,Hitchbot 耗尽电量的情况,基本不大可能发生,因为它整个躯干覆盖着大量的太阳能电池板,只要阳光充足就可以供电,至少挥手拦车是不成问题的。如果有好心的车主愿意顺路捎它一段路程,Hitchbot 会告诉车主自己要去旧金山,还会说出自己的心愿,想要去看看纽约的时代广场、亚利桑那州的大峡谷和伊利诺斯的千禧公园。Hitchbot 自己是不会移动的,要车主把它抱进车厢里并系上安全带安顿好。就像所有搭顺风车的人一样,Hitchbot 上车后就会打开话匣子,与同车的伙伴聊上几句。而它能够与人进行很好的互动聊天,是因为配备了语音识别软件和语音处理软件,可以让它能听能应答地聊上一会儿。至于聊天的话题内容,是从维基百科里批发来的。比如,Hitchbot 会主动说自己有多么喜欢 Kraftwerk 电子乐队,如果碰巧车上的人也对这个乐队感兴趣,那就可以很投机地开始聊天了。除了非常智能的语音识别软件和语音处理软件,Hitchbot 机器人还配备了 GPS 定位系统、摄像机、WIFI 装置,也可以通过 3G 连接互联网,它可以将行踪和旅行照片即时传送上网。它的头部是一块可以显示文字信息的液晶显示屏,还可以做一些电子表情。可以在网络上与多人进行文字交谈。在 Hitchbot 安装的记录设备中,保留了它的全行程日志,并记录了旅途中的点点滴滴及趣味事,会为每位帮助过它的人拍照,也会把 Hitchbot 到过的地方拍照记录下来。创作团队还为 Hitchbot 申请了社交账号,在搭车旅游期间,它和他背后的人类团队一直保持 Twitter、Instagram 和 Facebook 在线,嵌入它体内的摄像头,每隔 20 分钟拍摄一次记录旅程,并实时地直播在社交媒体上,每个人都能随着它的行程同步分享自己的所见所闻。从 2014 年 7 月 27 日到 8 月 21 日,在短短的 26 天里,Hitchbot 搭乘顺风车,从加拿大新斯科舍省哈利法克斯,到达不列颠哥伦比亚省的维多利亚市,它一共搭乘了 19 个交通设施,行驶了一万多公里。

"搭便车机器人"计划公布后,吸引了很多网友的眼球,它的一举一动,大家都时刻关注着。Hitchbot 访问了德国,探索了慕尼黑、科隆、柏林和汉堡等城市,它还在荷兰度过了一个美好的假期,参观了特温特最著名的艺术和文化场所。Hitchbot 成功搭便车的经历让创造者 David 和 Frauke 异常兴奋,于是,研发团队又开始进行第二阶段实验,计划将它送到美国进行一次旅行,为了更好地记录这场充满希望的美国之旅,团队重新制作了一个"搭便车机器人"。它的旅程 7 月 17 日在马萨诸塞州的塞勒姆开始,它希望能够到达加利福尼亚州的旧金山。在 Hitchbot 上路的两周内,它在友好的陌生人的帮助下,成功跋涉了五个城市：波士顿、萨勒姆、格洛斯特、马布尔黑德和纽约。但 Hitchbot 的旅程于 2015 年 8 月 1 日，在费城突然结束，因为它遭到了人们的恶意损坏。尽管如此，Hitchbot 在其官方的项目网站上，依然满怀深情地留下了临终遗言："天啊，我的身体被破坏了，但我会活着回家并与朋友们相聚的。我的旅程已经结束了，但我对人类的爱永远不会消失，感谢所有的小伙伴。"

面对此情此景，我们不禁思考，人工智能对人类而言，究竟是救赎还是毁灭呢？在 20 世纪 50 年代，这个问题的争论在人工智能发展初期就有了。以人工智能概念的提出者约翰·麦卡锡为首的阵营认为：人工智能的本质是机器模拟人类的能力，最终服务于人类。而以道格拉斯·恩哥巴尔特为代表的阵营则坚信：计算机应该被用来加强和扩展人类的能力，而不是取代或模仿这些能力，人类原本就是为了制造人工智能而存在。直到现在，伴随着技术的不断进步，虽然，人工智能已经开始全面进入我们的日常生活与工作，但人类对人工智能的矛盾、不确定性、甚至是恐慌却丝毫没有减弱。牛津大学人类未来研究所主任尼克·波斯特洛姆，在其 2015 年出版的著作《超级智能》一书中，详尽阐述了智能大爆发后的灾难性后果，一旦超级智能出现，它将在无限制获得决定性战略优势的道路上彻底清除绊脚石，尤其是人类，即便人工智能按照人类的意图行动，不可预期的反常目标方式，也可能导致恶性的灾难性后果。但美国发明家与未来学家雷·库兹韦尔却坚信：人工智能会给人类带来种种福音，服务于人类，也在其著作《奇点临近》中阐述道：科技发展到一定程度，可能会在很短的时间内发生极大的进步，而当此转折点来临时，将会改变整个社会形态，例如可以自我进化的人工智能，这便是库兹韦尔的奇点理论。之所以叫作奇点，是因为它是一个对人类事物的影响日益增强的临界点，人类会离这个临界点越来越近，直到达成共识。

实际上，目前的人工智能与人都有自己的优势，机器更理性、更擅长分析，具有百科全书般的信息储备、庞大的运算能力，逻辑、运算、记忆等理性思维过程越多，电脑就能比人类更优秀。人类则在专业知识、判断力、直觉、共情、道德规范、创造等方面都优于人工智能，也就是说，在艺术创作、情感抒发等方面，机器还远远不能与人类抗衡。那么，你同意这样的观点吗？你认为人工智能是威胁人类未来，还是为人类带来福音呢？

二、理智 vs 情感

前面我们谈了智能和人类的关系,现在我们来探讨智能媒体传播的另一迷思,即在人工智能裹挟下,理智是否能取代情感呢?

既然人与人之间的交流和沟通是有感情的,那么人们也很自然地期待机器在与人的交互过程中,能够有感情的能力,这样我们就会出现另外一个问题,就是机器是否能够像人类一样,被赋予观察能力,能够具备理解能力,能够产生各种各样的感情特点呢? 对此,美国麻省理工学院媒体实验室情感计算研究组发起人罗莎琳德·皮卡德,在 20 多年前出版的著作《情感计算》里就向全世界宣布:计算机可以理解人类情感,通过情感技术设计,计算机最终能像人一样进行充满情感的交流。正如皮卡德在《情感计算》的序言中写道的,神经科学和心理学家早已发现关于情感在决策、感知、创造性等方面的作用,在很大程度上,计算技术是不知道这些的。许多人对理性行为和智能行为有很大的帮助,一般认为,电脑的情感正如蛋糕表面的一层糖霜,能够使其更加讨喜,但它没有实质意义。那么,人工智能究竟可否拥有情感呢? 下面首先让我们来看一下皮卡德教授所创办的人工智能情趣感知公司 Affectiva 是如何运作的?

Affectiva 是情感人工智能领域开创者,它是从美国麻省理工学院MIT 媒体实验室中发展出来的公司。Affectiva 利用机器学习、深度学习、计算机视觉和语言等技术,对情感人工智能专利进行分析,它建立了世界上最大的情感数据储存库,对 87 个国家的 700 多万张面孔进行了分析,对 510 多个情感识别点的数据量进行了分析。世界 500 强中 25% 的财富企业利用 Affectiva 技术来调查消费者与媒体内容的互动。该公司还为全球 1400 多个品牌提供消费者情绪的技术支持。2018 年,Affectiva 发布了一项针对情绪的监督监测软件 Automotive AI,它是Affectiva 公司为汽车提供的多模式车内 AI 传感应用,其目的是:如果驾驶者出现困倦、焦虑过度或烦躁不安,则监控驾驶者的精神状态,自动驾驶系统会及时接管车辆,确保行车安全。Automotive AI 的基础是Emotion AI,它接受数据库的训练,包括 700 多万张面孔,以识别具体的人类情感。2018 年 9 月,Affectiva 与全球最大的语音识别公司 Nuance宣布合作。Affectiva Automotive AI 与 Nuance 的 Dragon Drive 汽车语音助手结合,其整合后的新的解决方案可以依据驾乘者的面部表情和声音辨识其复杂认知和情感状态,并通过手势互动技术与声音互动技术的结合,对交互式车载助手进行相应的调整。Affectiva 也计划将面部表情识别与语音交互技术相融合,使汽车变得越来越聪明并善解人意。但 Affectiva 的案例表明,这样的人工智能还是仅仅处于弱人工智能阶段,是通过技术手段构筑情感,这种技术是对人脑进行模拟,其产生的情感也具有模拟性。换言之,目前的人工智能技术只能进行情感的识别,还不能拥有情感。

我们再来看看这个非常可爱的,只有巴掌大小的小家伙——Cozmo,它是旧金山 Anki 公司开发的机器人,它从 2016 年 10 月 16 日起正式开卖,售价 180 美元(约合人民币 1210 元)。尽管外形看起来像传统的瓦力机器人一样,但是 Cozmo 有绝对比普通宠物更聪明的地方,正如一个真正的语音助手,这是人工智能技术的结晶。与以前的赛车玩具不同,Cozmo 的软件系统更加先进,智能化也更加高。首先,Anki 公司采用的编程语言是针对情感的,即不管高兴、兴奋、抑郁或愤怒,Cosmo 都能显示出自己的情感,就像人的情绪一样。如果 Cosmo 被摔到地上,它的蓝眼睛就会碎成一个副怒气冲冲的样子,也会主动举起胳膊表示不满。当然,如果你陪 Cozmo 玩游戏,它会显示出开心的表情,用它来告诉你,这是一种欢乐。不过要注意的是,在 Cozmo 玩游戏的时候,如果你赢了,它也是愤怒。我们看到 Cozmo 更为拟人化的一面,源于编程语言为它内置了超过数十种微妙的心态变化,而 Cozmo 生动有趣的面部表情变化来源于 Anki 公司聘请的前 Pixtures 动画工作室设计师 CarlosBaena,正是他给了 Cozmo 更丰富的形象。与此同时,Cozmo 也会主动地寻找上门,把自己现在的心情表达出来。苹果、Google 这样的大型科技公司告诉了我们人工智能会带来的美好未来,而 Anki 公司并没有,它只是一种理想化的选择,通过 Cozmo 告知,人工智能既能方便我们的生活,又能使生活变得有趣。Cozmo 将以独特的方式告诉我们科技与人类应该如何共存、平衡,以及如何平衡生产力与交流。然而,对于 Anki 来说,Cozmo 虽然是人工智能机器人,拥有面部识别和情绪引擎,却只能将受众局限于儿童,因为它太小太可爱了。因此,Cozmo 若想成为人类日常生活中必不可少的一部分,还需在未来发掘更多的潜力,让它完成更多目前还未知的任务,为 Cozmo 赋予更多实际的作用,甚至可以帮助我们管理生活,而不仅是陪伴小孩子。Anki 希望 Cozmo 可以通过电脑视觉开发,产生类似微软 Kinect 动作识别,挖掘更多潜力。

对此,技术的互动性可能会成为一个重要的突破口,因为从传统媒体到社交媒体,互动性越来越成为媒介技术的一个默认状态,人工智能亦是如此。与人之间的互动越契合,就越能为用户提供更好的互动体验。也许未来有一天,这种互动性不仅仅只包含情感,还会让人工智能拥有人性和人格,也许到那一天,人工智能将能够很好地兼顾理智和情感。

三、虚拟 vs 真实

虚拟现实先驱、硅谷技术先锋、微软研究院科学家杰伦·拉尼尔,在其 2010 年出版的著作《你不是个玩意儿》中,曾经表达过这样的担忧:随着科技的进步,人类会逐渐偏离人类的轨道而变得越来越像机器。现在,面对日益发展的人工智能技术,人类开始不断质问着同样的问题:什么是现实? 什么构成真正的人类? 现在,就让我们来探讨一下虚拟与真实之间的关系。

谈到这个问题,让我们首先回顾一下 20 世纪多伦多学派著名媒介理论家麦克卢汉的观点,他在其 1964 年出版的著作《理解媒介》一书中讲到媒介是人类的延伸这一观点。这个观点是在说,虽然媒介与人是相对独立的,但不同媒介会对不同感官起作用,书面媒介影响视觉,使人的知觉以线性方式呈现,视听媒介影响人的触觉,使人的知觉以立体方式呈现。如果将人的延伸这一逻辑观点延伸到人工智能,会出现怎样的情景呢?

有学者观察总结到,人工智能支持下的虚拟现实变革,可分为三个阶段。第一阶段为初级阶段,是以肉身存在为基础和前提下的虚拟体验阶段。在这个阶段,人们通过可穿戴设备,仅以进入或退出虚拟世界的方式为界限,明显地把人类的生活分为两种情形,即现实生活和虚拟生活,这时候的虚拟生活无法独立存在,需要肉体的支持,所以虚拟生活只是现实生活的一小部分。第二阶段为中级阶段,这一阶段是肉身除大脑外全部机械化的阶段。现实中,有一个大家都非常熟悉的例子,著名的英国科学家霍金,全身肌肉失能,但可以通过思维控制计算机和机械电子设备,代其发声。在一定的技术条件下,人脑可以脱离其他人体的生物器官而独立存在,通过外部营养供给,如同试管婴儿一般生存于人造环境中，并维持思维能力，这样一来，人体的躯干和四肢就不再局限于当前的样子，而是根据不同的需求可以制造为各种形态，满足装备不同外部设备的需求。在这个阶段，人类的虚拟化生存体现为虚拟和现实的交融，过去很多无法实现的生存方式，通过摆脱大部分肉体，自己可以得到直接体验，也可以通过获取他人的体验数据的方式来进行间接体验。虚拟体验，作为人类不必经历而通过设备即可获得的体验，是虚拟生存的阶段性特点，但还不是终点。由于大脑尚未被模拟替换，人类可进行的生存方式体验就还存在一定限制。第三阶段为高级阶段，是虚拟化生存阶段。这个阶段的物质基础和技术基础前提，是大脑可以完全被替代，替代体可以是智能化的机械电子脑，也可能是其他生物脑。这一阶段除了大脑的完全替代外，还有思维和意识的可移动、可转移、可复制化，当思维和意识、感觉和情绪可以百分之百转移，不再固定依附于某一个特定物体，也就是大脑和其他电脑化和智能化的设备上，思维和意识的寄存体可以被取而代之时，人类的虚拟化生存阶段才真正到来，这样一来，我们就有可能依靠尖端的智能传感技术，感受到千里之外的场景。

面对这一情景，我们不经意会思考：机器会不仅仅是人类身体的延伸，而是身体的一部分吗？那么，让我们来假想两个情景：

第一个情景，是有完整的人类肉体的一个人的一天。早上7点到8点在现实世界中进行洗漱和早餐后，加载了在新西兰罗托鲁阿火山的温泉泡澡，享受毛利按摩和泥浴，品尝当地美食的体验；8点到9点，通过虚拟设备与20世纪20年代的著名美国网球运动员比利泰登进行了一场友谊比赛，当然，最后以惨败告终，但达到了锻炼的目的；9点到10点，健康监控，检查自身容器各部件状态，获取最新的容器款式和功能信息，维护容器运行；10点到12点，在虚拟世界中从事影响现实世界的工作，内容是为现实世界中某铁矿山的自动管理程序除错，这个矿山出产的铁矿石，大部分用于虚拟生存容器的生产供应，这项工作得益于虚拟世界中的自动化、联网协作，模糊智能分析等技术很快完成；12点到13点为午休阶段，在现实世界中补充食物；13点到18点，继续在虚拟世界中从事影响现实世界的工作，包括修理容器等；18点到22点，与友人共享虚拟世界最新的信息和娱乐后，一起与互联网的其他用户在魔幻现实大陆中进行魔法对抗，在银河系人马座模拟特种部队进行星际攻防战斗，期间在一次跳跃中，不慎扭伤了脚踝，提前退出虚拟世界，上床休息。

第二个情景，是一个已将除大脑之外其他部分利用机器代替后的智能人类的一天。早上7点到8点起床，以数据库中的古典音乐放松大脑，在这个过程中不需要听音乐，只需要以电子手段刺激脑部，产生生化反应，直接获得听音乐后的放松感；8点到9点，由于大部分躯体被取代了，体育锻炼已经没有必要，但要通过生物手段，使大脑获取充足的营养，检查并保养容器电机械电子部分，保证联网权限等，这一切都是为了维持生命正常运转；9点到10点，接入房地产管理网络开始工作，虚拟世界中房地产的意义在于，放置容器的成本以及对容器安全进行管理，过去的普通住宅已经没有存在的必要，而享受型的住豪宅的体验则在虚拟世界中可以随时下载，不需要通过住进真正的豪宅来获得这种体验；10点到12点，在虚拟世界中从事影响现实世界的工作，内容是为实现世界中某容器保管地点办理竞标后相关手续，主要是监督场地的清理以及水通、电通、路通和场地平整等实现条件的落实；12点到13点为午休阶段，继续放松大脑，这次的体验是在乞力马扎罗山脉上喝下午茶，温度设定为夏季24摄氏度；13点到18点，参加会议，内容是所管辖的容器放置区的安全状况信息交流及一些管理措施和监控措施的整改，对近期地理灾害的预警和防范；18点到22点，与生物学意义的家人们联系，回忆躯干被取代前的一些共度时光，对各自大脑的健康状况致以问候，对维持大脑生存和机械体容器生存的经济状况进行交流。

以上两种情境，在你看来谁是生活在真实的世界，谁又是生活在虚拟的世界呢？未来，在这样的人工智能技术裹挟下，会产生虚拟即现实的场景吗？

四、技术进化 vs 伦理道德

2016年9月，Google的自动驾驶汽车雷克萨斯SUV在美国加利福尼亚州发生车祸，这个交通事故，将自动驾驶汽车推到了世人关注的焦点之下。虽然自动驾驶汽车以其先进的技术和极具未来的感召力，本就不缺乏社会大众的关注。但是，这一次带来的话题却有所不同，人们关注的是当意外发生的时候，我们该如何追究责任呢？或者更准确地说，我们应该去追究谁的责任。在人类社会中，每个自然人都是天然的道德主体，这时候追究起责任来也就一清二楚，有的放矢。但是，对于自动驾驶汽车引发的车祸,应该去追究一台可以自动驾驶的自主机器,还是应该去追究这台自主机器的制造者呢? 抑或是这台自主机器的设计者? 所以,我们是应该把这台机器送进回收厂,还是应该把它的设计者或制造者送入监狱,这便是我们接下来要探讨的内容,我们一起思考下智能媒体传播的又一个迷思,即技术进化与伦理道德之间的争论。

首先,展现出自然人与人工智能间故事的好莱坞科幻电影《机械姬》。其中涉及了作为男主角的自然人,与作为女主角的人工智能机器人之间的感情。有幸抽中老板 Nathan 所开出的大奖的 Galismith,是知名搜索引擎服务公司的程序员,他将被邀前往与老板共度假期,在深山的别墅里,Nathan 亲切地接待了他的员工。实际上,Nathan 邀请 Galismith 来到别墅度假的真实目的是为他开发的人工智能机器人 Eva 进行"图灵测试",以确定 Eva 是否具备绝对的思考能力。

从第一眼见到 Eva 开始,Galismith 就被这个有着人类般美丽外表的机器人所吸引,而在之后的沟通中,他所面对的似乎更像一个被无辜囚禁的可怜少女,而并不是一台外表看起来冷酷的机器,Eva 最后成功骗得 Galismith 的同情,帮她杀死 Nathan 逃脱出了别墅。这部电影的导演兼编剧亚历克斯·嘉兰表示,他相信影片所呈现出的科幻情节将很快出现在我们的现实生活中。电影中的人工智能女性 Eva,具有与人类完全一样的外在形象,而且具有了一定程度的思考能力和主观意识,她在影片中作为验证图灵测试而存在,吸引着男主角沉迷于与她的关系中,但结局却是一场意外。

除《机械姬》外,近年来众多影视作品都在探讨这一问题,比如电影《人工智能》就讲述了这样的一个故事:在人类科技已经高度发达的 21 世纪中期,人类发明的人工智能机器人是应对恶劣自然环境的科技手段之一。而且,机器人制造技术发展迅速,现在的人工智能机器人不仅可以感知到自己的存在,还拥有像真人一样的外表。影片中 Monica 儿子 Martin 重病住院,生命危在旦夕,为了排解痛苦,她收养了机器 David 来充当儿子的角色,爱 Monica 就是 David 的生存任务。但随着剧情的发展,Monica 的儿子 Martin 慢慢苏醒并恢复健康重新回到 Monica 的身边,导致 David 失去 Monica 的宠爱,而最终被抛弃。被抛弃的 David 躲过了残酷的机器屠宰场追杀后,开始寻求它的生存价值,并渴望成为真正的小孩儿,重新回归 Monica 妈妈的身边。影片讨论了一个道德命题:如果一个机器人能够真心实意地爱一个人,那么,那个人反过来应该对机器人承担何等的责任呢？这样一来，我们不禁思考这样的问题：人工智能的情感是否真实？人工智能与人的爱情关系是否令人不适？这便是人工智能对伦理的冲突。

事实上，以人为责任主体的机器人伦理建设，早在 2004 年就已经开始由专家学者进行。2004 年，在意大利举办了首届世界机器人伦理学大会，第一次提出了"机器人伦理"的概念。2009 年，罗宾·墨菲和大卫·伍慈提出了机器人三法则。第一个，人不能配置机器人，因为人—机器人的工作系统在法律上和专业上的安全伦理标准都达不到最高标准。第二个，机器人对人的反应一定要以人的角色为准。第三个，只要能够顺利地将控制转移给其他符合第一法则和第二法则的能动者，机器人就必须有充分的自主以保障机器本身的存在。由此，人与机器人的互动层面，从以前以机器人为中心的视角转换而来。也许，就目前的科技水平而言，最靠谱的规范还只能是对人的规范。

2010 年，布兰登·英格拉姆等人提出《机器人工程师的伦理准则》，就机器人工程师应该承担的责任，做出了规范。这套伦理准则包括：第一，从行为方式上来说，参与创造的任何一项创造，机器人工程师都要做好承担行动和应用所带来责任的准备。第二，对人的物质福祉和权利的考量和尊重。第三，不得故意提供错误信息，如果错误信息得到传播，应当尽全力更正这个错误信息。第四，尊重并遵循任何适合的区域、国家和国际法规。第五，认识并披露利益冲突。第六，接受并提供建设性的批评。第七，在同事的专业发展及对本准则的遵循方面给予帮助和支持。联合国教科文组织，在 2016 年，发布了《机器人伦理报告初步草案》，草案不仅提出了智能机器人在社会、健康、医疗、监控、军事等内容中的伦理问题，还讨论道德机器。《人工智能设计伦理准则》第一版、第二版，也由电气电子工程师协会 IEEE 在 2016—2017 年提出。

对于人工智能的标准研究，目前我国相关部门也在积极进行中。最早提出人工智能伦理原则的是百度创始人李彦宏。2018 年 5 月 26 日，李彦宏在贵阳大数据博览会上首次提出 AI 伦理四原则。他说，AI 时代伴随技术的快速进步、产品的不断落地，对于 AI 给生活带来的改变，人们已经切身感受到，所以也需要有新的规则、新的价值观、新的伦理观——起码这方面还有待商榷。不光是无人车要认识红绿灯，所有的人工智能新产品、新技术，都应该有一个理念，有一个共同遵循的规则：

第一，安全控制是 AI 人工智能的最高标准。我们绝对不允许一辆无人驾驶的车辆被黑客攻击,这相当于是一种杀人的行为,因此必须让它安全可控制。

第二,推进人类更平等地获得技术和能力,是 AI 人工智能的创新目的。如今,中国的 BAT,美国的 Facebook、Google、Microsoft,都拥有强大的 AI 人工智能水平,但全球需要 AI 能力,需要科技的不仅是这几家大公司,全世界成千上万家公司、组织和机构都需要人工智能来优化。我们需要思考的是,在新时代,如何能让需要人工智能的所有人,都能够获得人工智能的使用,如何避免人工智能时代,人们在生活和工作的方方面面因为技术的不平等而变得差异越来越大。

第三,AI 人工智能并不是要替代以及超越人类,它存在的意义是教人学习,让人类生活更方便。AI 人工智能不应当简单模仿人,也不应刻意迎合人类。我们想要通过 AI,帮助每个用户成为更好的自己,通过个性化推荐,教导出人的学习感。

第四,AI 人工智能给人带来了更多的自由和可能,这是 AI 人工智能出现的根本原因。我们现在一周工作五天,休息两天,而在未来,一周也许只工作两天,却能休息五天。更何况,很可能劳动在个人自由意志下,不再成为人们谋生的手段,而成为一种需要,这正是因为人工智能的存在。人类工作的内容变成了创造及创新,这就是 AI 的根本理想——将更多的自由和可能带给人类。

关于人工智能的伦理探讨一直在进行,从人工智能研究开始,关注的重点主要是探讨可能性和对未来影响的理论工作,但对人工智能实际应用的探讨较少,虽然持续了几十年的人工智能的伦理道德关系的学术讨论并没有得出什么是普遍的人工智能伦理,甚至连命名应该如何界定都没有统一的标准化。近年来,随着科学技术的突飞猛进,人工智能的开发也取得了显著成效,影响我们生活的人工智能的相关理论研究和讨论也越来越广泛。人工智能的主要道德伦理问题包括突出的失业和失衡问题,这些问题不仅是社会风险的体现,也是社会进步的体现。

我们不断地生产设备来模仿人们,让设备取代我们更有效地执行日常的工作,解放了人的劳动。随着经济的飞速发展,自动化程度越来越高,大量新发明出现在我们生活中,使我们的生活节奏变得更快、更轻松。我们使用机器人代替了人的工作,即让人工作自动回来后,我们把资源释放出来,创造出更为复杂的角色,与认知相关,而非与体力劳动相关,这也是为什么劳动力等级取决于工作是否可以自动化的原因,例如，大学教授的收入比水管工的收入要多。麦肯锡公司最近的一份报告估计，到 2030 年，随着全球的自动化加速，接近 8 亿个工作岗位将会消失。举例来说，我们人类将有史以来第一次在认知水平上开始与机器竞争，因为自动驾驶系统的兴起，AI 技术引发了人们对失业的担忧，卡车司机的大量工作可能会受到威胁。人工智能的能力要比我们强，这就是他们最恐怖的。还有经济学家担心，我们会不适合这种社会，最终会与机器一起打交道。

第二个是关于不平衡的问题。设想一下未来没有工作会怎样？现在的社会经济结构很简单：以补偿换贡献，公司支付其工资的依据是员工的工作量。但如果有了 AI 技术的帮助，公司的人力资源就可以大幅减少，所以，公司的总体收入就会减少流到人的身上。那些大量使用新技术的企业，会有很少一部分人拿到更高比例的薪水，从而造成越来越大的贫富差距。

我们也发现了这样一个现象，与市场上其他公司相比，这些科技巨头所创造的工作岗位往往要少得多。就拿 1990 年来说，底特律的三大公司市值达到了 650 亿美元，工人数多达 120 万人。而在 2016 年，硅谷三大公司的价值为 1.5 万亿美元，但只有 190000 名员工。那么今天技能变得过剩的劳动者会以什么样的方式生存下去呢？这样的趋势会不会造成社会的骚乱呢？值得我们思考的是，科技巨头们应该承担更多的社会责任吗？

缺乏对于伦理的认知，会对社会及人类生活造成一定的风险，因此加强 AI 伦理因素在实际应用中的正确导向，首先要明确定义道德行为，换句话说，需要为机器提供明确的答案和决策规则，以应对其可能遇到的任何潜在的道德困扰。其次，众包人类道德伦理，因为道德伦理规范不可能是始终清晰的标准化，不同的情况需要采取不同的方针，将数以百万计人的道德伦理困境的潜在解决方案收集打包，也许在某些情况下根本就不存在单一的道德伦理行动方针，这是解决这一问题的方法。例如，麻省理工学院的一个项目，其展示了如何在自动驾驶汽车的背景下使用众包数据来有效地训练机器，以做出更好的道德决策。最后，还要让 AI 系统更加透明。政策制定者需要执行准则，使 AI 决策在伦理道德方面更加透明，特别是在伦理道德指标和结果方面。如果 AI 系统出现失误或造成恶性后果，如果以"算法做出来的"为借口，我们是无法接受的。但是我们也知道，要求完全算法透明在技术上不是很有用。工程师应该考虑如何量化它们，以及考虑使用这些人工智能技术后的结果，然后才能对道德价值进行编程。例如，就 Autopilot 而言，为了确保其道德伦理，自动决策的所有详细日志都会被保存下来。

在探讨人工智能带来的伦理问题的同时，人们无疑还在思考如何解决这些伦理问题，构建人类与机器人共同认可的伦理规范是未来的必然趋势，尽管这些伦理问题离解决还有些距离。

首先，当人工智能一旦有了超越机器的属性，人类该不该给它一定的"人权"，因为这个属性与人类越来越相似。从另一个角度来看，人工智能在生产和生活的某些社会领域逐渐取代人类，那么它在生产和生活中所造成的过失应该怎么解决呢？在这些无法回避的问题前，人类需要事先做好准备：一是完善相关立法；二是加强对相关技术与产品的管理力度；三是提高人们的认知素养。

第四节　智能媒体传播的新图景

媒体融合发展可以分为三个阶段：全媒体、融媒体和智媒体，三个阶段也呈现不同的特征，在全媒介时期，媒介融合是物理层面的改变，而在融媒介阶段，则是化学反应，到了智媒介时期，则是一个基因层面的深度变化。智媒是人工智能技术对新闻资讯的生产与传播进行整个过程重建的媒体。它由三个方面构成：智能、智慧和智库。2016 年 10 月，李鹏提出系列智媒体发展理念，并在实践上引领媒体融合转型。智媒发展的思想被广泛认可，上海报业集团、南方报业集团、济南报业集团等多家媒体集团纷纷表示要发展智能媒体。智媒是建立在移动互联网、虚拟现实、人工智能、大数据等新技术的生态系统中，通过以人工智能技术为基础，重建新闻信息的生产与传输整个过程的媒介。

在 1956 年的达特茅斯会议上，约翰·麦肯锡（John McKensey）正式提出"人工智能"（AI）这个名字，这个领域才正式建立了，此次会议推动了人工智能的发展。机器人 SHAKEY 的诞生，聊天机器人 ELIZA 的问世，人类对人工智能报以很高的期望，但是，在那个时代，预想与实际技术脱节,使得人工智能这个泡沫迅速破灭,人工智能开始备受冷落。一直到了 20 世纪 80 年代早期,借助第五代计算机技术的发展,人工智能重新崛起,但是仅仅持续了不到十年的时间,就变得暗淡无光。然而,伴随着技术的不断进步,人工智能领域的冰雪也在慢慢融化,正如《连线》杂志创始主编凯文·凯利观察到,近几年来,人工智能技术在大数据的获取、神经网络算法的优化以及平行计算的廉价化,这三大技术前提支持下得到了迅猛发展。

　　面对第四次革命中的人工智能浪潮,作为传播学者的我们会不禁思考,人类传播会发生怎样的变化呢? 在回答这个问题之前,让我们首先来看一下传播是什么? 全球享有盛誉的社会学家曼纽尔·卡斯特在其著作《传播的力量》一书中提到:简单来讲,传播是人们通过信息交换后所达成的意义共享。无独有偶,美国著名传播学者詹姆斯·凯瑞,早在几十年前就提出:通过语言和其他符号形式的传递,传播构成了人类生存关系的基本氛围。为更好地理解上述观点,大家可以先去看一下名为《A Brief History of Communication》的短片,通过短片,并结合前面我们提到的詹姆斯·凯瑞与曼纽尔·卡斯特关于传播的阐述,我们可以得出,传播的本质是通过语言和持续变化中的媒介信息符号形式完成信息交换。当这样的信息交换方式从传统媒体到社交媒体,再到人工智能,我们人类的传播会发生怎样的转变呢? 人工智能是通过人工神经网络技术摸索出人际传播的规律,从而将人类的交流方式生搬硬套到人机交流过程中? 抑或是未来人类交流将完全依赖于社交机器人? 这都是值得我们去思考的问题。

　　当我们试图理解全新的智能媒体时代的时候,我们倾向于从传统大众传播的框架中来观察智能传播,从而能够让它适应我们既有的理解能力,但是这样反而会让我们对新的智能传播形成曲解,甚至误解。基于技术的基础,智能传播是将智能媒体与传统媒体区别开来,要真正感知到正在发生的改变,就需要深入了解。智能传播是一种全新的职业技能,也是一种全新的媒介边界的扩展,也是一种媒介产业的边界。智能的嵌入改变了媒介的生存方式:物联网启动了大规模合作共享的群体智慧对传媒的改造,大量的数据缩短了我们了解用户的时间,也改变了我们了解用户的方法,而成本更低、更高效的数据计算有助于更好地捕捉用户的需求,人工智能的深度学习使得我们的智能设备在某些方面不断比我们做得更快更好,而且能思考并完成那些人类无法做到的事情。

在智能媒体时代,媒体产业从业者所做的工作内容,大量被智能设备代替,从报纸杂志书籍印刷到最核心的新闻内容采编,从最枯燥的内容排版到最有趣的广告创意,传播的基础设施在智能化,媒体行业的作业流程的智能化水平日益提高。

更卓越的算法和通过算法强化的深度学习能力,使得智能设备和与之匹配的智能程序不仅可以完成任何机器新闻业务,而这些业务与大量的文字写作和编辑有关。

此外,伴随着精准化媒介信息和内容的超载现象而来的解决方案是,越来越智能的媒介设备,它会把握用户的喜好和兴趣,并帮助用户据此选择相应的媒体内容和资讯服务来接受或拒绝。这些都是颠覆性的持续改变,媒介的智能化也在不断地更新,媒介产业的传播景观也会不断地被更新。

第五章

智能媒体传播的先锋：虚拟现实

虚拟现实(Virtual Reality),又称为灵境技术,简称 VR,是 20 世纪发展起来的一种崭新的计算机网络技术实用技术,它可以通过数字的形式,虚拟出一个逼真的空间。虚拟现实技术通过计算机技术、电子信息技术、虚拟仿真技术等,为用户提供高沉浸感的内容,被广泛应用在多个领域,随着科学技术的进步,虚拟现实技术也取得了长足的发展,并逐渐成为科技领域的风向标。

在理论上,VR 是一种能够创造和体验虚拟世界中的电脑仿真系统,它通过电脑产生的仿真环境,可以为使用者提供沉浸式、多感知、交互性体验的三维动态世界,并可以融入其中进行实体行为的虚拟仿真系统。虚拟现实技术通过数字设备,把生活中各种各样的数据转化成可以被人真切感知到的对象。也可以是通过 3D 建模技术将脑海中想象的事物呈现出来,因为不是直接可以看到和触摸到的,而是通过数字技术模拟出来的仿真实的世界,所以被称为虚拟现实。

虚拟现实技术越来越受到人们的认同,使用者可以根据与现实世界难识别的模拟环境的真实性,体验到虚拟现实世界中最真实的情感,令人感知它。与此同时,虚拟现实具有听觉、视觉、触觉、味觉、嗅觉等感知系统,具备所有的感觉功能,最终拥有真正实现人机互动的超强仿真系统,让人在操作过程中随心所欲,获得最真实的反馈。

第一节 VR + 智能生活

随着 VR 技术的逐渐发展,VR 技术已经被广泛应用于城市规划、房地产、文物保护、展览馆、军事、教育培训、网络游戏、医疗健康、产品展示等方方面面。目前在日常生活中,头戴显示器是最常见的 VR 设备,VR 设备的出现不仅仅使人们和智能媒介的交互方式变得更加丰富,也使得人们的生活方式朝着更加智能化和智慧化的方向发展。当然,在人们的生活体验上,也更具有科技感、沉浸感和互动感。哥伦比亚大学新闻学院较为全面地解释了 VR 的功能:VR 是一种沉浸式媒介体验,它复制的世界可能来自现实环境,也可能来自想象空间,用户与 VR 世界的互动方式是身临其境。

VR产业再次呈现爆发趋势。随着"元宇宙"这个词被迅速传播开来。并且随着高带宽、低时延的5G网络的出现，VR产业给我们带来了更多的可能，不仅仅是在游戏领域，更重要的是在VR家居领域。VR能够为人们带来对家居环境的操控、组网的交互和便捷性，在此基础上，为人们提供了更加沉浸式的家居生活体验。在我们的日常生活中，借助VR技术展现在我们面前的智能家居将是一个与现实世界一模一样的虚拟世界，或者说是凌驾于现实世界的复合型世界。VR家居是用户可以在虚拟的家居空间内仿佛身处真实家居环境，有接近真实的听觉、触觉、视觉等体验，这些是靠智能终端设备模拟提供的。透视操控身临其境体验是VR家居首先能够实现的，然后是视角操控＋身临其境的互动体验；最后是身临其境的定制互动体验。

将线下的家居体验通过VR全景技术放到线上，让用户可以在线上实现独立的交互模式和身临其境的浏览体验，进而主动参与到家居体验中来。用户带上VR设备，滑动屏幕或动动鼠标就能自主选择体验，还能通过屏幕的放大缩小来调整空间视野，让用户能在虚拟空间中实现行动自由。VR家庭体验还可以适当地匹配各种手机设备，使用者同时通过手机端、PC端还可以体验到全景效果，有些甚至无须联网就能体验到，甚至微信、公众号、官网、App等使用平台都可以随时对接。在家庭经验中，使用者可以根据自己的需要，进行个人的选择，使用者可以点击、选择，从而得到自己的需要，例如打开灯、关闭电视等，无论是通过音频、图片、视频，都可以实现，让使用者更深刻地体验到消费者所带来的生活方式的变革，这样才能得到个性化、全方位的家庭满足。我们认为VR家居体验已经成为家居界最热门的生活方式。

宜家与HTC合作开发了一款VR家居的应用程序——IKEA VR，借助该应用程序，家具设计师和室内装修设计师可以根据客户的要求，制定虚拟的设计方案，为用户提供沉浸感的全面体验，通过特殊摄像头对房间的3D扫描，用户可以更真实地实地体验居住感，也可以及时发现装修问题。除上述外，宜家还推出了"iKeaplace"的虚拟现实App应用，让你足不出户就能买到合适的家具。这款软件通过AR增强现实技术可以扫描环境，然后根据房间大小自动帮你创建家具的3D模型，并带有逼真的照明和阴影，精度高达98%，用户可以直截了当地看到家具放置在家中的效果，增强现实技术（Augmented Reality）是一种将虚拟信息和现实世界完美结合的技术,通过多媒体、实时跟踪注册、三维建模、传感、智能交互等多种技术,将电脑产生的文字、图像、音乐、三维模型、视频等虚拟信息模拟后应用到现实世界中,这两种信息互为补充,实现对现实世界的"增强"。"Ikea Place"的操作也很简单,首先,用户打开 App,点击生成家具模型,滑动屏幕调整其摆放的位置及方向,选择预期的家具,点击产生家具模型,滑动屏幕,在满意的情况下,调节其摆放位置和摆放方向,用户可以拍摄当前图像,与家人和朋友分享。如此一来,既省去了苦苦丈量家具尺寸的烦恼,又避免了家具不适合家庭空间的窘迫。只酝酿了 7 周,就上线了宜家的所有沙发、靠椅、脚凳、咖啡桌等 2000 款产品。通过"IKEA Place",我们可以更直观地看到每一件家具。对于那些常常买来东西却无处安放的冲动型消费者,这种技术就是他们钱包的救世主。

在家庭场景中,影音、游戏等娱乐行为构成了人们日常生活的主要休闲方式。在 VR 的加持下,人们可以在家庭中实现与虚拟世界的交互。在虚拟现实环境中用户佩戴 VR 设备便可以获得对视觉、听觉、触觉等感官的模拟,就像置身其中一样,用户可以没有限制的 360 度观察虚拟环境中的事物,在用户进行位置移动时,眼前的景象也会同步变换,打造无与伦比的临场感。随着科技的日益进步,人们对于影音体验的要求越来越高,IMAX 巨幕、4K、7.1 杜比音效等,似乎已经成为人们观影体验的标配,而 VR 则可以将家庭场景打造出影院效果,戴上 VR 头显,用户便可以置身于影音的虚拟场景中进行互动,可以专注于影音世界。由于 VR 设备的完全包裹和无边界的观看范围,它可以屏蔽掉任何外部噪声和现实世界中的物体边界,使得用户可以沉浸于影音世界。VR 影音已经成为家庭娱乐的现在和未来,正是 VR 这样的媒介特性,使之成为绝佳的游戏工具。

下面我们谈谈 VR 游戏,VR 使得我们与虚拟世界的交互方式发生了变革,将我们与虚拟世界的被动式观赏变成了主动式交互。家庭游戏的重要意义就是承担着家庭成员之间的互动,促进家庭和谐发展,而 VR 游戏的意义就在于家庭场景中,在 VR 设备的加持下,使用户完全置身于虚拟世界,沉浸式地完成家庭成员之间的互动,用户不再是对着电视、电脑等屏幕,而是置身于虚拟世界中。

相信我们都曾经幻想过,有一天我们身处家中戴上 VR 头盔就能立刻身处超级购物中心,随意挑选心仪的产品。有了 VR 购物,一款 VR

眼镜就可以让你随意穿梭于世界各地的名店之间,此时你还在泰国的喧嚣中疯狂购物,5 分钟后你就可以跳到英国的集市上去品尝复古的味道,再也不用纠结家具的挑选尺寸了,VR 眼镜直接搬到家里就可以了,尺寸颜色合适不合适,一目了然。通过快速建模和五感仿真技术,你可以直接用手感受衣服的质感,还可以直接实现在家里试衣服,丰富的购物体验,让身边的物品在逛街的时候变成其他的辅助工具,最后连付款都是通过 VR 头显一起解决的。

VR 正在不断催生新业态,优化各行各业的业务能力,成了引领新一轮产业变革的中坚力量。未来,VR 技术除了应用在我们前面提到的日常生活方面外,又会给我们的社会带来什么变化呢?

新的楼盘销售模式,工作人员可以在超大屏幕前用 VR 地图向顾客讲解楼盘信息,与传统的看沙盘、进样板房等看房模式不同。采用 VR 技术,与 3D 建模相结合,顾客能够真实地感受到房屋的生活环境,特别是能够更直观地感受到小区所在街区规划、所在城市位置等信息。在智慧社区管理方面,VR 技术也“大展拳脚”,VR 技术可以实现城市数字孪生场景构建、整合全品类数据、实时可视化运控、数据综合分析与预测。把所有的实体楼盘都“搬”上地图,小区工作人员在居民反映了一件事时,开启 VR 地图,就能快速定位精确到门牌号的地址,马上就能找到相关信息,快速办理,方便群众、满意办事。除此之外,还可有构建社区的 VR 少年体验馆。VR 正在日益浸入我们的日常生活,企业正大力发展更多的 VR 和数字孪生技术,并将 VR 与数字孪生技术相结合,结合 5G、云计算等技术,在智慧城市的应用中可以更加深入地实现价值。

VR 现在已经应用到医疗健康、休闲娱乐、军事、室内装潢、航天、房产开发及销售、工业仿真、网络游戏、文物古迹、轨道交通、能源、康复训练、数字地球、虚拟现实等领域。在《遇见你》的纪录片中,一位母亲通过 VR 技术重新见到了去世的女儿,同样 VR 还帮助过患有抑郁症的孩子走出阴影,鼓励他们积极地面对生活,在未来 VR 技术的发展中,希望可以运用到更加多有意义的事情上。

总之,数字化、网络化、智能化持续发展,人类社会在过去几十年中经历了令人兴奋的变革。在我们生活的物理世界之上已经出现了一个网络世界,人们的很多活动直接发生在数字网络世界中,同时,与物理和数字网络相结合,把生活在线上与线下紧密结合在一起。数字化生活时代已经到来,信息化、数字化深刻影响人们生活的方方面面,正是在这样一个信息技术变革的浪潮中，VR 与生活的结合正在催生出全新的生活方式，但也值得我们注意的是，这些新兴媒介依赖于基础网络设施的搭建，或许在 5G 时代到来以后才会真正普及到千家万户。

第二节　VR＋时尚

从 2016 年起至今，VR 与游戏、电影、教育、培训和医疗等领域的结合已经越来越深刻了。关于时尚这一领域，我们听起来似乎与 VR 并不沾边，但事实并非如此，近年来，时尚界拥抱 VR 是各大品牌时装周的新思路。

早在 2014 年，迪奥就率先应用 VR，买了一批 VR 头戴显示设备，把时装展拍成 VR 电影，然后放入伦敦橱店的橱窗进行展示，让路人免费进店看秀。后来，2016 年，英特尔几乎全程参与了纽约时装周 VR 视频录制，用全景视频将 13 场 T 台表演拍摄下来，带来了沉浸式的时尚体验。在 2020 年 7 月 28 日，迪奥历史上规模最大的回顾展——"克莉丝汀·迪奥，梦之设计师"展览登陆上海龙美术馆西岸馆，展会从开幕到现在，反响热烈，迪奥携影像艺术家、电影导演时晓凡倾情，形成《夏夜之梦》电影，以 VR 眼镜为载体，突破了时空界限，很大程度上提升了观众的互动体验，让展会变得更亲近。本影片还特邀青年演员孙伊涵出镜，带领观众探索迪奥高级订制时装的迷人风采。

2018 年，HTC Vive 与著名的时尚杂志《智族 GQ》上演了一次精彩的 VR 时装秀，打造了中国首场融合 VR 技术的时装首秀。时尚与科技展现了跨界合作的可能性，这两个不同领域的产品及元素相互融合、渗透，碰撞出一种别样的美感，这说明了 VR 与时尚界跨界合作的趋势。或许对于时尚界而言，从开始与 VR 的跨界合作只是作为博眼球和揽客的商业营销手段。但事实证明，VR 现在为时尚圈提供了更为独特的传播方式和体验。在 HTC Vive 与《智族 GQ》的"VR 时装秀"上，一款采用 Vive Pro 专业版头显设计的服装，与 Vive Focus 一体机的整体造型搭配，在发布会上压轴亮相。设计师第一次在三维立体空间中实现创意,冲出了二维空间的制约,呈现出从未有过的创造力,在现场视频 Infinite Path 中呈现出美轮美奂的精彩内容。创作的无限可能性在这一分钟淋漓尽显,并与本季发布会 Infinite 的理念遥相呼应,令本季主题的概念已超越想象的创新科技方式得以表达。另外,现场利用视频《Through Your Eyes》极富技术感的内容震撼开场,将 VR 在不同场景中应用,在 Vive 设备中以沉浸式的视角呈现出来,将到场嘉宾置身于山川湖海、摩登都市甚至未来世界。而且,HTC Vive 还与微鲸 VR 合作,将秀场的炫目瞬间以 360 度全景视频的方式还原,让更多没有到场的朋友,感受到技术和时尚的碰撞,有兴趣的用户可前往微鲸 VR 的 Viveport M 或手机客户端观看。因此,VR 与时尚的结合,为时尚人群提供了更具有沉浸感的传播方式、互动方式,也为观众提供了更丰富的体验场景。

2018 年,Oculus Connect 3 上,发布了一款新的 VR 化身系统,这个没有性别选项的 VR 化身可以选择自己的个性、穿着和风格,该化身系统拥有众多细节。对于时尚人群来说,VR 形象成为一个社会的社交元素、交互工具。Oculus 的 VR 形象辐射了人身体的每一个部位,可以反映出个人的品位,比如肤色、五官、脸型、发型等。外观的服饰和发型,对时尚者来说,更能直观地表现出一个人的态度。所以,VR 的个人形象设计完全颠覆了时尚圈的社交。虚拟世界已经成为另一个重要的社交场合。对于时尚人士而言,如何设计 VR 的个人形象就成了另一个领域的较量。当社交进入虚拟形象的世界时,VR 形象就成了时尚人士们的自我替代,不仅仅是表达自己时尚态度的展现,更可以实现更多的设计。用户可以自己定义虚拟化身,体验肤色、发型、眼睛和衣服。

2015 年,美国加州设计师瑞贝卡·明可弗在纽约时装周曾举办了一场秋季新品发布会。在这场发布会中,Mingcover 使用 VR 技术录制了整场发布会的内容,观众可以自由选取全景视频,比如可以选择坐在摄像师的角度观看走秀,抑或者可以选择坐在 T 台的前端观看,但无论从哪个座位就座,走秀模特、场边的名流、台下记者闪光灯不断,观众都看得一清二楚。

2015 年,迪奥推出一款名为"迪奥之眼"的虚拟现实产品,为眼镜佩戴者揭示时尚的秘密,其佩戴者可以体验到贵宾般的待遇,可置身于虚拟的后台世界中,观看设计师为模特化妆以及欣赏模特们所要穿着的新衣,甚至是秀场后台。这款 VR 设备的眼镜模型是 3D 打印的,由法国

DigitasLbi 实验室使用三星的 Gear VR 技术制作；它的显示技术则是由 GALAXY Note 4 提供，用时将自动点亮眼镜上的"迪奥"LOGO，不管是功能还是形状都是"炫酷"的。

2015 年，美国户外品牌 The North Face 在韩国某商场中推出 VR 场景体验，当消费者走进布置成雪地场景的店里，店员便会邀请顾客坐在雪橇上，再为顾客穿上 The North Face 的羽绒服。顾客戴上 Oculus Rift 头盔，在冰天雪地的场景中，坐在雪橇上体验穿着 The North Face 羽绒服飞驰的感觉。在飞驰的过程中，顾客还可以看到 The North Face 展示的新产品，并挑战拿下来这些服饰，以游戏的方式参与进去。VR 提供了丰富的时尚展示场景，并且这种新的互动形式使得时尚也有更多的细节内容的挖掘和展示，为消费者和观众提供了更多的沉浸感和体验。

受疫情的影响，线下时装周也发生了改变，开始转到线上开展。VR 世界与时尚的联动，在线上时装周，VR 试衣、虚拟球鞋、VR 服饰等，一下子成为行业的一大趋势。

Prada 于 2020 年将早春女装时装秀的场所建设成一个 VR 空间，让每个人都能观看一个洞秀，让那些没有机会一睹大秀风采的观众，可以在网上浏览 Prada 女装的风采，而且无死角、全方位。2020 年巴黎时装周时装峰会还采用支持网上购票、网上参与的 VR 会议形式举行。天猫于 2021 年 3 月推出潮流制噪联乘千款潮牌新品大赏，此次大赏中工装潮流品牌 Dickies 采取众趣技术的空间数字化服务，推出了 3D 虚拟空间系列，将充满设计感的光纹、涂鸦、吊染、雕塑等元素移植到服装与虚拟空间中，为我们提供了各种各样的 VR 空间，比如星际空间、未来街头、赛博古风、迷幻星球等。

英国知名快时尚品牌 TopShop 和专业 VR 制造公司 Inition 合作，于 2014 年记录了几次最新秋冬时装发布会现场。在牛津街品牌旗舰店的临街橱窗的位置设置 VR 体验区域，这个虚拟体验的内容是谷歌提供独家的时装 T 台走秀 360 度全景虚拟现实体验，顾客可佩戴被视为"时尚与准则相结合典范的个性化 Oculus 院"（头显设备）观看发布会现场的全景。

目前，时尚品牌和零售商们都已经开始尝试挖掘 VR 的潜力，设计师们也在应用 VR 推出各种各样的走秀活动。并且，电商巨头们也开始将 VR 技术运用到购物上，不断推出虚拟现实门店，让顾客进行试衣和现场体验。因此,对于时尚的未来发展来说,其展示与物品的呈现毕竟更加体现科技元素。在 VR 的助力下,时尚的表达也使得观众的观赏更具沉浸感。同时,VR 所带来的新的交互方式也将使得时尚并非特属于某些时尚设计师们,人人都能够在虚拟的世界中设计自己的时尚服装和饰品。走上 T 台去展示、去社交,表达自己对于时尚的理解和观点。

第三节　VR + 新闻

　　VR 技术的横空出世,极大地助推了传媒业的发展。具体而言,就是在新闻报道中融入了 VR 技术,"VR + 新闻"的新概念由此诞生。

　　在新闻业发展的历程中,每个新闻人都尽量竭尽所能,为了把更真实的新闻内容提供给观众,拉近新闻与观众的时空距离,从最初运用动画、图表,到演播室技术结合现场报道,事实和新闻报道的时间差缩小已经实现,新闻的可看性和可听性都有了提高,但这些技术对于空间上的缩短并不明显。2015 年,虚拟现实这项技术被引入新闻领域,到 2018 年,VR 技术已经普遍运用于各大媒介平台的新闻报道手段中,观众不能亲临现场的遗憾,在空间上得到了弥补。虚拟现实技术以电脑技术为依托,通过仿真真实场景,利用各种传感设备,如视觉的、听觉的、触觉的,把多元感知体验提供给受众,让受众有直观的真实感受,这与传统新闻所强调的"现场感""参与感"和"真实感"是一脉相承的,这为 VR 技术进军新闻业提供了先决条件。把 VR 技术和新闻结合起来,形成"VR + 新闻"的新闻报道新形式,这是科技革新的成果,但是,这并不局限于技术层面上的更新和换代,同时促进了新闻制播模式的变革,促进了采编思维的变革。

一、VR 新闻的发展

　　美国最大报业集团甘内特报业集团于 2013 年首次建立在新闻报道中使用 VR 技术的第一个解释性新闻项目,"HARVESTOFCHANGE"标志着美国新闻界真正兴起 VR 技术。2015 年,《纽约时报》发布"NYTVR"虚拟现实 App,并提供了 100 万个 Google 开发的 Cardboard 纸盒眼镜供《纽约时报》签订使用者免费使用,这被认为是"VR + 新闻"正式启动。2015 年《纽约时报》于 2015 年正式进军 VR 领域,然后与三星合作,2016 年推出了 TheDaily 360,这是一种 360 度新闻平台。在 2017 年,浸入式新闻专栏和平台"CNNVR"推出,该项目将在全球范围内通过 360 度视频对重大新闻事件进行报道,后来,"CNNVR"首先对 360 度视频的报道进行了推出,其中内容与西班牙潘普洛纳奔牛节相关。

国内"VR + 新闻"大概是从 2015 年开始的,以《人民日报》制作的"93 大阅兵"VR 全景视频,和新华社拍 VR 新闻"带你亲临深圳塌方抢险现场"为代表。2016 年,出现了较为代表性的 VR 新闻应用,例如央视网(CCTV.com)利用 4K 全景摄像机,对体坛风云人物颁奖盛典进行了全景直播。天宫二号发射特别节目《筑梦天宫》于 2016 年 9 月 15 日在央视新闻频道直播,演播室一边介绍《神州 11 号》,一边让虚拟的"神舟"飞船飞出屏幕,再介绍飞行器的内部构造时,主持人通过虚拟技术穿越到飞行器的内部,为观众介绍飞行器的内部构造,通过这种方式,让观众更直观、更鲜活、更具体地认知到飞行器的结构。新华网 VR、AR 频道于 2018 年春节前夕陆续上线了春运首日"回家的路""宝兰高铁迎首个春运""带你感受春运潮""看人在旅途""带你走进广州火车站"等 VR 产品。使用者只要有 VR 眼镜,就能深入多个火车站,感受到不同的春运返乡之路。在这些 VR 视频中,体验者可以在车里一起欣赏窗外急速略过的风景,与旅客一起排队购票、安检、候车、上车。尽管这些都是车站里司空见惯的景象,但是 VR 技术赋予了观众身临其境的空前体验。

从上述案例上看,现今 VR 新闻的应用案例已经有了很多。VR 消息成新闻报道新玩法,"身临其境"的虚拟互动模式赋予了传统新闻更多趣味。这一技术的运用打破了传统新闻在距离和空间上的局限,能够让受众身临其境地感受新闻,这是一种传统新闻的应用方式。

二、VR 新闻的沉浸式传播意义与作用

VR 新闻是新闻界大受欢迎的新概念。从英国广播公司(BBC)、美国有线电视新闻网(CNN)、美国《纽约时报》、美国《华尔街日报》、中央

电视台、人民日报，都在尝试"VR＋新闻"。技术上的每一次更新，都造就了媒体的一大新生代。网友热议的"切尔诺贝利核泄漏事故30周年纪念日"，大量的媒体进入乌克兰，重访 Chernobailey，对幸存者进行采访，呈现30年前那场灾难。网易、凤凰、澎湃等多家媒体亲临现场，网易的报道很新颖，利用 VR 及 H5 技术进行报道。在我看来，这种看起来像噱头一样高大上的报道，将来必定会成为新闻报道的标配。

就"VR新闻"而言，目前学术界和行业尚未提出宝贵的权威定义，大多数定义都更倾向于"沉浸式新闻"。如作者杜江和杜伟庭在文章《"VR＋新闻"：虚拟现实报道的尝试》中，没有给"VR＋新闻"一个明确的定义，而借助他人的观点"沉浸式新闻"来阐述自己的内容，一种新闻创作方式，可以让观众在新闻故事中得到第一视角的体验，进而描述事件或状况。这样的文章举不胜举。我们模仿"互联网＋"的定义，提出"VR＋新闻"的概念：借助 VR 技术的新闻行业，提出了一种新型的生态或模式，在新闻领域得到了创新，即"VR＋新闻"有可能成为新闻业今后的新生态。如果在新闻领域应用 VR 技术，其特征可以归纳为：沉浸性、现场感、故事性、多感性、自主性、想象力、互动性等。

媒体都看好 VR 新闻的原因，不只是因为它可以为观众再现现场场景，而且由于其在 VR 世界中，根据新闻事件的不同特点设置了不同的互动，让使用者在每次体验中，都能有一种焕雅的感觉。

VR 新闻的沉浸式传播意义与作用体现在以下几个方面：

首先，新闻报道形式的变化，让信息变得更真实，也更具有客观性。传统的新闻报道方式基本上是语言符号，如文字、图片、音视频等，VR 新闻则不再局限于简单的新闻阐述，而是突破时空制约打造360度全景新闻，让用户身临其境地沉浸在重现的新闻场景中，也为新闻的真实、全面、客观表达提供更多的可能性，例如，前面说过的新华社出品的 VR 新闻作品，"带你亲临深圳塌方抢险现场"，仅以 VR 技术为手段进行报道，整个灾难出现前后、救援的真实场所，几乎完全展开。从影像来看，当地的场景几乎被完全还原，整个抢险的过程也是比较客观的，也比较容易让观众记住。

其次，信息传递关系的改变使使用者呈现出身临其境的感觉。改变"VR新闻"的表现形式，让用户成为 VR 新闻的参与者。用户间接、被动地获取信息，这是传统新闻的劣势，观众按照新闻报道描述或展示的事实，将新闻事实的原始样子勾勒在自己的脑海里，这些受众在感知信息后,通过自身进行信息译码的过程,可能会出现解码错误,或者破坏原来的情绪表达。然而,VR 新闻打破了第三人称的叙事方式,以用户为第一视角,增加了用户的选择性,VR 新闻中受众可以通过穿戴设备身临其境地感受新闻现场,理解新闻事实,这种感知欲的延伸可以带来身临其境的沉浸式体验。举例来说,在《纽约时报》的 VR 新闻作品"流离失所"中,该作品以叙利亚、乌克兰东部、南苏丹的三位流浪儿童为第一视角出发,全面深入还原战争残酷性,新闻故事中的角色,用户可以直接沟通,听他们说自己的心里话,并且紧跟其步伐,对发生新闻事件的地理环境进行探秘。因此,在 VR 新闻中,受众不仅仅是信息的接收方,更可以参与到新闻现场中。

三、VR 在新闻行业中的发展趋势

虚拟现实技术发展到今天,新闻中的 VR 应用越来越多,也越来越普遍。

天宫二号发射特别节目《筑梦天宫》于 2016 年 9 月 15 日在央视新闻频道直播,现场直播神舟十一号载人飞船的飞行任务发布会暨见面会,一次对外公布神舟十一号载人飞机和航天员准备任务的许多细节、独家的发射演练和人物专访内容。主播文静在阐述了天宫二号和神舟十一号的交会对接时,对它们联合构造的组合体进行了介绍,演播室使用了虚拟追踪技术,让虚拟神舟飞船"钻"出大屏幕,通过景别变换的机位,天宫二号的数据与设计的细节观众都能直观地了解。在主播介绍神舟十一飞船的飞机控制室和结构时,人们利用 VR 全息技术,更直观、更生动、更具体地进行认知,因此观众对神舟十一号飞船、天宫二号和组合体的内部结构和控制面板有了较全面的认识。此外,主播台上,AR现实增强技术也首次启用,主播触摸主播台下面的 Touch Panel,从而实现"指挥"天宫二号的行进方向和行进速度,进行 360 度展现。对组合体内部生活设施及必备器材进行逐一介绍,主播更是虚拟地"穿越"到其内部,将设施和基础结合起来,通过 VR 和虚拟跟踪技术,描述给观众,并从左边的信息栏中对信息栏进行了动态的归纳,这种形式生动直观,值得一试。

2021 年,建党 100 周年之际,央视频推出《VR 党建·百亿像素》项目,以央视频为出品方,蛙色 VR 为后援方,采集中宣部下达文件中所指

的重要精神所在地的数据；主要包括《共产党宣言》展示馆、井冈山革命博物馆、红军长征博物馆等 25 个项目。《VR 党建·百亿像素》项目，利用 H5 互动播放界面，中央电视台影音客户端党建相继进行短视频内容，从而形成多样化的传输矩阵，推广建党 100 周年光辉历程的生动形象，红色党建文化用新时代 VR 技术演绎，以超高的精确度拍摄影像资料，通过无人机航拍进行扫描、地面高精度拍摄后，进行数据像素重组，并在中央视频移动网络平台上基于大像素切片渲染算法和多段式云端重构加载算法所形成的高级图像像素矩阵呈现方案；以 5G + 身临其境的体验为创作思想，采用技术版块来覆盖超大画素、720° VR 全景、交互热点、VR 视频、一键导览等几十种交互技术，虚拟再现真实场景，传统党建传播时空局限被打破，使"红色文化"更被观众喜欢。根据不同类型的展馆，"VR 党建·百亿像素"项目有针对性地制定计划，借助网络云环境，通过整合 3D 数字技术和虚拟现实技术对历史场景进行还原，克服了在平面痛点上的传统陈列，为党员提供了身临其境的深度体验，提升党建展馆学习体验，项目上线后，累计获得端内播放总量约 587 万次，端外微博超话 387.5 万次。

720 云全景摄影师曹灿永通过全景航拍的形式记录了 2020 年 3 月 30 日发生的列车脱轨事故，有了事故现场的 360VR 影像，能看到全景，虽然是画面，但同时具备交互优势，360 度的空间信息完整，扩展性丰富，这些都是传统画面所不具备的。

2019 年 7 月 30 日，山东省临沂市蒙阴县岱崮地貌景区，举行"飞'阅'山东爱我的'崮'乡——VR 航拍暨全媒体采风活动"启动仪式，此次活动由山东传媒的职业学院联合齐鲁晚报齐鲁壹点共同主办。此次活动将展现山东沂蒙地区特有的地貌景观，经 VR 空中全景拍摄，绘制出了"史上最逼真空中画像"。此次活动历时一年，在启动仪式后，第一个拍摄线路为临沂蒙阴、沂水、潍坊青州三个城市的取景线路。山东媒体的职业学院是此次活动的主办方之一，它可以充分利用先进的 VR 头戴显示设备、全景摄像机、无人机等专业设备，通过多角度、立体化、全景地通过图文、视频等多种形式，展现出岱崮的全貌真容，并联合齐鲁晚报、齐鲁壹点网对此次活动进行宣传和全媒体渠道的跟踪报道，使人们更多地了解与体会岱崮地貌的独特魅力。与此同时，坚持"一崮一城一片"，讲述"名崮"和"名城"的交叉历史，促进山东岱崮地貌的串珠成链、聚沙成塔，并根据区域经济的立场，发掘其在文化旅游开发和经济社会发展等方面的潜在价值,为推进山东文旅融合发展献计出力。

2021年11月8日,沈阳遭遇暴雪天气,沈阳各行业劳动者依然坚守工作岗位,为了保障大家出行,维持正常的生产生活秩序,以云盛景App为核心的沈阳广播电视台快速集结协调,在全媒体大型直播中派出多路采访记者来进行信息的采集,沈阳广播电视台云盛京新闻工作者们在暴雪天气里将全景相机装置搭载至除雪车上进行一次8K的VR全景直播,一方面记录下交通道路劳动者的辛劳身影,一方面在另一端的观众可以通过全景相机镜头360度实时了解到道路除雪的情况以及降雪程度的变化。

媒体技术发展的历史,也是媒体沉浸感的演进过程,从纸质媒介的出现,到广电网络的繁荣,到VR技术的繁荣。VR新闻的出现,传统新闻行业的新闻报道形式在很大程度上被丰富起来,传媒行业的未来发展,还是要依靠技术来带动。尽管,VR发展过程中有一些问题并不解决,但总体而言,"VR + 新闻"的模式在为未来媒体发展提供新思路、新方向的同时,也契合了VR产业发展的方向,改变了新闻的传播形式。例如,一方面,在直播中可以使用VR新闻,它的优势是身临其境的沉浸感,我们可以想象日后,只需一个和互联网连接的VR设备,就可以把我们从繁忙的工作中带到体育比赛的现场,同时还可以带来更强的互动体验。另一方面,由于新闻终究是报道新鲜事件,注重真实,注重纪实性,而VR特有的参与感也能让二者融为一体,用于对调查类新闻、适合视觉呈现类新闻以及突发事件类新闻的报道上,这也是"VR + 新闻"的发展趋势。但是,VR新闻体验和接收信息需要借助设备,而VR设备因为成本过高、会有眩晕的感觉等因素,VR设备尚未达到普及,因此要想在新闻传媒行业利用VR技术产生整体变革,还需要一个过程。

第四节　VR + 未来影像

智能媒体与未来影像密不可分,以VR为代表的具有沉浸式、体验式、互动式特征的影像技术,正在带领我们走向"智能影像化生存"

时代。

我们的身边充斥着影像，人类也习惯了影像的存在，影像贯穿于人类发展的历史脉络之中，人类从诞生之日起就与影像有着密切的关系。我们知道，岩画、图腾等原始的视觉符号，在语言涌现以前，就成了人们感知世界、认知世界的重要载体。语言的生成，为人类交流活动拉开了序幕。随着人类社会的发展，人们开始进入以口语、文字、印刷等语言符号的传播时期，而人们的传播也从语言符号回归到视觉符号，如广播、电视、网络等。在数字技术发展的推动下，影像技术也在不断地更新迭代。3D裸眼影像、虚拟现实影像、增强现实影像、全息影像等多种图像形式，逐步打破了虚拟与现实的隔离情况，将文字、声音、影像等多种要素结合起来，形成一种新的图像形态，集动感、声音、交互于一体，带给读者更具品质的身临其境的感官体验。未来影像不仅是对现代影像的延伸，同时更注重通过营造"真实"和"客观"的使用体验，来满足人们对于"未知"的好奇和对"在场"的追求。因此，从现实层面和感官、心理层面来对未来影像的概念进行综合把握，并对其进行展望和思辨，是媒体研究乃至人类发展研究的迫切需要。

如果说电影、电视和网络影像媒体中，影像是一个至关重要的因素的话，那毋庸置疑，未来媒体的关键要素就是未来影像，而智能媒介则是媒介向更高层次进化的成果，彰显着媒体的未来走向。因此，在智能媒体的逻辑下讨论未来影像，在智能媒体的逻辑基础上对未来影像进行讨论，可以了解未来即将呈现的电影、电视、网络等媒体的形状与样态，并在快速发展和创新的智能媒体技术的推动下去探讨。相信未来的影像技术，应该能从现实的二维展示，升级为以三维展示为主。

在未来影像的媒体应用与发展话题中，当前最受瞩目的技术当属虚拟现实，就是我们说的 VR，还有增强现实，就是 AR，再就是全息影像了。以 VR 为代表的虚拟现实影像技术将带领我们走向"智能影像化生存"之路。在"智能影像化生存"条件下，你可以随心所欲地到达你的心灵深处任何的时间，你可以徜徉在星河浩瀚里，你可以在丛林里探险，你可以到秦始皇当年排兵布阵的地方去看一看，你也可以到李白面前对饮一番。这个全球将在"智能影像化生存"的状态下随处可及，随着图像技术的不断提升，其境的感觉也会逐渐增强。"VR + 未来影像"所开拓的影像世界，存在于当前乃至未来的新闻、综艺、游戏和电影媒体之中，比如"VR + 新闻"这个新业态，弥补了二维电视画面不能为观众提供真实感和临场感的这些新闻体验,因为二维电视画面主要是依靠画面、视频、音频等元素的整合。虚拟现实技术不仅能模拟出难以取景的场景,还能让观众的视角从旁观者转移到第一人称,使新闻报道与观众的距离更近,增强了认知主体对新闻认知对象的"客观存在"的主观感受,改变了传统新闻的传播效果,而"VR + 综艺"就使得受众获得了前所未有的影像参与体验。每个观众都可以采取"现场观战"的方法,收获贵宾席上的观感,在秀场上成为最前排的座宾。"VR + 游戏"则使得游戏场景中的影像细节愈发逼真,激发了参与者的自主性和互动性,使得玩家在体验层面获得了极大的满足感,就像我们看的好莱坞的电影《头号玩家》一样,而 VR 技术自身的沉浸性、交互性、在场性的这些特点也与游戏体验的核心目标不谋而合。"VR + 电影"不但可以更好地创建和还原故事场景,观众们还可以自主选择,通过自身的"参与"打破原本封闭的叙事节奏,使片中的故事讲得更精彩,抒情写意更加到位。

3D 全景图像技术是一种以实景照片为核心的虚拟环境,它的特点是虚拟现实分支,它可以用于 3D 模式的商业,也可以应用到网络的虚拟教学环境。3D 全景图像技术是一种桌面虚拟现实技术,它并不是真正意义上的 3D 图案,与 3D 模型所创造的三维空间不同,3D 全景图像技术是以实景、实物、实地拍摄为基础,虚拟现有的客观环境,更接近真实的虚拟技术。它主要有以下三种特点:一是实地拍摄,VR 技术结合影像技术进行实地拍摄,是具有照片水平的逼真视觉感的实景虚拟再现;二是互动性,VR 虚拟现实技术的一大特点就是互动性,所以包含虚拟现实技术的 3D 全景影像技术也将这一特点进行了一定程度的展示,能够根据用户的需求对虚拟物体进行角度、尺寸、视角等方面的改变,让用户有身临其境的体验;三是简单实用,3D 全景影像技术无需单独下载插件,可自动下载使用 JAVA 程序观看全景影像,在方便传播影像的同时,简单实用。

目前,智能媒体在激发媒体活力的同时,也引领了未来媒体传播技术和文化产业的发展方向,引起了技术的前沿性并受到广泛关注。因此,在智能媒体的语境下谈论未来影像,我们不妨选择以技术、传播和产业三个视角切入来进行阐释。首先,从技术层面来看,未来影像在智能媒体的语境下,体现的是人机互动中未来影像技术的智能化。从传播的角度来理解,未来影像是通过将听觉、嗅觉、触觉等不同的沟通符号融合在一起,形成一种融合了声音、气味、材质等多种元素的传播形式,从而更全面地满足受众的多种感官需求，作为一种不局限于视觉符号的沟通形式，从而实现智能媒体传播效果。此外，它还被认为是产业载体，发展潜力突出，与人们的日常生活密切相关。未来影像，在智慧媒体的背景下，可以与当前常用的各种行业结合，可以作为"影像＋"的基础要素，使其产生强有力的发展功能。

此外，从用户体验来分析未来影像的发展现状，以沉浸感、临场感、互动性为三个方面来表现当前未来影像的呈现特征。

沉浸感是指"用户身临其境"的感觉，未来影像对用户身临其境的感受的实现，是通过将用户带入某一影像场景，通过影像化的表达方式来改变和创新，使用户身临其境。该场景可以是"完全虚拟的"，或者是"虚实相生的"，也可以是"虚实一体的"。

临场感是指用户在某个场景中自以为是一分子的一种主观体验，如果说"沉浸感"强调的是让未来影像技术达到"用户身临其境"效果的引导作用，那么"临场感"则强调的是用户对未来影像所创造的场景的主动参与，并主观地、能动地感受到自己作为"亲身经历者"的身份，以第一人称叙事的态度，体验自己所感受到的故事。"我在场""我正在现场"就是未来影像技术能够为用户带来的非常棒的体验感受。

互动感是指用户在与影像的交互过程中所产生的用户体验，在这个过程中，用户与影像之间产生了沟通，产生了接受，也产生了反馈。与"沉浸感"相比，互动感追求的是一种更能体现使用者与影像、使用者与环境的可沟通体验。互动的反馈既可以是间接反馈也可以是直接反馈，用户的主观能动性也在这个动态的过程中被进一步地激发出来。

VR技术与多种媒介形式相结合，是对传统媒介形式的信息传递和对整体叙述形式进行彻底重建，而受众在传播时的位置在时间和空间上发生了流变，使整体浸入式媒体传播机制发生了结构性变革。除此之外，整体沉浸传播时代的人的主体性也发生了很大的变化，人们在消解和重塑的过程中，对人与媒介、科技与艺术、虚拟与现实交织共生的复杂关系进行着不断的反思，追求更加符合社会发展规律的融合之路。

第六章

智能媒体传播的C位：智能新闻

第一节　智能技术在新闻中的应用

新闻业是当代社会的灯塔，智能技术在新闻业中的应用包括四个环节：新闻采集、新闻生产、新闻分发、新闻消费。接下来，就让我们依次来看下智能技术是怎样应用在这四个环节中的。

一、智能化新闻采集

在新闻采编讨论之前，需要先看整体新闻业变化。随着媒体融合进程的不断加深，新闻业从理念到实践都发生了革新，原来各种传播媒体各自为营，每一家媒体都要自己搜集原材料并进行制作。

我记得 10 多年前去一家地方电视台调研，看了这家电视台一整天的节目，可能那天没什么重要的新闻事件，所以每个栏目都在报道一起交通事故，然而每个栏目的素材都不一样，因为他们都派出了自己的记者进行拍摄，毫无疑问这是一种资源的浪费。现在电视台与广播、报社不断合并重组，它们之间还有形态差异，那么这种重复采访和拍摄的情况是否更加严重了呢？其实并没有。数字化打通了媒体之间的技术壁垒，与此同时，机构壁垒也在消除，便携式设备使得记者可以一专多能，也使得新闻采集更有效率。

现在新闻业逐渐形成了一种共识，在融媒体环境中要进行一体策划、一次采集、多种生成及多元分发。

前方记者对新闻事件采集多方面的素材，然后编辑根据媒体形态生成多种新闻产品，随后通过多种媒介渠道进行分发，它的前提是需要有一体化的新闻策划，这有点像我们常说的"一鱼多吃"。新闻媒体已经在这种理念下进行了全方位的改革，比如人民日报社的一个重要改革，是形成了新闻生产的"中央厨房"。人民网"中央厨房"是由人民日报社传媒技术有限公司倾力打造，以内容生产传播为主线，不仅服务于人民日报社旗下各媒体,而且为整个传媒产业搭建公共平台,支撑优质内容生产,聚合各方资源,形成融合发展合力,面向受众、面向国际、面向未来的新一代内容生产、传播、运营体系。"中央厨房"涉及多方面的革新,其中包括业务形态的革新,重新梳理策划、采访、编辑和分发的流程;也包括技术形态的革新,要建立统一的平台和流水线;甚至包括空间形态的革新,让新闻编辑室的空间也适应这种新理念。再如,新华社强调智能媒体技术在新闻改革中的应用,提出了"媒体大脑"的概念,它将语音识别和转换、人脸识别和核实等智能技术相结合,将人工智能、大数据、云计算、物联网等新技术引入新闻业中,大大提高了新闻记者采集新闻的效率。

总之,新闻生产在融媒体的环境下,灵活采用各种新技术和新工具。就新闻采集来说,最关键的一点是:前方的新闻记者要为后方的多元生产带回来足够的素材,这就要求记者在意识上、技能上、工具使用上都不断适应这种新变化。

下面我们通过几种新工具的使用来进行观察:

第一种,无人机的使用。它作为一种新的拍摄工具,可以帮助记者获得更丰富的新闻素材,它可以很轻易地实现航拍,让新闻的视觉画面实现 360 度全景再现,它还可以进入到人难以进入的场景,比如山谷、海面、封闭区域等,为我们带来丰富的影像。大家现在常能看到的全景新闻或者 VR 新闻就离不开无人机的功劳。

第二种,传感器的使用。传感器可以看作很多类信息搜集器的统称,它能够把人的感官可以感知到和不可以感知到的各种信息转化为数据,并进行存储、计算、加工和处理。比如我们的手机就含有地理位置的传感器,传感器还可以感知外界环境的温度、湿度、重力、光线、声音、物品运动、空气质量、有害物质含量等。美国的纽约公共广播电台就曾经做过一个"蝉群跟踪器"的项目,他们发动当地听众采集蝉群破土而出的土壤数据以及蝉鸣的声音数据等,制作了新闻产品。这是数据新闻,传感器新闻和参与式新闻的一个范例。

第三种,多信道直播云台的使用。近些年的两会报道期间,光明日报社的记者身上披挂的一套新闻采集系统非常引人注目,他们因此被称为钢铁侠。这套设备名为多信道直播云台,可为 16 个平台同时提供视频和 VR 信号,最高可达 3K 画幅,4M 码流,实现仅需一位现场记者就可以为直播时代提供丰富而多元的内容。

实际上我们可以使用的新闻采集器材越来越多,比如我们每个人手中的智能手机就可以用于融媒体的新闻采集,现在很多新闻媒体和互联网平台也都广泛征集和使用普通用户用普通手机所采集的内容作为新闻素材,甚至直接成为新闻产品,这大大降低了新闻采集的门槛。

此外,自媒体写作的方式也发生了改变,很多人不再满足于仅仅撰写文字内容,或者在朋友圈发布图片,而是用便捷的视频录制设备制作Vlog,也就是我们常说的电子日志。

我们可以进一步打开脑洞,随着物联网的发展,实际上每一个拥有摄像头、传感器和射频装置的物品,都有可能成为新闻素材采集的来源。从交通监控的摄像头,到行车记录仪,再到我们每个人手中的手机,无所不在的摄像头,都可以成为新闻业这部社会雷达的无数个触角。

因此,总结一下:智能传播时代融媒体新闻要求进行一体策划、一次采集、多种生成、多元分发,我们有各种新工具、新技术、新手段,配合新理念,获取和采集各种新闻素材。而无所不在的互联网将使得新闻采集进一步遍在化、普及化、日常化。新闻的面貌也必将因此而发生变化。

二、智能化新闻生产

近几年大家常常讨论的一个问题是:机器人会让人类失业吗?在列出的易失业的众多职业中,新闻记者和新闻编辑也赫然在列,主要原因是我们现在有了自动化的新闻生产,俗称就是机器人写作。机器人记者可以写文章、做报道,可以评论事实,相信在不远的将来,机器人可以自由地与人类聊天、邮件沟通,甚至可以就人类提出的问题进行演讲和回答。

表6-1是最近几年,国内外赫赫有名的一系列写作机器人,包括美联社的文字架 WORDSMITH、腾讯的梦想写手 DREAMWRITER、新华社的快笔小新、今日头条的 XIAOMINGBOT(张小明)、第一财经的 DT稿王等,我们来看一下这些机器人的作品。

表6-1　国内外著名写作机器人

美联社	WORDSMITH
腾讯	DREAMWRITER
新华社	快笔小新

美联社	WORDSMITH
今日头条	XIAOMINGBOT（张小明）
第一财经	DT 稿王

2017 年 6 月 21 日,新华社微信公众号一则超短新闻被疯狂刷屏 10 万+。这则新闻标题 9 个字:"刚刚,沙特王储被废了",正文 38 个字:"沙特国王萨勒曼 21 日宣布,废除王储穆罕默德本纳伊夫,另立穆罕默德·本·萨勒曼为新任王储"。这条新闻也非常短小精悍,我们会发现,虽然简短,但它却有三位署名作者,还有一位监制者。这条新闻的写作就突破了常规,用了刚刚这个口语化的说法,而且仔细观察的话,我们会发现它有一个错别字,把"废黜"写成了"废除"。但有趣的是,正是因为这些不合常规之处,使得它引发了读者的极大兴趣。而新华社的当值小编,也很聪明地与读者进行互动,用幽默的语言赢得了用户的认可,反而使得这则新闻获得了意料之外的成功,10 分钟的阅读量就超过 10 万人次,24 小时内涨粉 50 多万,成为一个现象级的产品,甚至形成了"刚刚体"的新潮流。

我们会发现机器人写作更快速、更精确,人类写作可能会犯错,但也可能更灵活,甚至通过突破常规而更具个性与特色。所以,机器人并不会完全替代人体,但是,机器人记者会对记者造成一定的就业冲击。由于媒体工作人员的工作岗位明显降低,机器人记者的程序操作简单、方便快捷,有利于媒体财力、人力资源的大幅降低,工作效率较高,造成行业的规模不断缩小,并使新闻记者压力增加,机器人记者不用休息,优势过于显著。

当然,机器人写作也可以通过结合其他技术来增强写作的丰富性,例如今日头条的写作机器人张小明,就通过自动翻译的技术,再加上人工编辑的干预,让自己的体育新闻写作更有趣味。

总结一下:机器人写作已经在新闻生产中得到了应用,但它适用的领域还比较有限,与人类记者的写作相比还有相当大的差异。它最适用的领域就有三个:体育新闻、财经新闻、天气新闻。说到天气新闻,中国地震台网也有一个地震信息播报机器人,它也承担类似的角色。这三个领域有什么共同点呢?主要体现在以下三个方面。

第一,它们都是高度数据化的领域。无论是体育比赛的参赛者、比分结果、时间过程,还是财经领域的股票走势、企业报表、市场指标,抑或是天气领域的地震震级、发生地点等,都是高度数据化的信息。

第二,它们都是高度模板化的。此类新闻属于消息题材,新闻事件发生频率很高,新闻作品彼此之间的关键性差异不大,因此很容易形成新闻模板。

第三,它们都是高度精确化的。这些新闻中最有价值的就是各种数据,这是人工智能最擅长的部分,如果交给人类劳动者,不仅增值不高,反而增加出错的概率。

说到数据,目前有一类新闻作品非常受关注,那就是数据新闻。数据新闻(Data Journalism),又称数据驱动新闻(Data Driven Journalism),它指的是通过分析与过滤数据,从而创造新闻报道的新方式。数据新闻迎合了当前整个社会数据化的潮流,透过数据来揭示新闻事件和社会局势的潜在意义。但是,数据通常是枯燥的,所以数据化新闻就要求数据可视化。从搜集数据,到过滤数据,再到数据可视化,最终形成吸引人的新闻故事,这就是数据新闻的整个流程,它对于公众的价值也就不断提升。

新闻生产除了机器人书写、数据新闻之外,在智能化方面也有更多的探索。例如,机器人视频制作,用于制作视频内容的自动化软件与工具越来越多,为视频剪辑包装提供辅助功能的软件也很多。抖音就发展了很多有趣的滤镜、特效、背景等。2018 年 11 月 7 日现场直播的 AI 合成主播,搜索狗和新华社在第五届全球网络大会上联合发布了全球全模拟智能 AI 主持人,克隆出具有与真人主播相同播音性的 AI 合成主播,通过语音合成、唇形合成、表情合成、深度学习等技术。

今后智能机器人真的会取代新闻记者、编辑、主播等一系列生产者吗? 短期之内还不会发生。机器人写作擅长体育、财经和天气,擅长数据新闻,但它不擅长的领域更多,包括时政新闻、人物专访、调查性报道、新闻评论等,仍然需要人类新闻工作者的智慧和才能。机器人写作要攻克的难题也很多,例如,如何既精确又符合自然语言习惯,如何生成深度而复杂的内容,如何生产多媒体内容,如何生成个性化内容等。

未来的新闻生产一定是人与机器的协作,人类智慧是人工智能结合,才能创造出真正的内容价值。

三、智能化新闻分发

今天我们来谈一下智能技术在新闻分发环节的应用。目前在所有的新闻环节中，智能技术在新闻分发方面的应用是最为成熟的。它主要是运用算法将自身可能感兴趣的新闻产品推送给用户，因此也被称为"算法新闻"。2016年中国互联网络信息中心在第38次发展状况统计报告中指出：算法分发，以用户兴趣为基础，逐渐成为网络新闻的一大分发途径。

利用机器算法来解决信息匹配问题，个性化推荐是算法新闻最主要的依据。与新闻制作完全固定在一起的传统新闻发行，是由专业人员完成的。算法是初始阶段，让用户在不同的情况下，按照不断优化的算法来设定不同用户的个性化议程，记录、存储不同的行为数据，从而实现识别、筛选数据，与用户画像、用户需要匹配。例如，今日头条新闻客户端一直宣传的"你关心的才是头条"，利用算法推荐手段，从用户画像、场景、文章等特征出发，为每一位用户营造个性化新闻推荐，形成一套集中的智能新闻平台。它是怎么做到的呢？这里有三个方面的支撑性因素：

第一，用户画像（User Painting）。它通过捕获用户的信息，来理解用户的特点和需要。用户画像，是指标签化的用户模型，根据用户的属性、生活习惯、喜好及行为等信息来抽象得出的。用通俗的话来说，就是标签化用户，标签是一种高度精炼的特征识别，是通识分析用户的信息归纳的。可以通过标签来描述用户，即使用一些模糊程度高、易于理解的特点描述用户，能使人更容易地了解用户，并能方便地进行电脑处理。用户画像，不论Persona还是Profile，都是特征工程的典型应用，即通过数据分析和挖掘从用户的各类数据中提取共性特点的过程。工程应用中用户画像分为画像和兴趣，这二者的区别和联系是：首先，用户画像是静态的，包括基础属性、地理属性、行为属性等，应用于客群分析和营销活动。常见的场景有App应用架构层级的千人千面、营销活动圈定人群。在推荐体系和内容推荐中，以用户兴趣动态为主要依据，它包括即时兴趣、长期兴趣、短期兴趣等。常见的场景有搜索栏、商品/内容收藏、购买等。

第二，海量内容。它通过大量头条号发布的内容以及爬虫抓取的内容建立了丰富的内容储存仓库。从多场景优质内容与载体入手，满足多行业搜索需求，以前都是简单地以关键词来推内容，而现在用户要实现的个性化搜索,则可以运用今日头条的页面广告来实现,增强关联广告呈现,实现更多信息显示。尤其是在使用者输入关键字进行搜索时,具有价值的商业词汇,系统将会自动拆分,并自动匹配上广告,从而使广告的内容对用户有更大的吸引力。

第三,算法推荐。它通过用户的特征、输入的信息和历史记录,迅速查找、筛选并推荐相关内容。在用户经过社交账号登录的情况下,算法会根据用户的相关信息来理解用户的兴趣,从而形成用户画像并进行内容推荐。在用户浏览使用中,算法会根据用户的行为进一步完善用户画像,如搜索、评论、点击、分享等。如果用户是游客的非登录状态,头条将推荐部分热门的内容给用户,然后按照用户点击的行为再确定用户画像。文章经审阅和整理后,将分批次地推荐给使用者。第一时间推送给兴趣点最高的用户,然后,按照第一批推荐用户的反馈的行为信息,确定下一批的推荐用户群,比如内容停留时长、点击率、评论数、收藏量、分享量、读完率等,其中,点击率占最高的权重。经过第一轮推荐后,如果点击率不高,系统会降低二次推荐的推荐量,认为文章不适合向更多用户推荐;若点击率高,系统会认为本文被用户欢迎,会将推荐量进一步提高。以此类推,文章的新一期推荐量全部是根据之前的推荐点击率得出的。此外,内容发布出来后都会有失效期,一般情况下时效节点会是 24 小时、三天即 72 小时或者一星期,如果内容过了时效期后,推荐量会显著下降。所以,提高内容的点击率才能实现大量阅读。

在这三点里面,用户画像的精确绘制是一个关键点。

其实,个性化推荐做得最好的,还不是互联网新闻应用,而是互联网上的电商平台。个性化推荐系统本身是基于海量数据挖掘而产生的高级商务智能平台,是互联网和电子商务发展的产物,把个性化资讯服务与决策支持提供给客户。在个性化推荐系统逐渐成为学术界研究热点之一的同时,很多大型推荐系统的例子在最近几年都非常成功。有赖于以下这些信息的捕捉,比如标签、购买记录、搜索关键词、关注人群、好友分类、微博内容、评论、转发偏好、所在地与位置、手机型号、使用时间等,电商可以为我们推荐最感兴趣的商品。

我们这些用户又为实现个性化推荐做了什么贡献呢?首先我们向今日头条这样的聚合服务平台开放了各种信息获取的权限,我们允许它读取我们的位置,所以它可以向我们推荐当地新闻。我们建立了好友列表,他会根据好友的浏览记录进行推荐。其次,我们主动输入了各种信息,例如我们会搜索某些关键词,这样它就了解了我们的兴趣和需求。再次,我们会主动订阅一些头条号,这相当于一种个人化的定制,为算法的聚合提供了基础。最后,我们还通过不断浏览新闻,使算法更了解我们。

根据"控制论"的思维,用户的每一次浏览都是向算法输入一次反馈,它可以更加了解我们,也可以通过海量的浏览进行深度学习,进化自身。比如,我个人的一个体验,最近因为我对有关 5G 的新闻很感兴趣,也用相应的关键词搜索了相应的新闻,再加上我订阅的头条号有内容偏向,所以最近今日头条给我推荐的文章中,IT 类相关新闻占的比重越来越高了。我们与其他的新闻应用做个对比,比如澎湃新闻,这是质量最高的新闻 App 之一,无论是新闻内容产品,还是界面设计,抑或技术手段,澎湃新闻都名列前茅。我曾经总结了澎湃新闻的各方面创新,比如它对长尾效应的应用、对全景新闻和数据新闻的制作、对社交媒体的借力等。它也采用了一些人工智能技术,比如,它与微软小冰这个智能助理合作,让小冰与用户对话来聊新闻,最近,它还推出了一个 AI 合成主播叫小飞。不过澎湃新闻很难做到个性化推荐,原因有以下两个方面:一是内容不够海量丰富;二是它缺乏算法推荐机制。一般来说由算法主导的个性化新闻推荐,多半是平台型、聚合型应用服务所具有的特色。由专业的新闻工作者主导的编辑推荐,则是传统媒体和自控性内容提供者的选择。从这个角度来说,今日头条是一个典型的聚合平台,而澎湃新闻则是一个典型的自控性内容提供者。当然,最近几年,澎湃也在发展"朋友圈",它能否发展成为有影响力的平台,我们拭目以待。

总之,当前我们阅读新闻来自两种不同的路径,一种是编辑推荐,另一种是算法推荐。二者各有利弊,前者保证了专业性,但缺乏创新;后者极具时代性和高效率,但在信息方面却容易陷入"茧房"怪圈。对于用户来说,兼取二者之长是一个值得考虑的方向。以算法开展新闻推荐在经营上有较大的优势,除了能够提高效率、吸引用户之外,累积大数据是一个值得注意的结果。在双向交互中,新闻群集平台实现了对已有的内容平台进行协作,并通过内容的多元分发匹配,获得充分规模的用户数据,建立用户池,实现用户分群和模型构建,并与其他资源相通,维持用户黏性,从而实现数据利用、增值和变现的可能性。

将来个性化推送的内容向用户匹配的过程将更为智能,而场景化匹配则也会更准确。新闻的分配随处都在,使用户在进入新闻时,完成对新闻的消费,这是一种临场化的途径。

前面我们对新闻采集、新闻制作、新闻发布等各种环节的智能应用进行了分析。在这种情况下,我们的新闻业呈现了四个态势,用四个词来总结,那就是自动化、数据化、普及化以及场景化。

四、智能化新闻消费

我们再来看看用户新闻消费方面的新变化。用户获取新闻的终端已经从报纸和电视机转向智能手机,以及其中的新闻应用。现代城市人获得新闻典型场景,随着移动互联终端在生活中的普及,以智能手机为代表,而发生了翻天覆地的变化。情景可以理解为地理位置、生存环境、社会环境三个层次交织而成的聚合点,这是社会个体所要面对的。在智能手机的大规模普及以前,用户获取新闻的空间通常会集中在家中的客厅、饭桌或办公场所,在获得新闻时会耗费更长的时间和更固定的空间。目前,移动技术将阅读者从时间和空间上解放出来,用户在信息获得过程中随机性较强,信息的消费一般都是碎片化的。这对新闻业提出了新的要求,在所有的要求中,有四个新趋势值得关注,他们分别是个性化的新闻获取、碎片化的新闻内容、参与感的新闻体验和沉浸性的新闻服务。

第一,个性化的新闻获取。在前 Web 时代,消息传播呈现由一及多、由点及面的单向扩散形态,而今天的新闻的传播更多地反映在过程上,这个过程是以用户的个性化为起始阶段的。随着信息渠道近乎爆炸式增长的互联网的发展,而大众媒体仅提供同一化的内容,似乎也成了不合时宜的东西,新闻的接收方也不再是被动式的受众,而是形成共识的用户,他们会主动做出选择。在实际生活中,用户都有自己的生活体验,这就催生了个人化的需求逐步浮现的关注世界,要求媒体提供的不能仅仅是整齐划一、以偏概全的消息,而应思考如何为用户提供他们所需要的、所感兴趣的个性化新闻服务。

第二,碎片式的新闻内容。根据中国互联网络信息中心的调查报告显示,互联网资讯阅读碎片化特征明显,30 分钟内单次浏览新闻的网友比例高达 62.4%,其中在 10 分钟以内完成新闻浏览的有 26.6% 的用户,平均浏览场景为 3.1 个,最典型的浏览场景是在家里休息中、睡觉前和饭后休息,这些比例分别占新闻资讯用户的 69.7%、67% 和 52.1%,而超过三成的用户,上网看新闻会在早上起床后的碎片化场景、乘坐交通工具的时候、等人的时候或者排队的时候。时空碎片化、移动化的新闻消费场景、结合用户选择自由度、开放度等方面的较高改善,促使媒体品切分、细分报道内容,或者纠偏新闻主题,而不能只提供大容量、高密度、集中化的整合新闻产供整合性新闻产品。目前,在电视新闻播出后,进行碎片化处理和二次传播已经成为电视台的常见做法,甚至部分电视机构在采编新闻时,第一个考虑的是在网络上有可能碎片化的传播。

第三,参与感的新闻体验。无论是获取新闻还是娱乐,用户总是在不断地追求现场感、临近感和参与感。在各种新型设备中,虚拟现实和增强现实设备最吸引人,它们为人类带来了一种全新的感知世界的途径,在符号化的过程中,为大众建设一个临场化的环境,因为媒体技术及智能技术的发展,用户可以摆脱地理空间的制约,也可以摆脱现实时间的制约,也逐渐从感官的羁绊中解脱出来。人们不再仅仅通过符号对世界进行间接的体验,而是直接置身于一个立体的虚拟世界之中,这个世界的感觉与现实世界的感觉相似。

第四,沉浸性的新闻服务。媒体在不断地演变,它不再是固定在某一空间里不能动的东西,也不再是外置在人身上的东西。随着智能终端的发展,人们的生活和生活交往的媒介使用也日益频繁。新闻消费场景的移动化,获取碎片化的新闻内容,使新闻开始向身临其境的服务化转型。人通过更多的感官来建立与新闻事件的关联,同时,新闻媒介也让自己进入用户的贴身情况。

现场新闻注重用户和现场的新关系,虚拟现实、增强现实等新技术为用户提供了一种"身临其境"的消费体验。VR 和 AR 技术为用户带来了崭新的世界感觉模式,进入新闻现场以更真实的"第一人称视角",与以前传统媒体二维"收看"的过程相比,用户可以通过"不在场"的方式,借助 VR 技术到达新闻现场,沉浸式感受新闻事件,降低因主客观原因导致的新闻报道信息量不足,以此获得更多的交互性。这种沉浸的感觉不只是身临其境的感觉,更重要的是,每一位用户都能在新闻现场捕捉到各种各样的细微之处,也可以根据用户自己的兴趣点来获得观察这一事件的视角,从而较少被传统的编导观点局限,这让用户在认知上获得了独立的视角,产生对新闻事件的理解和认识。

现在很多平台都开始尝试 VR 新闻报道,比如 2015 年 11 月 7 日的《纽约时报》,推出了一项名为"无家可归"的作品,从难民的主观视角出发,使用者可以利用 VR 眼镜进入新闻场景,并与新闻主角观察和体验。

VR 新闻还有体育新闻、体育直播等潜力领域。目前已经开始尝试 VR 直播,包括奥运会、美国职业篮球联盟、欧洲杯、世界职棒大赛等。在国内,包括腾讯、网易等门户网站,以及传统媒体如人民网、CCTV 等均采用尝试 VR 技术的采用。

新技术的应用总有一个尝试期,VR 眼镜还没有普及,无论从成本、造型还是携带方式,门槛都非常多;轻 VR 装置带来的体验感再次大打折扣,用户极易在 VR、AR 体验中因生理条件所限而产生眩晕感。因此,目前 VR 新闻和 AR 新闻与用户互动的方式更多的是全景式的静态照片,在某种程度上这些因素影响着用户的积极性,也影响着实践探索。但是我们的 VR、AR 应用的范围越来越广了,简而言之,未来的媒体发展,新的方式、新的手段、新的趋势,这些都有广泛的应用空间,这是人工智能开发出来的,以模拟人的智慧为核心。

智能手机和移动互联网的普及也让新闻消费方式发生了改变,移动互联是移动互联网的简称,是指结合和实践移动通信技术的互联网技术、平台、商业模式和应用的活动的总称。它的工作原理是用户端通过手机终端访问并获取 Internet 上的信息,一系列信息服务让百姓尽享便捷。新闻传播被注入了新的内涵,源于移动互联网的发展,移动科技设备的兴起。其内容、表现方式与传统的新闻传播方式有许多变化,其中以新闻传播的主体发生改变为主,主要表现是:随着众多新媒体的涌现,越来越多的公众参与到新闻报道的队伍中来,他们可能并不是新闻专业素养的具备者,只是普通手机的拥有者,却可以通过手机图像、短信、微博等形式发布。他们相信,过去只能被动接受的观众,现在的信息被摇身一变,成了主动创造者,也打开了自媒体时代——个人参与新闻的生产和发布。新闻传播的载体发生了变化:采用蜂窝移动通信技术开展各项业务的移动媒体作为新闻传播载体之一,如今的 5G 可以更快的通信速度和更稳定的性能传输高质量的视频图像多媒体文件。新闻传播形态也发生变化:基于手机网络的传播方式、超文本、多媒体、超链接、非线性、交互性等传播特点,通过手机网络的功能来实现。

移动媒介依靠自己的个性化特征,充分满足了个人的需要,并带有丰富的感觉,成功地抢占了新媒介的市场,使人们越来越喜欢、易携带、强个性化、自由、平等参与的媒介特征。新闻传播的世纪序幕正在拉开,手机媒体作为一个崭新的传播领域,已经让人和信息之间的关系,朝着媒体可携带、用户可参与分享、个性化信息选择的方向发展。当前的手机媒体所进行的各种探索，从发展的角度看都有特定的意义。移动媒体的任务与传统媒体相同，都是为了广大公民的服务，为舆论做引导，而这个目标，也必然是多家媒体合力打造而成，因此，移动媒介要从社会的现实需要出发，与其他新兴媒介和传统媒介相结合，把握媒体发展新动向，搭建竞争和协作开放和融合的新思想，力求定位清晰，特色鲜明，功能互补中国传播行业的新景象，实现传统媒体与新型媒介的有效协作与统一，继续发展已经形成的模式，重点探索并找准其传播方向和规律，在适应社会信息化进程需要的新闻信息原创性报道深度、力量和特色等方面下功夫，逐步做大做强第五媒体。

　　人工智能在短期内并不能完全替代人的劳动，但是，至少在新闻媒介中，人工智能在所有的环节都逐步加入，完全重新塑造这个领域的可能性是存在的。这一变化，将使人类信息传播的可能性大大扩大，也会激发人们潜在的认识世界的潜能，从而对世界进行改造。

第二节　智能新闻的未来图景及其反思

　　新闻界各个环节都出现了人工智能技术，智能新闻带来了人类社会史无前例的传播。首先，人机融合让我们能够随时随地地获取更多信息；其次，将来媒体将会成为实现媒体整个时间连接的人体的感官扩展；最后，将来的媒体会给我们带来边界的消除，数字鸿沟会在消除的过程中，语言隔阂也会消失。未来又会怎样？让我们一起对智能新闻的未来做下思考，也做下反思。

　　采集新闻信息的主要来源，将是大量相机、无人机、机器人和多种具有传感器的设备，高层次的语言处理系统、图像识别系统、深度学习系统使我们生产出不亚于记者和编辑制作的高水平信息，用户的位置、时间和场景数据可以被精确的数据系统获取到，进而提供最个性化、最贴切、最丰富的新闻内容。声音辨识系统和可穿戴设备在物联网的整体推动下，可以解放人们的双手乃至身体，让用户接触到自己的环境，重塑新闻现场，也重塑了用户与外界的感官关系。对于这种未来处境，我们用两个词进行总结：

第一是万物皆媒。任何事物都可能成为媒介系统中的组成元素，它使得我们采集信息和加工信息的整体状况发生关键性的变化，它的专业门槛降低，普及程度提高，新闻不再是旧时王谢堂前燕，而是必将飞入寻常百姓家。

第二是智媒非媒。智能媒体将不再仅仅拥有媒体的功能，它将新闻信息传递与其他各种社会实践活动熔于一炉，打通各种界限，融汇各种功能，新闻也不再是独立寒秋，而必将是百舸争流。所以，万物皆媒，智媒非媒；媒生万物，万物互联。新闻将成为社会系统互联互通、共建共享中更有机的组成元素，它的内涵和外延都将获得极大的拓展。近现代以来，新闻业为社会发展做出了重要的贡献，智能技术的应用，改变了它的面貌，也改变了它的一系列重要规则。

上文提到语音识别技术，语音识别技术已经存在很长一段时间了。20 世纪 50 年代初开发了第一套只会读懂数字的语音识别系统，到了 2017 年，该技术已经具备了人类的精确度。这种高级程度使得语音识别可以扩展到所有的行业，成为一个标准的互联设备。普华永道日前的一项调查显示，90% 的受调查人员认同语音助手，72% 受调查人员的使用过智能语音助理。语音技术正随着千禧一代和 Z 一代的广泛使用而逐渐成为主流。据预测，到 2025 年，全球语音识别市场将会达到 318.2 亿美元。

语音识别是一门交叉学科。语音识别技术在过去的 20 年中取得了令人瞩目的进步，从实验室开始走向市场。预期语音识别技术将在今后 10 年内进入各领域，包括工业领域、家电领域、通信领域、汽车电子领域、医疗领域、家庭服务领域和消费电子产品领域。美国新闻界将"语音识别听写机在各领域的广泛应用"评为 1997 年电脑发展十件大事。在 2000—2010 年间信息技术领域的十大重要科技发展技术中，许多专家都认为语音识别技术就是其中之一。

语音识别技术通过增加交流的便利性来改善客户体验，因为我们说话的速度比打字快得多。通过将口头命令应用于非接触式控制系统，交流变得更加自然和高效。除了为用户提供低成本、高舒适度的体验之外，还有以下几个因素促使语音识别技术的广泛应用：

（1）可用于移动语音搜索的设备具有全球移动性。

（2）智能音箱已广泛渗透到现代家庭。

（3）自然语言处理（NLP）的进步将可能实现对感情分析与普遍语境的理解。

（4）推进个性化体验是人工智能与机器学习进步的表现。

（5）处处可见智能语音物联装置。

那么我们可以做出什么反思呢？我们不可能抗拒智媒新闻的大趋势，但也不能对它盲目乐观，唯有在不断反思中前行，才可能寻找到更好的方向。有三个反思值得分享，分别是信息茧房、舆论极化以及拟态环境的具象化。

第一，信息茧房。信息茧房指的是随着用户获得的新闻越来越多的来自算法推荐、个性化定制、社交媒体分享，我们获得的新闻信息其多元性可能会减弱，我们更难听到不一样的声音，这样我们就像作茧自缚一样，生活在一个信息茧房之中。现在大部分互联网用户是通过社交媒体第一时间获取新闻的，那么我们关注了哪些人就非常重要了，我们常常关注的要么是亲朋好友等同质化群体，要么是与自己三观相合的舆论领袖，如果不小心关注了三观不合的人，最后的结果可能是一言不合就拉黑，甚至在一些社交媒体上还出现了预防性拉黑的现象。这样一来我们听到的总是自己想听到的声音，我们获得的总是点赞而不是发人深省的批判。也有人将这种情况称为"回音室效应"，你的声音在你的网络好友那里得到应和又返回到你这里形成回音。还有一个类似的概念，叫作"观念气泡"，慢慢地，社交媒体中也就出现了圈层化现象。互联网本来提供了大规模交往的可能性，但人们却更愿意生活在自己舒适的小圈子之中，这种圈层化又引发同质化甚至同一化，压制了人的反思。用户总是倾向于从人的选择性心理出发，进而忽视真实世界的多元性，以获得与其态度一致的新闻。如何通过技术的应用打破观念的气泡，让当代人仍然可以进行多元对话、批判反思和协商民主，智能技术应该在此基础上做出判断，而已有的相关探索也值得新闻界深思。

第二，舆论极化。网络已经形成了一个新的舆论场，在此领域，也有其独特的规律。比如，没有一种不适合沉默的螺旋理论，即使有改变了的螺旋方向、分散的新闻收集，以及海洋量化的新闻数据，使得传统的专业把关人无法再继续进行有效的筛选。

自媒体给人们提供了发声的渠道，但是也出现了种种乱象，比如标题党甚嚣尘上，为了使自己的文章获得更多人关注，取一个引人注目的标题无可厚非，但有的标题党不仅断章取义，甚至无中生有，为了引发网络世界中的尖叫效应而突破了底线，这就是一个坏现象。这也就引发了所谓的"后真相"，即事实信息不再重要，它引发的情绪化反应更加重要。从特朗普竞选总统期间的偏激化美国舆论，到现在中国网络舆论事件中不断出现的反转，都提醒我们这种状况。

在"后真相"之外，我们更应警惕的是非真相和反真相，简单来说就是谣言。把关人缺失，谣言也获得了更大的驰骋空间，再加上网络水军的泛滥，网络舆论操控的常态化、规模化和产业化，舆论状况中充满了危险系数。因此，通过对信息进行更精确的数据分析与事实验证，人工智能应当成为智能的把关者，并促进媒体领域的变革，扼杀谣言，在海量碎片化的资讯中，还原消息的精确客观。

第三，拟态环境具有一定的具象化（expressive）。如何把握人的主观世界和外在客观世界中的关系，已成为智能技术在现实和虚拟边界中进行创新的新命题。柏拉图曾经讲过一个寓言被称为"柏拉图的洞穴"，他说我们就像被关在山洞里的囚徒，被锁链捆绑着，面向山洞的石壁，在我们身后燃起一堆火，把我们身后事物的影子投射在石壁上。我们究竟看到了什么？是真实的世界，还是它的影子？在沃尔特李普曼根据这一寓言，提出了"拟态环境"的概念，"拟态环境"是指大众媒体塑造现代人的影子世界。如果说报纸可能形成拟态环境，那么它还是文字的、抽象的。目前，随着虚拟现实技术的不断扩大，全息世界的来临，影子世界由隐喻变为现实具象化。用户能否在"坐地日行八万里，巡天遥看一千河"的时候，对外部客观世界的全貌仍能以批判的态度加以认识，防止人类进入自己的陷阱，这样才能和实际相联系。培养用户的批判性媒体素养也成为社会的一项重要工作，迫切需要被提上日程。

我们从信息茧房、舆论极化、拟态环境的具象化三个角度反思了智能新闻。值得我们反思的现象还有很多，比如隐私权的问题、被遗忘权的问题等。一句话，人是拥有一种理智的动物，但是技术迷思会淹没理智。马克思·韦伯谈到了工具理性和价值理性的冲突，如果说工具理性是人创造的工具变成了人的主宰，那么，价值理性才能保证工具真正服务于人的发展。

在智媒时代来临之际，思考当代人类最有价值的方向，根据这种调整技术的趋势，人类特别是要用价值理性来平衡工具理性。工具的功能与人的行为，确保了智能科技在人类社会中成为更高的媒体，也带来更美好的将来。

第七章

智能媒体传播的核心：社交网络

社交网络（Social Network Service）即社交网络服务，社交网络有三层含义，分别是社交软件、社交服务以及社交站点，由于四个字组成的短语组合与中国人的组词习惯相吻合，所以人们习惯用社交网络来代替SNS。

网络社区是指网络的沟通空间，包括BBS/论坛、贴吧、个人知识发布、公告栏、讨论、小组、个人空间、无线增值服务等多种形式，将具有共同兴趣的访问者聚集在同一主题的网络社区中。网络社区就是社区数字化和网络化，简而言之，就是一个规模较大的局域网络，其内容包括成熟的社区，它涉及综合信息服务功能的需求，如经济、娱乐、生活、工作等方面，同时在电子商务领域与所在地的资讯平台展开全方位的合作。

第一节　走进社交智能时代

一、从"公共社交"到"私密社交"：Facebook 的转型

提到国外的社交软件，Facebook 一定是不可缺席的存在。美国投行及资产管理公司 Piper Jaffray 在 2018 年秋季发布的最新报告中显示，当下，只有 5% 的美国青少年认为 Facebook 是他们最喜爱的社交平台。同年 3 月和 4 月进行的美国青少年调查中，有 51% 的被访者表示他们使用该平台，而这一数字远低于 2014 到 2015 年的 71%。

面对这一现状，Facebook 的首席执行官马克·扎克伯格在 2019 年 3 月发布了一篇 3200 多字的博文，题目为《从注重隐私的角度看社交网络》，文章不仅明确了 Facebook 旗下的所有消息应用，包括 Whats App、Instagram 和 Facebook Messenger 都将进行端到端的加密，同时，通过打通后台，便于跨平台的使用者进行消息收发。此外，为了让使用者在 1 个月后或 1 年后能自动销毁记录，增加消息自动删除的设置。马克·扎克伯格相信："通信的未来，将越来越多地转向私人的、加密的服务，在这种服务中，人们可以确信他们对彼此说的话是安全的，他们的信息和内容不会永远被保留。"而这就是他希望他的团队所能帮助实现的未

来。除了声明 Facebook 的最新动向之外，马克·扎克伯格更是在文章中阐释了未来社交媒体的发展趋势，那就是大众社交领域将转向以私密交流为主、以小群聊天为主的模式，而不是公开分享的照片和信息。马克·扎克伯格还表示："将来 5 年内，我们将看到基于私聊的所有社交网络对这些社交网络进行重新组合。"人们越来越喜欢小圈子聊天或一对一沟通，而并非把自己的想法公之于众。

传统的社会空间，被分为公共领域和私人领域，且二者界限较为清晰、不易混淆。但随着互联网的普及和社交媒体的发展，社交空间也发生了变化，公私界限变得模糊，甚至在私人领域出现了公共化的趋势。传统的公共社会网络，基本是以公开透明为核心，公开的信息与社会关系网、公开的个体兴趣等。同时，基于熟人机制，逐步向外延伸并进行关系拓展，最终形成一个任何人都可以分享信息的通用开放性平台。

但与此同时，泛社交的传播特性已经背离了很多用户分享信息的初衷，因为公共社交的发展本身的弊病越来越突出。同时，为了吸引更多的眼球和转发，"标题党"大量涌现，无聊低质的内容甚至恶俗的配图充斥着我们的日常生活。社交网络在网络信息化的时代背景下，一定程度上改变了传统社交模式，为用户带来了一种极其便捷的新社交模式。但如果网络渗入到不同的用户，则会造成一系列的问题，如用户的隐私泄露、被人窃取。

此外，为了在流量大战中取得一席之地，许多人在不断突破脑力极限的同时也不乏在社会道德的边界线上进行来回试探，用户隐私和安全等问题激增。回归用户体验层面，有调查显示：30% 的青少年表示他们不用 Facebook 的原因是因为他们的父母也在用。从 Facebook 朋友关系的研究中我们也可以看出，不将父母加为朋友的年轻人，尤其是学生的用户占据了大部分。而其中原因则是他们在该社交媒体上"公共领域"所发布的信息并不想与父母分享。而这一现象其实离我们也并不遥远，回想一下，自己有没有在发朋友圈时反复思考对谁可见，对谁不可见呢。这种公共社交衍生出的不适，也恰恰为现有社交模式的转型提出了新的要求。经常用微博、豆瓣、Facebook、Twitter 的用户可能会发现，我们是很难控制自己发布信息的传播方向以及最后的传播效果的。有时候，也许你只是想表达一下某种情绪，或者向自己的关注者朋友们吐个槽，并非有意制造广泛的关注和影响。但如若你的言论、图片等各种信息恰好具有一定的争议或传播性，按照目前流行的设计机制，比如转发或推荐，你的言论很有可能被成千上万的人看到。在达到信息引爆的同时，其引发的连锁反应以及产生的影响很有可能超过你的想象。而当公共社交的传播效果愈发不可控的时候，想随性表达自己的观点和看法就变得越来越难。人们在公共领域进行情绪性表达，展示生活化的本真一面时，限制繁多，顾虑重重，在经过多次试探后，真实的声音也只好逐渐被掩盖、隐藏起来。

而私密社交的服务，其目的是为人们提供了一个无需具备严谨的逻辑和清晰的语言就可以表达内心想法的场域。就如同平常和朋友相处时所做的，我们回归到了一个自由且舒适的地带。它以强关系需求为核心，在弥合了无隐私化和泛社交化的同时，给予用户在分享信息的类型和尺度上的自主性，增强了信息的有效传播和深度传播，免除了信息泛滥所带来的诸多弊端。当前，主要有阅后即焚、熟人匿名、熟人实名、陌生人社交网络等各种模式的私密社交功能区。它们区别于传统公共应用模式，"私密化"特征十分明显，它不仅能形成私密安全的人际传播和群体传播模式，也确保了传播过程的安全性。个人的社会关系已从无方向拓宽人脉、广泛的互动出发，以帮助使用者掌握交流渠道，进一步塑造属于个人的私人社会圈，不断深化现有的人脉关系。

另外，对公众的传播与政治的传播，私密性社交网络在一定程度上也是民意的"回音壁"与"晴雨表"。而主流的组织内部传播平台也逐步转向使用私密社交网络，进一步推进了公共社交向私密社交的转型。

虽然如此，私人社交网络究竟是"私人领域"还是"公共空间"，争议依然不少。我们还是要注意到，由于私密社交的隐蔽性所带来的治理盲区以及不良信息管控等方面所存在的隐患，因此我们必须从整体上看待私营社会网络的整体发展，为促进社交网络的不断升级和进化，科学地建设个人社会网络的管理体制。

二、从"六度分割理论"到"智能社交"：今日头条的"Ta 在"

"六度分割理论"是一种数学领域的猜想，称为六度分割理论，也叫"小世界理论"。它认为，你和任何一个陌生人之间的间距不会超出六个，即你可以根据最多六个中间人来理解一个陌生人。

这个理论来源于 20 世纪 60 年代耶鲁大学的社会心理学家米尔格兰姆设计的一个连锁信件实验。他向居住在内布拉斯加州奥马哈的

160人随机传送了一个连锁的信号。信中放有波士顿股票经济人的名字，信中要求每一位收信人将这套信寄给朋友，这位将收到信的朋友是他们认为比较接近那位股票经济人的人，朋友们收到信以后，也按照这样的方法继续寄信。最终，大部分信在经过五到六个以此类推的环节后，都到达了这位股票经济人的手里，由此有了"六度分割理论"的概念。这一环环相扣的实验反映了一个似乎普遍存在的客观规律，即凡是经过"六度空间"就有可能联系起来社会化的现代人类成员，绝对不存在毫无关系的A与B。"六度分割理论"并不是说，人与人之间的关系都要经过六个层次来实现，他强调的是：任何两个素昧平生的人，总能通过某种联系方式，产生不可避免的联系或关联。

社交媒体上的用户行为区别于一般意义上的社交，为人与人之间带来了更多的联系，也激发了更多的沟通。但与此同时，也带来了信息超载和沟通超载。"信息气泡""信息茧房"相信大家都已经不再陌生，那么沟通超载又是怎样一种危机呢？简单来说，社交媒体为我们带来的信息已然不仅仅是信息本身，随之而来的还有对获取信息的渠道以及信息源的关注。因此，我们收到的信息将超过以往任何时刻，我们所面对的也不仅仅是信息本身，更是人和人与人之间所产生的一切关系联结。面对这样的"超载"问题，"智能社交"被提出，更有人称为"社交媒体2.0时代"，其已经缓缓拉开了帷幕。

在这样的时代背景下，不得不提到的就是依靠推荐算法技术，在残酷的互联网竞争中成功突围的今日头条。它改变的不仅仅是传统的传播方式，更重要的是让内容的传播从传统的媒体进入到新的媒体社交时代。然而随着推荐算法大行其道，其内在的，比如过度依赖标签的内容推荐以及进一步导致的捆绑式信息茧房的产生等不合理之处也日渐显现。而就是在这样一个头条系App面临着推荐算法危机的时刻，基于智能算法技术的"Ta在"似乎提出了一种全新的可能性。

"Ta在"的核心技术是在具备自我进化能力的AI技术基础上所实现的全新的群体人工智能算法。不同于头条推荐，这种算法是无标签的，也就是说，这种算法不基于对人或内容的分析，而是通过分析和统计用户的行为模式，学习人的智慧、直觉和知识判断，正是基于这样的群体智慧，平台才能更加全面地理解用户。这种算法能够实现自我生长和演化，从而解决了推荐算法所带来的固化标签和限制个人发展的问题。就像官方所说的"Ta在"那样，他们打破了朋友圈的束缚，利用团体的智能算法，超越了关系链、标签化的沟通方式，让用户自由表达立体完整的自我，即使不是大V，发布的好内容也能被世界看到。基于兴趣匹配的推荐，找到心灵相通的同类。

"Ta 在"在本质上，其实是一个智能社交媒体平台，并推行着一种不同以往的"零式社交"。"零式社交"旨在回归本质，从零开始，并实现知识和内容的传播最大化，让信息到达每一个想看到它的人那里。传统的社交网络中的社交意味着建立关系链，然而这种社会媒介所面临的问题却是：关系越复杂多样，信息的传播受限就越多，用户就愈是不敢评论、不敢点赞及发言，甚至还做出了极端的做法，比如关掉朋友圈这种做法。而这样做的结果，是内容无法进行有效地传播。那么，最后充斥于社交网络的内容，相信也只能是折中而泛化的。基于这样的考虑，在产品设计上，"Ta 在"舍弃了关注链，即不再追求传统的粉丝数量。这种思路可以说极大地颠覆了社交媒体中对"社交"的传统定义。

"Ta 在"还为自己设定了一个名为 CIQ 的数值，并用它来描述平台的智力水平。个人主页上的"Ta 在"指数与应用首页界面右上的"CIQ"等都会展示算法的智能演变，并会展示它们对用户的认知。也就是说，如果"Ta 在"平台 CIQ 数值为 18，这就说明了"Ta 在"的智能水平相当于一个 18 岁的人类。而当演化逐渐趋于稳定后，就会形成较为严密的知识结构与人际结构。而当这种关系越来越精准和清晰之后，"Ta 在"就会最终形成一个庞大的知识体系、知识图谱与知识库。日帖被标记为七色符号，粉红代表主流，冷色调代表小众，流行、资讯、知识等多个类别分别用从暖到冷的颜色来表示。据开发团队表示，这样设定的目的是为了让更多对具体内容感兴趣的人能够及时看到这则资讯，从而加速精准的长尾资讯的分发。

"Ta 在"通过图片、文章、链接、提问等方法，利用自带生长性的算法，启发使用者对自己的观察、感受及对世界、自我的看法。而通过与系统的互动，平台就会熟悉用户、体会用户、理解用户，为用户构建完整的自我时间之余，还可以为用户寻找、发现及连接更多用户都没发现的自我内在。用户在"Ta 在"上做出的行为都会反馈到机器学习模型之中，用来对用户的阅读习惯做更精准的画像。换句话说，每位"Ta 在"的使用者均为提升系统智能的培训师，这种类似于养成类游戏的参与感，赋能于人工智能算法，可以有效地激发用户创造内容的积极性，并由此产生相应的期待感。要防止单一信息源束缚人的判断、价值和审美，用户难以预料今天会看到什么，这在某种程度上打破了信息气泡。

此外，为了避免社交捆绑，在"Ta在"平台上用户并不能关注和私信对方，加强了用户的保护隐私方。"Ta在"还设有一个合拍键，它能为使用者提供"臭味相投"的合作伙伴，这依赖于演化和理解算法。算法判定用户者和另一人"合拍"时，会开通一个3个小时的聊天窗口，供两位使用者，但是3个小时后，每个人都会重新陷入茫茫人海。正如"Ta在"一直对外宣称所言，这是一场伟大的社交实验。

尽管对于"Ta在"能否完整还原用户兴趣爱好这一问题仍然存疑，对其缺乏指向性所导致的用户发帖动机仍需要深入研究，用户发布的内容如何与"知识"画等号还亟待考证。从兴趣到社交的飞跃，还需要漫长的信仰过程，也许现在还难以断言。但"Ta在"无疑打开了一扇不同以往的私密社交的新大门。它所通向的世界有着无限的可能性，等待着我们去探索，更多的未知等待着我们去求证。与此同时，更要时刻从理智、客观的视角来审视我们已然"赖以生存"的社交媒体。在复杂多变的人际关系和纷繁无尽的信息裹挟中，不断地保持着清醒独立的生活节奏。

三、从"人际互动"到"人机互动"：百度"丘比特（Cupid）"

"人机互动"是指人与机器间的交互，实质上是指人与电脑的交互，或能理解为与"包含电脑的机器"间的交互。

在我们当下的生活中，人机互动早已经不是什么新鲜事，比如，语音呼叫小米旗下智能音箱"小爱同学"来查询天气、交通导航等；可穿戴物联网设备——智能运动手环、血压测量仪、心电图仪、体感遥控器等。无论是商场导购的机器人，还是带上VR眼睛进入虚拟世界的互动沉浸体验，抑或吸引全世界目光的Alpha Go围棋对决。人类与机器之间的关系的关键词，已然不再是在工业化背景下的类似于"使用""效率"等单一的表述。而随着人工智能技术的发展，人际互动的场域被搬离至无限的网络平台和虚拟世界之中，与机器的"亲密接触"逐步成为人们日常生活的常态，并且渗透进社会交往的细枝末节之中。

如果你有看过获得第86届奥斯卡最佳原创剧本奖的电影《她》，那么一定会对那个陪伴作家甚至与他谈起恋爱的AI声音伴侣萨曼莎印象深刻。想必，在人工智能发展的道路上，无论是与机器人恋爱，还是做恋爱中人们机智的参谋，人类一定出现过将其与"爱情"结合起来的念头。而就在 2019 年 4 月，百度官方正式宣布，一款名为"丘比特"的社交软件全新上线。恋爱中不断猜测和揣摩对方在想什么，几乎是恋爱中人们的必修课。而适合于改进情侣关系的"丘比特"，它可以把微表情识别、视觉分析、智能建议等功能集中起来，在恋爱社会领域进行一次新的研究，并以百度大数据、云计算、机器学习等技术相结合，与 AI 视觉和交互相结合。2018 年，百度大脑的人脸识别预测接口上线了，通过该接口提供的智能技术，用户可凭 AI 技术识别面部 7 种情绪。根据循证基础算法及深度学习人工智能算法，在经过前期超过 10 万张微表情数据训练后，"丘比特"可对目标对象的动作及微表情进行精准识别及标注。在了解和分析对方的实时情绪和心理后，"丘比特"还可以在毫秒间，以智能语音交互的方式为使用者提供最佳策略建议。

可以说，随着人工智能技术的发展，人机互动已然在很大程度上更新了原有的人际互动模式，成为人们生活中重要的互动途径。一方面，人机环境的和谐交互将使它们处于一个自然融洽的状态，以交互感、沉浸感和在场感为基本特征的虚拟现实和增强现实技术，彰显着实时的三维空间表现力，提供着自然的人机互动操作环境，不断地带给人们身临其境的感受。虚拟与现实的界限也逐渐模糊，甚至交融为一体。但是，在另一方面，这也透露了一项骇人的事实，随着人机互动机会的增加，人际互动方式也不知不觉趋于非人性化。

人类在与人工智能系统沟通时，无论是请求或者回应，都快要和机器人一样简短。而这一趋向，久而久之则会彻底改变人际交往的用语习惯，人类开始适应智能系统所习惯的关键字词。比如，我们在使用搜索引擎时会直接说"北京冬奥会"，而不是说"请帮我搜寻北京冬奥会的照片和信息"。与此同时，人工智能系统也开始猜测人类想说的话，贴心地帮忙输入完整的句子，更加会根据语言习惯，减少需要输入的文字数量，以提升沟通效率。但这样的做法，无疑也窄化了我们用词的丰富性，在减轻我们苦思用词负担的同时也牺牲了个人的独特性。机器人学教授 Guy Hoffman 就曾表示：现代人说起话来越来越相似，也越来越可以预测。大家可以预想一下，当我们平日的沟通变成了指令的下达，人类的沟通趋于一致性，那么人类的多样性和未知性是否也将不复存在呢？

随着人机互动的发展，诸如此类的质疑声也层出不穷。而对于许多研究者而言，探讨人工智能的进场为人类、社会和传播等各个层面所带来的影响，与以往对于技术与人类关系的研究模式有着一定区别。人机交互的传统意义研究，多从社会心理学的角度切入，并且与人际交往有关，倾向于在人机交互领域应用人与人交互的理论和机制。然而，人工智能的相关应用，已然不再是单纯地作为客观的客体机器，而是具有自主思维和学习能力的全新对象，所以，将人机关系放在二元对立结构中加以讨论已然不够准确。

从哲学层面来看，在历经米歇尔·福柯、尼采、笛卡儿和康德等人对早期人文主义思想的反思和清算后，后现代哲学对人文主义又进行了新的解构，试图突破较为狭隘的，暗含文化霸权和欧洲中心主义思维模式的"大写的人"。因此，在当下的人机互动研究中，研究者开始尝试打破以人或者机器为中心的视角，不再将机器作为"人本质力量对象化"的产物，而是建立起一种相互交融、渗透的"主体间"关系。人机互动中的动态价值，也就此逐步营造起来，成为人际互动过渡到人机互动的关键。从起初人的双手被机器奴役，各种能力被机器剥夺，到人工智能解放了人的身体，人机互动绝非仅仅局限于信息的生产与传递，互动过程中所涉及的还有情绪、情感的交流和身体的感知等多种复杂的关联形式。人机互动开启了全新的互动模式，人与机器之间的关系也出现了全新的转机，研究者们的视角也逐步从主客对立转向一种间性思维。

总而言之，人机互动的出现并非与人际互动形成了完全的割裂和替代关系，如何借助它转向更深层次的关于主体间的情感转向和身体转向，探讨人与技术之间即将生成的新的关系结构，都将是人机互动时代的全新命题。面对未知与将来，更加需要大家进一步发散思维，进行深入的思考。

第二节　智能社群无处不在

社交网络已成为人工智能的一个热点，无论是 Facebook、今日头条还是百度，越来越多的社交平台都在积极拥抱人工智能，走入社交智能时代，提供智能服务。智能服务无论是对用户的显性需求还是隐蔽的需求，能够自动识别出来，并且提供满足用户需求的安全、积极、生态、快速的服务。接下来，让我们以智能社群为出发点，继续来看看社交智能化的一些新趋势。

一、用声音连接物理世界

声音是如何成为日常的智能交互入口的？环顾四周，大家可能会发现，现今我们的日常生活已经越来越离不开智能语音服务了，无论是微信语音信息、智能手机语音助手，还是以"小度小度"为代表的智能音箱，这样的聊天机器人的对话能力，是基于对网络上海量的公开数据的挖掘而来。不同于早期的专家系统的训练，即教人工智能说话，今天的聊天机器人依赖于人工神经网络技术，人机对话的算法是在网络数据中摸索而产生的，从而在面对各种奇谈怪论时，提供人性化的应对措施。

对此，让我们来看一下智能语音行业的领军人物"小微"是如何起航的。"小微"是由微信 AI 团队提供的智能服务系统，也是一个智能服务开放平台。接入"小微"的硬件，在听觉与视觉方面都能快速地发挥感知的能力，帮助智能硬件制造商实现语音人机交互和音视频交互服务。从播放音乐和视频开始，听有声新闻、查询天气情况、学习外语、展开聊天、设置事件提醒、设定时间闹钟等，在使用"小微"时，仅需说一声"小微"。"小微"还可以与调节灯光、空调、电视的各类智能设备进行控制，小微还能通过图像识别技术认识很多东西，这看起来很酷。

正如目前微信自然语言处理和语音识别功能研究团队所强调的，本着让世界更开放连通的宗旨，语言服务是社交软件的必经之路。

"小微"的 AI 语言能力还体现在以下四个方面：

第一，语音识别，通过心理学与语言学的同时运用，通过设计开发神经网络，在内置芯片的性能保障之下，把文字智能地转化为自然语言流，属于人机对话的一部分，实现让机器说话的功能。

第二，情绪识别，通过特定的算法，分析用户语言指令的情绪情况，同时语言的情绪识别可通过可视化的表情反馈在有屏设备上。

第三，实时翻译，支持中英两种语言的实时翻译功能，可以进行语音播报。

第四，人机对话，在提供了足够多的对话数据后，小微能够帮助用户提供基于该数据的机器自动对话能力，应用于个体对话智能、客户服务智能、聊天协助插件等的开发与制造。

正如微信团队所坚持的,对话是天然的交互方式,而机器人正是对话交流最好的载体。与此同时,机器人也要是一个实体,要有感情,要有个性,要为使用者提供服务,在此领域,微信具有永久在、用户画像、大数据、服务闭环等优点,人和服务,人与人通过人工智能机器人与人工智能机器人相连。同时,对千万服务号提供自动、实时、智能服务微信的机器人的研究也已体现了这个观念。希望有朝一日,它可以解决用户生活中出现的一些问题,可以成为用户的知心朋友。

二、从"志同道合"到计算

接下来,让我们重新审视自己的社交网络,看看它在智能化进程中又呈现出了怎样的新趋势与特点?

大家可以分别打开自己的 QQ、微信和微博,看一下自己在这三个平台的好友名单。我们不难发现,不管是在封闭的社交媒体平台,比如 QQ 和微信,还是开放的社交媒体平台,比如微博,我们与他人建立好友关系,遵循两个原则:熟人法则或寻求志同道合者。我们的好友名单里,既包括我们在现实生活中有交集的人,从父母、朋友、工作伙伴,再到美发师、健身教练等,亦包括在现实生活中素未谋面,却有着相近的兴趣爱好的人,比如共同加入某读书群、妈妈群、驴友群等的成员。

在这样的基础上,让我们继续设想两个实例。

实例一,人们购买物品后,会发表自己的购物经历,为刚买到的东西打分及评价,以个性标签为商品标注对自身的意义,并在博客或新闻网站评论其他提及该商品的内容,这些行为就会帮到想要购买同样商品的人。在这个实例中,一个新的层级被引入到网络化的个体社会网络中,即受众层次。它与一个弱的联系层是紧密相连的,在这个联系层里,哪怕是素不相识的人,也能发挥建设性作用。网络化的个体,不管是线上和线下,还是二者的结合,都可以按照自己的兴趣,共同创造一个新的群体。他们还可以利用社交媒体,例如微博,发现和自己有交流的人,去接触他们。

实例二,彼德和特鲁迪组建了一个关于爵士音乐家 Kurt Elling 的交流平台。他们领导着一个关于 Elling 的会议,发布文章、新闻、评论和个人信息。同时,他们也在其他人的个人主页上留言和评论支持性内容,竭尽全力地维持着这个社交网络的活跃。

网络化的个体在参与社交网络的同时,也在这些群体中发挥着与之相适应的专业化作用,许多人际关系是建立在一些特点上,但这些特点并不是单纯的性格。举个例子,一个社会网络,涉及个体的健康、朋友关系,也可能包含专业的信息和专家报告中的信息提供者、家人、同事、邻居,支持组织的线上及线下会员,一些能提供帮助的陌生人人。

以个人的喜好、信仰、处世方式、职业、兴趣爱好等特征为依据,游走在不同的关系圈子的网络化个体,能形成独一无二的多重身份认同。比如,在不同的环境下,网络化的个人可能是一名律师、心理治疗师、研究院、环境保护者、软件开发程序员等,而一个人在参与多圈子的过程中,始终都会保持最核心的自我。

网络化的个体使工作机构更加分散分布,互联网和移动革命使距离间的协作和控制变得触手可及,所以商品和服务能来自很多不同的地方,文档、图样成为随时都可以方便获取的附件或存于网络或云端。

以上两个案例,代表着社交媒体 2.0 时代的网络化个人主义,这个理论是由加拿大传播学者 Barry Wellman 提出的。网络化个人主义（互联网个人主义）是一种全新的社会关系结构,指在社会关系网络中嵌入的社会交往单元由团体转为个体,或者说,社会交往的单位从一个团体转变为一个个体,这种个体可以负荷多元化、交叉的社会关系网络,每一个人在多个子网络中运行分离的、能够根据自身的需求快速转化的、独特的个人化的网络。新兴媒体技术,如互联网等,其实已经进入某种意义上的半智能状态,只是仍然需要用户自行挑选,这就帮助每个个体建立属于自己的个性社会关系网。

我们再来进入第二个场景,比如说我之前有一天在微博发布了几条关于宝马的信息,第二天就收到了宝马的广告,第三天收到宝马、丰田、奔驰三家的广告,显而易见,我被定义成了一个典型的汽车用户爱好者。那么,这是不是智能媒体? 很明显,这无疑就是智能媒体的体现,但它却是智能媒体的初级阶段。那么什么才可称得上是智能媒体社交呢? 那便是将机器学习与人工智能相结合,推动基于大数据挖掘的用户行为向更为智能的方向前行。

我们下面将以微信为例,这是一组用户画像,利用大数据挖掘和深度学习我们对用户的基础信息,对性别、年龄、兴趣标签、社交网络、公众号关注、短期兴趣及其他数据进行编码,对用户特征进行标签化并通过已知样本在另一个集合上去找相似的样本。这样做的一个重要意义在于：通过计算我们可对人类传播进行编码，使人类社交行为成为商业资源。比如通过对一款微信游戏类小程序的用户流失分析结果的可视化展示，可以看出用户流失的主要原因在于学生用户接近期末考试，通过科学计算还可以对这些用户进行聚类，右上角是二维码平面的可视化聚类结果，这有利于运营商根据各个群类的特点制定相应的运营策略。但这样一来，我们不禁又会思考，当我们运用大数据改造产品的时候，到底是为了窥伺用户还是为用户提供更高的价值。无论我们上什么网站，用什么社交产品，我们感到当我们自己把足迹留在那里的时候，我们觉得自己是在被窥伺？被算计？还是获得了更好的用户体验？基于算法的人类社交真的是一个好的趋势吗？

三、社交机器人

水军长期以来都是网络的暗箱，但与以往在天涯和猫扑发帖的"五毛党"情况相比，虚拟世界的社交机器人则是一群更加秩序化和神秘的水军。社会机器人（Social Robot）是一种自动控制社会传媒账号的电脑程序，能够像用户那样，在社会平台上发布或转发特定的话题，给这些内容评论、点赞，甚至还可以参与网络对话和讨论。

首先，我们来了解一下什么是社交机器人，社交机器人是一种能够在社会媒介平台上运作的可以自动产生内容的自动程序智能机体，是一种具有数字社会空间中的虚拟机器人，它真正参与人类的社会和无物质实体，他们可以通过模仿社会网络中的其他实际使用者获取人性，也可以与其他平台使用者进行自动沟通和对话，更新它们的社会状况，以及自动发送及接受好友请求。

社会机器人是一种能够遵循与自身的身份相符的社会行为和准则，并且与人或其他独立的实体互动与沟通相结合的自我机器人。这一定义意味着，社交机器人必须具备真正的形态，而不是仅仅在数字世界中发挥作用。近几年发展起来的机器人，有些机器人的头还是用屏幕来显示。这种机器人在我们现在的概念中可以说是基本不合格的，如果机器人的躯干只是为了承托屏幕，那还谈何机器人，但这种机器人如果有机动能力的话，并且有感应的功能，这种系统就可以视为机器人。

那么，我们该如何辨别社交机器人呢？确定是机器人的三个关键指标是匿名性、高度活跃性以及对于特定用户、话题、标签的扩印放大。

第一，言论模式的一致性。即可以看言论模式是不是一致的，由于机器人需要算法支持，所以经常被设置为相同的言论模式，如果在社交网站中你遇到几个账号的说话风格一模一样，那这无疑是社交机器人在和你互动了。

第二，发帖内容的单一性。因为大部分社交机器人就是简单的计算机程序，他们没有办法生产出原创内容，所以，多数社交机器人会发布一模一样的帖子内容。

第三，账号名称的相似性。社交机器人的开发者会在给机器人命名的时候采用相同的账号名模式，最具典型的就是很多社交机器人会使用由算法生成的字母与数字组合的账号名。

第四，创作时间的相近性。很多社交机器人会在相同的日期被创建出来，如果你遇到几十个在同一天或者是同一周内建立的账号，那这些账号大概率就会是社交机器人了。

第五，账户行为的单一性。通常情况下，账户高频率发布动态或者留言互动，那么此账号也有很大可能是社交机器人，因为这并不是人类的行为模式。如果多个账号进行一模一样的行为任务，或者参与互动的方式一模一样，那这些账号也很有可能就是机器人。还有大量不相关的账号关注同样不相关的用户，这也可作为判断是不是社交机器人的很强的指标。

第六，账户位置的单一性。很多机器人账号在发布内容或者参与互动的时候，都会分享同一个地点。

一份最新的美国研究报告表明，在2016年美国大选期间，许多有关语言来源于社交机器人。研究人员通过测试算法发现，大选相关推文中，来自社交机器人的推文比例约为19%，南加州大学信息科学院科学家埃米利奥·费拉拉说："已有多项研究结果表明，从网络上获取信息，会影响人们的看法，所以，社交机器人能够发挥重要的作用，左右人们的看法。"牛津大学互联网信息研究院菲利普·霍尔德教授也说到"机器人账户在未来将会被人们以更复杂的方式使用，用以左右舆论、模糊真相，并伴随着假新闻的宣传"。美国大选中社交机器人的做法也有力地说明，在政坛中，机器水军把网友的政见催发得更为偏激，甚至会形成难以控制的社交媒体连锁效应。

电脑专家中考虑了机器水军的顾虑，提出了一种方法，可以识别这些机器人。比如,机器学习算法与 AI 技术的应用,可以对疑似机器水军的对象及网络社会关系进行分析。但是,要从技术上将这些机器水军揪出来,还是更容易出现,但要确定背后人,有困难还是较大的。电脑专家认为,许多机器水军可以被政党、政府,甚至个人使用,事实上,已有现成的工具在网上,能创造出不同智能程度的社交机器人。

除去政治领域外,社交机器人还可入侵我们的日常生活中。人类从来都不缺少想象力,相信对未来的另一半,你曾经有过许多美好的畅想,对热恋中的他(她)也有过各种各样的憧憬。网络发展日益发达的今天,人们更多的时间沉浸在网络上,很多人通过网络来寻找自己的另一半,比如世纪佳缘、百合网。关于世纪佳缘 BOT 聊天机器人是怎么做的,知乎上曾经有人问过,其中得到最多点赞的回复就是如此:很多人担心世纪佳缘做一个 AI,是不是想让机器人跟用户假聊。真的并不是,虽然机器人的确可以用来辅助用户和异性进行交谈,但世纪佳缘全部信件由用户触发后发。当两个素不相识的人聊天时经常会出现冷场,不知道要说些什么,可以为世纪佳缘开发专门的聊天机器人作为导师,每一个用户都可以来使用,它可以建议用户接下来该怎么跟对方聊,提升用户的沟通能力。人工智能既然能为用户聊天提供辅助,也许有一天聪明的社交机器人也可以完全取代用户,像真实使用者一样去聊天和恋爱,但人们很难判断,其实和他们聊天的仅仅是一个社交机器人而已。

微软小冰实际上已经具有这种能力,它完全有能力在虚拟世界中伪造和人类谈情说爱的身份。这里,我们首先不会妄自揣测微软社交机器人是否会干这种事情,只就实际可能性进行讨论。

以未来之殷鉴有关智能技术带来的危害,还可以举出很多例子。我们应当指出,社会机器人在技术上的突破与应用,模拟人们的情绪交流行为,使其趋向更加深度、商业化、理性化的情感劳动市场,促进人们的机器化、算法化、工具理性化,从而替代人们的情感劳动。私人领域的人情归属被资本商品化,被进一步理性化,在技术的驱动下实现自动化,情感交流被社交媒体平台纳入市场,成为市场,使用钱就能买到,人们的情感就能被计算、被编码、被拷贝,接着,就是估值、生产、销售,最后变成了资本市场的一部分。

最后,我们关注的是,具有危害性后果的事情是,有人试图通过控制社交机器人来影响人们真正的社交,并想方设法地影响百姓投票,影响人们的观点,觊觎用户的隐私信息。

第三节　智能时代的社交网络新生态

在智能技术驱动下,社交网络是否呈现出了新生态呢? 在今天的智能时期,社交媒体已成为商业平台数据库和算法聚合体。

让我们来看一下它们各自的特点,毋庸置疑,我们今天使用的每一个社交媒体平台的背后,都是商业公司。因此,我们丝毫不感到惊讶,资本控制下社交媒体在用贩卖热搜的方式,将自己的商业化、娱乐化的目标以"大家都在看"的名义口号进行着。

在资本垄断下各个社交媒体平台在干什么呢? 答案是:赚钱。那它们又是通过什么赚钱呢? 答案是:数据。我们作为社交媒体使用者,为它贡献出了各式各样的数据,比如朋友圈里分享的状态、上传的自拍、工作软文推广、自己得意的唱吧歌曲等。

社交媒体除了具备收集庞大数据的能力之外,它们还有一个重要的能力,即利用算法来处理数据,使数据产生意义。在嵌入网络平台上,该算法能够获得相关的搜索结果,例如用户所处的区域、时间和以前的活动记录,这种推荐算法提供筛选后的结果,用于个人化搜索,被称为"过滤气泡"。各种网站将用户隔离在网站的其他信息之外,就像泡泡一样,让人沉浸在自己喜欢的资讯的世界里。其实,大家在社交媒体中,每个人都生活在自己的世界里,算法让每个人都沉入自己的信息孤岛。前段时间四川雅安发生地震时,我还让三名学生同时在新浪微博中输入关键词雅安,结果三位同学的手机屏幕上,显示的是不同的新闻信息。大家也可以做一下类似的小实验,在同一个社交软件输入相同的关键词看看会发生什么。

我们接着来看一下现在的情况,移动网络发展迅猛,5G 高速网络的即将到来,大数据、云计算等技术的日新月异,智能生态系统将迎来井喷式发展,使智能产业,从硬件逐渐发展到软件平台化,由以往技术单一应用,逐渐向智能网生态系统的路径演进,值得注意的是智能技术本身具有社交属性,在移动互联时代,产品若带有社交属性,会呈现出爆发式病毒增长,人类的社交需求催生了各类应用,比如 QQ、微博、微信,连弹幕都火了几分。

很多智能硬件都是建立在社交功能或基础上的,例如个人健康监测结果可与智能手环共享;世纪佳缘的婚恋智能手环,基于社交需要求而开发;"上海语境"这个车联网企业的汽车资讯也是以驾车人社交需求为出发点,不断发展壮大。

大数据的出现让一切物数据化,这本身并没有什么质的变化,数据依旧是数据,最多也只是变成了有规则的数据而已。但是,这些资料在一定程度上加上社交,就像强烈的化学反应,形成了另一种属性——数据的价值,于是数据变得可以被估值,正是这些数据,是一种宝贵的土壤,为物联网和 AI 带来真正的价值。

仔细探究,起到了重要催化作用的,正是物物社交即物联网这一新的社交形式——社交。物联网与社交网络交融,物联网与社交网络的融合,使交通工具、建筑、商业中心等每个人都是相互联系的,信息源不断地生成,并与人互动,同时有其他人与物同时互动,会产生二次互动,也会产生彼此间的三次互动,就如同人脑对于信息的处理方式。

新的社交形式按照这个理论会经历三个阶段。第一个阶段是人与人在互联网上的互动,也就是基础单元产生的社交信息,比如,某条朋友圈的内容,你在微信上点赞。这是传统的原始社交。第二阶段是"人与物"的社交,但是以"物与物"为引导,就是广泛应用的物联网、云计算等,这个阶段可以看作是社交智能的初级表现,是在传统社交已经融合的既定成果上,社交平台推出"物的社交",如运动社区,它是基于运动手环搭建平台。第三阶段则是万物互联的智能社交阶段,这是一种新的社交形态,探索人与物形成的大社交网络。

最后让我们再回到社交机器人,因为智能化和人的关系将是一个需要持续关注和建设的领域。根据前面的内容讲解,关键信息已经十分明确,随着机器人的联网程度越来越高,加之它们可以用自然语言与人类交流,你必须对自己的沟通对象和谈话内容格外警惕。当机器人有能力记录你的一举一动时,我们还需要努力思考更多的问题,它们将会如何存储和分享这些信息呢?

一些资讯记录装置的设计初衷或许仅仅是出于娱乐的目的,但容易被拿来做比较。不难想象,这类技术很可能会被心怀不轨的人利用,如果我们周围的技术能够记录并处理语言、图像和动作,甚至可以把自己心底最深的秘密记录下来。这些信息将会去向何方？它们会被存储在哪里？谁有权访问这些信息？若以用户上网记录做参考，这些信息资料绝对能成为广告代理商的金矿。如果我们渐渐习惯了生活中有了智能装置的陪伴，我们的举手投足都是被过度曝光的。

我们希望家庭、公共场所、社交生活能把智能化设备或智能化机器人应用最安全的方法来引入。我们应当对这些智能机器保持谨慎乐观，不能一味地认为它们会成为我们的贴心伴侣，而是应该认清一个现实，我们必须与高级机器人划清界限，它们具备欺骗和操纵我们的能力，或者创办以监管智能机器人为核心目标的政策体制。

就像收音机的诞生催生了FBC联邦广播委员会的联邦广播公司一样，机器人技术进步的同时，我们可能还需要成立一个负责智能技术在社会中如何使用的专门的主体。以此，当智能技术窃取我们数据信息的情况发生时，我们就可以向这个主管部门举报，以得到一定的解决。

第八章

智能媒体传播的趋势：平台社会

第一节　平台社会的智能新机制

在前面的内容中,我们了解了智能媒体传播的核心——社交网络,接下来让我们走进平台社会,去了解平台社会的智能新机制与生态应用。

讲到平台社会,我们不得不提到一本牛津大学出版社最新出版的著作《平台社会:关系世界中的公共价值观》,作者为荷兰乌德勒支大学的著名教授 José van Dijck 和阿姆斯特丹大学媒介研究系高级讲师 Thomas Poell,以及阿姆斯特丹大学应用科学系戏剧与公民媒体研究小组讲师 Martijn de Waal。《平台社会:关系世界中的公共价值观》一书开篇讲到全世界的每个人都可以通过美国短租平台 Airbnb(爱彼迎)在国外租一套公寓,利用公共网络免费课程应用 Coursera 查找统计学的相关课程,使用病友社交平台 Ptients Like Me 相互交流病情信息,利用 Uber 预约出租车,通过脸书 Facebook 获取信息等。在现在这个时代中,各种应用平台的影响力已经渗透到人类社会的各各方面。

互联网平台的承诺是:它们提供个性化服务,有助于创新和经济增长,同时能够避开烦琐的机构或行业负担。北京大学新闻传播学院教授胡泳老师认为,从企业和行业视角来看,判断一个组织单位或公司企业有没有互联网潜力,有四个标准:首先是要有经济实力,可以是可靠又稳定的盈利机制,也可以是有充足的资金储备,经济基础打牢了,才可以拓宽市场更好地发展起来;其次是公司可以直接接触到大规模的消费者,而且这些消费者最好还是忠实用户;再次是企业可以通过用户的不断参与和有意义的参与,获得大量的有用信息,这就是和消费者进行深度的合作的结果,依靠这些数据来进行品牌建设,换言之,具有互联网基因的公司一定是进行大数据应用的公司;最后是企业要具备丰富的平台运算系统建设经验,而且应由充满生机和活力的开发人员来完成。

基于以上，我们从社会维度看，平台化社会有三大核心特征：数据化、商品化和选择化，这三大特征也是智能媒体传播的总体趋势。

一、数据化

我们先来看平台社会的第一个核心特征——数据化机制。数据用来表示客观事物未经加工的原始材料，是事实或观察的结果，是对客观事物的逻辑归纳。它可以是声音、图像等连续的数值，也可以是符号、文字等离散的数据值。数据在电脑系统中，以0和1的二进制方式来表示。

提到大数据，大家一定不会感到陌生，在我们现在的生活当中，随处都被大数据包围着，维克托·迈尔·舍恩伯格被称作"大数据商业应用第一人"，他在2012年发表了《大数据时代》一书，这本书可以说是对于大数据研究的先河之作。实际上，《经济学人》在2010年就发表了14页关于维克托·迈尔·舍恩伯格前瞻性研究的内容，里面就涉及大数据的应用，他指出大数据所产生的信息风暴正在改变人类的思维、生活和工作，同时，它打开了一次时代的重要变革，并用三个部分来说明了大数据时代的思维变革、商业变革和管理变革。而维克托·迈尔·舍恩伯格最有见地的地方在于，他清楚地指出放弃对因果关系的执念，应转向关注关联，这是大数据时代最大的改变，简单而言，人类只要知道"是什么"就够了，而"为什么"已经不重要了。这就对人类的认知方式以及与外界的交流方式提出了新的挑战，颠覆了人类一贯的思维定式。维克托同时提出，"预测"是大数据技术的核心内容，可以把人们的生活内容进行量化。

自《大数据时代》面世以来，我们不难看出，大数据已经成为新发明和新服务的源泉，而更多的改变正蓄势待发，我们不禁发现自己每天的生活都被数据包围着。举个例子，以前打车只要上街招手就可以了，这与数据无关，而如今打车平台将打车行为数据化，比如驾驶员评价、出行路径等数据。换言之，平台社会的数据化特征，体现在之前未被量化的社会的许多层面逐渐被量化成为可以被我们清晰感知的数据。在这个高度互联的时代，几乎人类的任何动作都可以被追踪到，大数据分析技术把追踪到的数据合并起来，分析得出趋势，用来辅助业务决策和改善客户互动体验等方面。

在现在这个信息时代，得数据者并能充分应用大数据的人必将赢得先机。目前,各种类型的移动应用 App 和社交媒体工具均已成为可以追踪数据信息的重要来源,智能手机定位、近场通信技术(Near Field Communication)以及 iBeacon 等技术使得对数据信息的追踪变得更加简单。

第一,智能手机定位技术。手机主要通过以下几项技术进行定位:

首先是通过基站进行定位,简称 BS,特指公用移动通信基站。顾名思义,手机要实现各种功能和操作,需要有基站的信号支持,就像氧气一样,基站信号永远充满在我们周围的环境中,这样手机才会随时都有信号。目前,三大运营商的基站在全国范围内基本覆盖了,当手机随着我们的位置变化而移动的时候,信号所接入的基站也在实时变化着,那我们就可以通过手机信号所接入的基站位置,经过数据运算分析后,确定使用这部手机的用户的位置。通过基站确定位置,是手机定位最基本、最主要的方式,"通信大数据行程卡"就是我们现在常用的行程卡,它能够确定用户的行程轨迹,就是在用基站进行定位。而在不同的空间里,手机的信号也有强有弱,这是因为基站辐射的范围是固定的,一般情况下,手机都是接入它所处的环境中信号最强的那个基站。

其次是通过无线网进行定位。现在,几乎家家户户都有无线路由器,从本质上来讲,就相当于一个小型的基站,每个无线路由器自身都配备专属的 MAC 地址,当手机接入路由器时,关于位置的信息自然就反馈给路由器终端系统了。所以,通过这种技术,你也可以请专业技术人员对家中的路由器进行数据分析,就可以看到有哪些用户接入到你家的路由器了,看看有没有人在偷用你家的 Wi-Fi,就可以把他从终端拉进黑名单里,那这个人就再也没办法连上你家的 Wi-Fi 了。

再次是通过 GPS 进行定位。在使用智能手机是的时候,一般都会安装基于位置信息提供服务功能的 App,比如地图、位置信息、导航等功能,这些服务是通过接入天上的卫星导航系统进行位置确定来提供的,只要卫星在,就一定会留下位置信息。基站和无线定位是找出位置的大概范围,位置的确定不会特别准确,而 GPS 则不一样,它对于位置的确定会非常精准,误差不会超过 15 米。

最后是手机的内置定位。在我们看来,同一个型号的手机就是一模一样的,其实不然。每一部手机在生产的时候,就已经有了自己的"身份证",这就是手机的识别码,手机识别码主要包括 IMEI、MEID 或 S/N,可以做到精准区分。手机识别码被基站检测出来后,再经过数据分析后,就可以形成该手机用户的行动轨迹了。如果你对这个感兴趣,可以试试用手机拨号键输入"〈*#06#〉",就能看见自己这部手机唯一的识别码了。所以,即使手机了没有安装 SIM 卡,或者手机处于关机状态,也仅仅是躲过了基站的信号接入定位,躲过了路由器的无线网络定位和卫星的 GPS 定位,但在一定技术的支持下,专业技术人员还可以利用手机的识别码,通过基站数据分析找到手机的位置,进而把用户的行动轨迹描绘出来。

可能大家都有过这样的经历,使用手机浏览过某个内容后,再打开购物类 App 时,这些 App 都会推荐和你刚才看过的内容相关的东西。举个例子,你刚刚在抖音上刷到了一个美食视频,并把它看完了,那它后续就会持续给你推荐与美食相关的视频。这就是大数据技术的典型应用,它基于 App 应用程序来对用户的行为习惯进行监测和分析,以此做到更了解用户,从而更好地为用户提供服务。

事实上,"精准定位"对运营商大数据而言,更具高级性。它可以实现用户区分,连消耗多少流量都一目了然,甚至可以抓取到用户浏览过的网站或 App 应用上的所有信息。同时,运营商还会获取到用户日常的通话、信息沟通、通话时长的表现、终端使用的偏好、消费数据等信息。而在获取到这些数据信息后,运营商就能分析出用户的年龄、性别、是否已婚、所处位置、手机品牌等信息。可见,大数据技术下的人类是没有隐私可言的。我们现在广泛使用的"通信大数据行程卡"也是有机定位技术的具体应用,它是由中国工业和信息化部主导,中国信通院联合中国移动、中国电信和中国联通三大运营商共同推出的,在技术变革之下,行程码先后经历了短信查询、扫码查询的升级,现在,运营商可以通过各种手机定位技术确定用户位置,随时追踪用户信息。

第二,近场通信技术 NFC,由飞利浦公司和索尼公司共同开发,是一种短距离的高频、无线通信技术,使电子设备实现非接触式的数据交换与传输。基于非接触式射频识别技术 RFID,将感应式读卡器、感应式卡片、点对点通信等功能整合到一个芯片中,通过移动终端实现移动支付、电子票务、门禁、移动身份识别、防伪等应用,并与无线连接技术相结合来实现功能,目前常见的可用于充当交通卡、充值交通卡、充当门禁卡、绑定银行卡以及两个手机一碰即传功能等。近场通信技术为我们日常生活中越来越普及的各种电子产品提供了非常安全又快捷的通信方式,也为平台提供了数据追踪的渠道。NFC 为消费者提供一种简单、直观的信息交换、内容访问和服务的简单控制方式。

iBeacon 是苹果公司 2013 年 9 月发布的移动设备上配备的新功能。作为两大热门技术在移动互联网、O2O、移动支付、场景计算等方面，最受欢迎的两项应用技术就是 iBeacon 技术与 NFC 技术，iBeacon 与 NFC 这两种技术在很多方面上都很类似。iBeacon 采用 Bluetooth Low Energy 技术，即低功耗蓝牙技术（通常所说的蓝牙 4.0 或者蓝牙 Smart），通过创建信号区，环形进入到该信号区域的智能手机的特定应用，推送特定的信息给用户，并可以提供移动支付的服务，让移动设备具有语境计算能力，即通过低功耗蓝牙技术进行一个精确的微定位。iBeacon 的工作原理可以分为简单的三个步骤：首先，iBeacon 将自己的唯一识别码通过蓝牙广播到手机上；接下来，手机 App 应用将此标识码发送到云端进行查询，进而捕获到场景数据；最后，在手机端触发动作。iBeacon 不与其他产品进行连通，却能实现智能功能，所以 iBeacon 的表现着实令人称赞。

大家比较了解 NFC 实现手机支付的原理的，那么，手机支付是如何通过 iBeacon 实现的呢？有两种方式：第一种方式是标准广播方式，消费者一旦进入 iBeacon 支付的覆盖范围，就可以通过手机程序快速找到支付对象，进行网上支付；第二种方式是 iBeacon 通常是静默的，广播方式要到付款的时候才会开始，激活手机中的 App，用户在自己的手机端进行支付。使用 iBeacon，用户体验将在小额消费场所得到很大提升，排队缴费和找零时间将会大大降低。

iBeacon 最初的设想是在室内空间触发特定事件，同时实现在室内就可以定位的功能。用户移动电话与 iBeacon 之间的跨距是可以被计算出来的，它是通过 RSSI 与距离的关系公式得出的。要引起关注的是，在近距离计算上距离计算公式会比较准确，当距离拉远，计算所得的距离的准确度就会下降，这是受到电磁波的多径效应、信号间的相互干扰、人物遮挡等因素的限制。此外，如果要提高定位的精确度，还可以利用三角等位、指纹算法等方法，但是这就需要开发人员自行探索研究了，SENSORO 公司将会陆续提供了一些值得开发者借鉴的开源 DEMO 应用和 App 开发 SDK。除此之外，SENSORO 推出的"云子"iBeacon，集光线、温度、动作感应器于一身。

在室内导航、线下商场客户感知和行为分析、实时热点统计、下一代社交网络、智能家居等方面，相对于其他技术而言，iBeacon 技术虽然出现得比较晚,但可应用空间更大。

在这种数据技术快速发展的大背景下,我们在各类社交平台网络中互相关注的好友也就不再只是简单的好友关系了,而是成了大量具有商业应用价值的数据信息。比如脸书 Facebook 内置的 INSIGHTS 洞察报告,借助 INSIGHTS 洞察报告,用户可以了解自己想要浏览哪些帖子,已经浏览过哪些帖子,浏览的帖子中与哪些帖子进行了评论、分享、点赞等互动行为,仅停留在浏览层面没有展开互动行为的又有哪些帖子,从而明智地判断主页上的哪些内容最能引起用户共鸣,这些分析结果将有助于用户构建精准受众,吸引更多用户通过 Facebook 主页与自己互动。具体而言,利用 INSIGHTS 洞察报告可以了解到有多少用户查看、点赞、分享和评论了自己的帖子,这有助于人们了解自己发布的哪些帖子更具吸引力,进而创建更多这种类型的帖子,促进广泛用户的参与互动。还可以了解有多少用户查看了自己的主页,以及这些用户查看了主页的哪些板块,然后按照年龄、性别和地区查看这些用户的详细统计信息。人们可以利用这些信息面向不同的用户投放推帖和广告,或者定制他们感兴趣的内容。利用 INSIGHTS 洞察报告还可了解用户在自己的主页上采取了哪些操作,例如访问网站或点击行动号召按钮等,这有助于我们调整主页内容,尽量采取希望他们执行的操作来吸引更多的用户参与进来。查看 INSIGHTS 洞察报告的细分数据,具体了解各 Facebook 主页帖子在特定时间段内的表现,我们将了解到每篇帖子的覆盖人数、点击量和发表心情的方式,回应帖子的人数和相关帖子类型,从而快速分析出哪些帖子表现最佳,还可以查看到年龄、性别和地区等统计信息,了解用户信息,并了解他们查看主页的时间和发现主页的渠道,这些都有助于我们有针对性地去创建帖子并获得最佳的响应状态。

Facebook 的这个案例表明,数据将助力智能传播实现质的飞跃。百度首席科学家熊辉博士对此回应称:人工智能的数据驱动时代已经来临。他同时指出:精细化的数据收集导致所有的东西都会更加清晰,这是数据驱动的主要特征。百度作为一家数据驱动型公司,也在致力于打造全生态数字化的 AI 平台,要整合数据、运算能力、算法和应用场景、开放平台这四项内容。而 Apollo 自动驾驶的开放平台,百度搜索推送平台的精细化、个性化,DuerOS 等基于百度语音技术和视频处理技术的开放平台,这些都是精细化数据收集的表现,对于这样的未来走向,我们拭目以待。

二、商品化

接下来，我们来谈一谈平台社会的第二个智能新机制——商品化。我们先来了解一下什么是商品化特征，商品化是汉语词汇，专门是指在市场经济的环境下，原本不属于买卖流通的、通过货币交换的内容，已转换或变化为可以进行买卖和货币的等价交换。平台社会的商品化简单说就是指从数据流中创造经济价值。

Airbnb 就是一个典型的例子，通过智能信息平台的建立，然后产生新的商业模式和盈利模式。近几年，共享经济发展迅速，共享经济是指有闲置资源的机构或个人将资源使用权有偿让渡给他人，让渡者获取回报，分享者通过分享他人的闲置资源创造价值。从宠物寄养共享、车位共享到专家共享、社区服务共享、导游共享，甚至是移动互联强需求的Wi-Fi 共享，共享经济的新模式不断创新，成为社会服务行业品类中的中坚力量，辐射住宿交通、教育服务、生活服务、旅游等多个领域。

共享经济可以活化金融产业的资金共享，促进社会财富的动态循环，提升社会财富的循环效率，满足更多的人的利益需要，这是共享经济所具有的优势。Airbnb 从十年前共享一张气垫床开始，到现在，为全球 192 个国家提供住宿渠道，服务了 500 多万游客，成为全球著名的共享住宿短租平台。Airbnb 近几年的发展可谓是共享界的代表，这是难以想象的。

随着共享单车在中国带动起的共享经济浪潮，贴合共享住宿概念的Airbnb 加快了在中国本土化布局的步伐，逐渐融入中国市场，同时，依据中国消费者的兴趣及喜好不断进行相应的调整。2018 年，Airbnb 在国内市场的增长，已经超过它业务总量的一半。除北京、上海等一线城市预定量持续攀升之外，Airbnb 在中国一线城市以外的房源预订量比去年同期增长了 170%，国内房源数也比去年同期增长了 2.5 倍。

Airbnb 不仅是一家旅游公司和网络社群公司，更是一家技术公司。在发展初期，Airbnb 通过自己的"机器人"靠克雷格列表网站（CraigsList）的回流撑起了共享住宿的人气。目前，Airbnb 在数据技术、人工智能和机器学习等方面逐渐成熟，既建立了专业的人工智能部门和机器学习开发团队，也开发了可以提升建模训练、特征提取、在线预测、离线评估、模型部署等工作的通用机器学习平台。目前，Airbnb 在市场定价方面得到了广泛的应用，与此同时，在搜索排序、反欺诈、评价房源质量及理解自然语言方面也稳步发展,另外,Airbnb还依托技术,在其他方面推进了业务的拓展,例如,Airbnb在支付系统上就面临着巨大的挑战,这是因为Airbnb支持了190多个国家,支持了40多个币种,支持了几十种不同的支付模式。针对这个问题,Airbnb在面向服务型架构的设计理念之下,进行了新支付网关的升级,并在付款状态追踪、支付一致性测量等方面做了技术提升。针对安全和信用问题,Airbnb通过对每一次预定进行实时的分析和追踪,提升了平台上人与人的信任。针对客服团队的工作效率,Airbnb研发自动问答等技术,从而改善客服服务用户的能力。

当然,使用新技术也并非盲目地扩展业务,而是更需要结合自身业务来对技术进行适用性分析,在具体应用场景中检验技术,从而解决问题,提升业务能力,从而创造出更大的价值。从解决具体问题的角度来看,技术上的突破也是一个无法忽略的问题。举个例子,Airbnb团队在房东房源定价问题上提供了一套完整的新算法,并对其进行数据分析,从而使其能够满足市场的供需关系、房源位置、房东服务表现、乘客偏好等复杂性。通过A、B测试证明,此算法将比房东自己定价有着更高的效率,既提高了房东的收入,也增加了房客的预定率。伴随着技术的不断升级,Airbnb将目光投向亚洲市场,2014年,Airbnb的重点放在了研发适合中国市场的产品。依据国内社交网络的特点,Airbnb放弃了在Facebook、Twitter、谷歌等平台上积累的自身优势,积极与国内本土社交平台、移动应用商店以及线上支付软件等合作。根据数据表明,Airbnb在进入中国后,通过PCT的方法,先后向中国专利局提出专利申请。

另外,Airbnb也借助微信小程序,加强本土技术的发展,使Airbnb中国本土发展战略更加紧密。2018年10月,Airbnb发布第一个微信小程序。该版本结合现有的开源工具及Airbnb已有的技术架构经验,采用TypeScript和Webpack技术,提供最适合中国用户更细致化的体验感受。在未来,Airbnb将逐步探索小程序的特性新玩法,优化用户体验,为用户旅程带来更大的便捷。

由上可见,在为全球用户提供统一产品体验的同时,Airbnb采取符合本土需求的本土化运营策略,针对不同市场,以本土知识产权为重点,打造一个全球化的创作交流平台。

人工智能的商业化落地还可体现在传统电视行业中。比如2013年,英国广播公司 BBC 联手英国知名广播电视创意机构红蜂媒体 Red Bee Media，为阔别屏幕两年的电视系列剧《神探夏洛克》第三季，开发以社交体验为中心的人机互动式预告片。利用 wireWAX 技术，红蜂媒体在交互式预告片中嵌入了可点击的热点，用户通过点击热点，可以无缝连接到 BBC 独家提供的《神探夏洛克》第三季的视频片段、拍摄花絮和幕后采访。但若想获得这些内容，用户需要寻找隐藏在预告片中的代码来对其解锁。同时，通过观看红蜂媒体制作的直播预告，用户还可被导向到 BBC 官方网站及 Facebook 和 Twitter 官方网页，欣赏官方宣传片并参与互动。此外，红蜂媒体还在 Twitter 平台上制作《神探夏洛克》活动的互动热搜话题，为《神探夏洛克》的回归宣传造势。通过以上举措，《神探夏洛克》第三季预告片在播出后的短短一小时内，每秒产生了三百多次的点击观看，在 48 小时内吸引了约 50 万观看次数及百万余次的标签点击量。

可见，人工智能的基础技术在今天已经逐渐成熟，达到商业化的条件，这是它商业化的先决条件，从而能够在更广泛的场景下发挥价值。

三、选择化

平台社会中还有一个智能新机制，即选择化，选择化可以理解为是通过算法将内容、服务与广告予以个性化，进行个性化推荐。这就不得不提到，基于海量数据挖掘，为客户提供个性化信息服务和决策支持的互联网及电子商务发展的产物——个性化推荐系统，在近年来涌现出众多非常成功的大型推荐系统实例的同时，也逐渐成为学术界研究的热点之一。

个性化推荐通过从大量的信息中有效地过滤掉用户不关心的内容，生成个性化的推荐列表。从用户角度来说，提高了单位时间的信息价值，减少噪声的干扰，得到了更好的信息体验，从应用角度来说，可以精准地定位到不同用户，提高了单位成本下的推广效果，减少了用户流失的可能性。但也存在相应的隐私问题以及"信息茧房"效应，即只关注获取自己感兴趣的内容，忽略其他信息的存在。

在个性化推荐这一方面典型的案例便是今日头条，下面我们就来了解一下今日头条是如何做到个性化推荐的。

今日头条的个性化推荐算法原理是以投票的方法为基础的，其核心理念就是投票，每个用户一票，喜欢哪篇文章就给哪篇文章投上一票，最终经过统计得出的结果，很有可能是这个人群中最优秀的文章，然后再把这个文章推送给同样的群体用户，这个过程就是个性化推荐。

其实，个性化推荐并不是机器推荐给用户，而是用户之间相互推荐，看似简单，其不仅需要数据挖掘和分析，还需要海量的用户行为。那么，今日头条人群和文章是怎么划分的呢？我们知道，内容推荐一定要以受众人群为基础，确定了受众人群才能确定推荐内容，有的放矢才能称为精准推荐。

一个人属于什么样的人群，今日头条又是如何判断的呢？判断一个人属于什么样的人群，可以从地域上进行判断，用户的手机在哪个区域，这个用户就在哪个区域。还可依据用户兴趣来判断，比如用户的阅读习惯，如果用户经常在科技类的文章上停留，基本就可以判定该用户属于科技类的人群。用户的好友关系也可以作为判断的依据，如果用户在今日头条上面的好友大部分都是娱乐圈的用户，那该用户大概率也是娱乐圈的人。基于以上这些特点，基本就可以判断用户归属于怎样的人群属性。其实，精准推荐最难的并不是人群的归属与划分，也不是文章类型与性质的确定。一个人可以同时归属在多个人群中，也有多个同类型的文章可供选择，这种情况下，推荐哪篇文章给用户才是最难的。

而今日头条又是如何计算推荐内容的呢？这完全有赖于今日头条独特的个性化算法推荐公式，其实这项技术本身并不难理解，说到底，对海量用户行为的数据分析和挖掘才是推荐算法的关键所在，或许每个算法都略有差异，但最终的目的都是进行最精准的内容推荐。在个性化选择大行其道时，虽然无处不在的网络为平台化社会提供了技术基础，但信誉体系是平台化社会的文化基础，所谓的信誉体系是平台用户通过在线社区内评论、评分和推荐等机制形成的以声誉为基础的信任程序。环顾四周，虽然现在各类互联网平台都设有用户评价体系，但信用体系总体还很零散，用户可以为个别平台建立信任和口碑，但这些口碑通常不能带到别的平台上。日积月累，聚合信誉资本的网络必然会出现在各种类型的协同消费中。在未来的信任经济中，每个人在数字世界中，都拥有独一无二的数字信誉和数字认同，但是这样的信任，真的可以使我们每个人在未来世界中都明哲保身吗？

英剧《黑镜》第三季第一集就为我们展示了这样的一个未来世界：这是个看评分的世界，只要是合法公民，眼睛里都会植入特殊晶片，用于实时查看视野范围内每个人的评分,手机上都装有评分系统,对其他人的任何事都可以给 1~5 星的评价,从分享朋友照片到与陌生人打招呼都可以给对方评分,这些分数综合起来就成了对每个人的评价,4 分以上受人尊重,3 分以上普普通通,2 分以上备受鄙视,1 分以上就举步维艰了,女主人公莱西便生活在这样一个十分看重个人评分的世界之中,在这个世界里你可以给你遇到的所有人打分,自身分数越高的人给他人打分的权重就越高,每个人的分数决定了他们能够过上怎样的生活,莱西是个依靠星级评分而活的平凡女人,平时尽量对他人笑脸相向,总是给人打 5 分,害怕他人会给她低星,就这样在把星级评分看得很重的世界里一直生活着,但故事的结局是莱西摘除了眼睛里的晶体,在监狱里隔着走廊与对面西装笔挺的男人对骂,两人一边肆无忌惮地骂着,一边放声大笑着,这是你想要的未来吗?

我们不得不再次提到具有个性选择化的算法,正如牛津互联网学院菲利浦·霍尔顿教授所说:“算法”会使虚假新闻——由不值得信任的新闻源生产,像野火一样在社交网络平台上迅猛扩散。其根本原因是在社交媒体上,用户倾向于获取与自己世界观一致的信息,至于这些信息是否真实,他们往往并不在意。而且,很多用户会忽略其他不同的观点,并倾向于加入与自己观点一致的群组。正是这种趋势,强化了假消息的传播路径,也让假消息在社交媒体上一发不可收拾。

实际上,有些国家已经启动了抵制假新闻的策略:印度在全国 716 个县设置社会媒介监控人员,监督印度的网络舆论及网络的全部内容;德国推新法“净化”社交媒介,平台仇恨言论、假新闻等违法内容及毁损他人名誉若不及时删除将被处最高 5000 万欧元罚款;埃及实行了新的媒介管制措施,埃及媒介最高管理委员会将对社交媒介上超过 5000 粉丝量的用户进行监管,若在这些账号上发现虚假或违规的内容,将关闭该账号。

据科技媒体 Science News 报道,全球各地已经有许多科研队伍在致力于开发新算法,这种新算法可以自动识别出新闻的真伪。在用户打开了一个疑似假的新闻时,社交网站可以根据这些新算法进行初步的分析,会发出预警并将这些信息传送给用户。2018 年 10 月 4 日,麻省理工学院 CSAIL(计算机科学与人工智能实验室)和 QRCI(卡塔尔计算研究所)宣布研究出一种新的 AI 系统,这个 AI 系统或可将不可信赖的新闻信息自动分类,并且它可以辨识出虚假新闻在传播前的来源和个人政治上的偏见，这种人工智能算法通过现有的文章集合对出口的准确性进行评测。

Hoaxy 和 Botometer 两个程序是由印第安纳大学社交体观察站的研究人员于 2018 年 5 月推出的。Hoaxy 是一款搜索引擎，它不仅能把 Twitter 上的即时热点事件展示出来，追踪全部网络新闻报道和 Twitter 标签，还能对"机器人"在事件传播用户中所占的比例进行推测。而 Botometer 则是一款打分软件，它可以根据 Twitter 上发布的信息，结合机器学习算法，观察这些信息在 Twitter 上的传播方式和路径，从而判断这些信息是由真人分享还是由"机器人"制造。

事实上，关于打击假消息，互联网巨头可谓渐入佳境。2017 年，百度在网络信息安全治理中引入了自然语言处理、深度学习、图像识别等人工智能技术，全年筛选处理虚假内容达 451.2 亿条，全年拦截恶意网页总量达 202.9 亿个。初步可以证明，AI 在辨识假消息方面，还是起到了一定作用的。

错误信息斗争项目 First Draft 的负责人——哈佛大学肯尼迪政府学院的 Wardle，指出人工智能可以加速某些时间更长的步骤。比如，采用人工智能方法，对网上公布的内容进行检测，并对可能存在的不实际内容进行标志。但是，她也提到了人工智能无法一锤定声。对于机器来说，你如何编码"误导性"呢？即使是人类也难以定义它。生活是混乱、复杂和微妙的，人工智能要做到理解这一点，还有很长的路要走。

第二节　平台智能生态应用

一、智能城市与城市交通传播

数字化城市（Digital City）是工业化时代向信息化时代转型的一个基础标志，泛指高效获取、分类存储、自动处理、智能识别、分辨率高、智能化高，既可用于虚拟现实，又可直接参与到城市管理和服务的综合项目中，实现"自然、社会、经济"的综合工程。

随着人工智能和机器人科技的持续发展，我们的注意力、行为、决策和想法愈发受到来自科学技术的影响。正如自驾车改变了城市规划，智能手机改变了购买行为、睡眠习惯和关系偏好。一种智能化的城市生活在技术的湖光映射下正在逐步地建立起来。而推动智慧城市进一步建设的技术应用究竟是怎样的？智能城市如何最大限度地提高新技术的应用效率？这是所有研究人工智能的人及城市建设者都应该思考的问题。

通过对世界智慧城市建设的一项重要的案例进行分析我们可以看出，涵盖智能停车、智能路灯、智能交通、智能能源、智能医疗、智能建筑、智能环境等多个常见的不同类别的新技术，正在从城市基础设施、生活设施等多个方面入手，促进智慧城市的建设。

在 2008 年，IBM 就已经提出了智能城市的概念，并且从交通、医疗、能源、政府、水资源等角度，设定了完整的智能城市建设计划，以求让城市更环保及高效地运转。上海和南京等城市于 2011 年有相应的规划，2013 年 1 月首批通过申报的 90 个试点城市，2012 年 11 月住房和城乡建设部站在国家层面制定了《国家智慧城市试点暂行管理办法》。

得益于在云计算方面的提前布局，2014 年 2 月 27 日，中国首个基于云计算和大数据的数字互联网城市——智慧互联网港湾在海南国际旅游岛先行试验区合作成立。此后，阿里在云计算和大数据领域与贵州、宁夏、浙江、河南、广西、河北等多个省份的政府达成合作。

2016 年，腾讯与多个省市就各细节部分合作，分别召开了"云＋未来"峰会、智慧交通高峰论坛、"互联网＋警务"峰会等。同年 8 月，阿里将人工智能 ET 在云栖大会北京峰会上发布，标志着阿里将发力人工智能服务。9 月的百度世界大会上，百度大脑正式发布，百度云及其 ABC 布局有了集中统一的对外接口。10 月，杭州市政府宣告，为有效调配城市电子公共设施，已联合阿里云，使"杭州城市大脑"能够高效启用。12 月 8 日，百度云和宁波市人民政府正式举办了"宁波大脑"创新系统战略合作签约仪式。此后，百度与雄安新区、北京海淀西北旺等纷纷实现新的合作。之后，阿里也开放了与苏州、澳门等城市的合作，同时把合作的触角延伸到了吉隆坡。

今天，通过各种新技术的应用，致力于改进城市居民的工作与生活的智慧城市，已成为全球众多城市规划设计的主要方向。智能城市的构建，不仅为我们每个人的生活带来了全新的改变，也激发了巨大的商业机会。在国际数据公司 IDC 公布的调查报告里可以看出，智能城市建设在 2018 年已经吸引了超过 800 亿美元的技术投资,这个资金支持在 2022 年将增加到 1580 亿美元。

在国内,从 2012 年开始,正式开始了国家智慧城市的试点工作,明确提出或正在建设智慧城市的副省级和以上城市占 95%,地级市占 76% 以上,总数超过 500 个。分级建设、多点开花、提质增效是我国智慧城市建设新战略提出后的发展趋势。入选国家智慧城市试点的城市,大多数都集中在长江三角洲和环渤海沿岸。各大城市的特点是:北京市为促进首都信息化和物联网的发展,建设大数据 + 智慧经济;杭州市推动智慧交通调度公交车辆,促进云计算与大数据产业中心的城市数据大脑 2.0 + 智慧经济;广州市推动"数字教育城"项目和智慧交通发展;深圳市则全面布局城市安防工程,打造智慧交通样板;重庆市则加强网络覆盖的信息化 + 智能化基础设施建设。

综合交通管理系统是以先进的电子传感技术、数据通信传输技术与信息技术等技术为基础,对整个交通管理的有效整合与应用,并在大范围内全方位、实时、准确、高效地发挥作用。交通拥堵是现在各大城市都面临的头号难题,不仅消耗大量时间,更影响着城市的空气质量。在这一问题上,智能停车技术的应用恰逢其时,该技术是无线通信技术、移动终端技术、GPS 定位技术、GIS 技术等的综合应用,利用嵌入车位地面的传感器及智能移动的 GPS 信息,实时地为邻近车主提供停车地图、车位信息。借助技术"缓解拥堵",改善交通管理,最大限度地减少了对环境的影响,从而让城市交通整体上变得更加高效和环保,这些同时对商业用户和公众运输来讲,都是非常有利的。智能交通还能针对交通数据采集的实时变化,最大限度地利用路网的通行能力,实现信号灯、可变车道、匝道控制、诱导屏、车载导航的区域协同。此外,还能实时向车辆发送信号灯状态,对驾驶员的行车速度进行规划和指引,减少交通运行效率因人为因素而降低的概率。

2021 年 5 月,在长沙往返于高新区和梅溪湖之间的首条智慧通勤公交试运营,科技人员运用智能网联技术,在确保安全的情况下,对此公交路线沿线 26 个路口的交通信号灯进行改造,为保证公交优先通行,在公交车行驶到路口时,自动把红灯转换成绿灯。

前不久在北京,我国首批"共享无人车"正式对外开放,它由百度公司运营的。用户只要用移动电话叫车,就能让自动驾驶的士接单。这个出租车是完全的无人驾驶,道路限速及乘客的起点和终点等信息都会显示在汽车车载电脑的屏幕上,还会根据环境做出合理的决定,除非突发事件,通常无需人为地介入,乘客可以自由地享受到乘坐的乐趣。

道路运输安全监控的重点是危险品运输。根据相关规定,危险品的运输车辆只能在保障条件好、道路畅通、路线人口少且不易出现安全隐患的道路上行驶,同时还有时间限制,道路情况是实时动态变化的,所以我们并不知道哪条道路符合危险品运输。现在,腾讯开发的重点车辆管控系统则借助云计算、大数据等技术,可以解决这个问题。腾讯智慧交通副总裁施雪松说:通过分析道路沿线人口、拥堵状况、应急处理资源等,我们能够辅助交管部门规划危险品运输路线、时间,从而保障运输安全。

智能交通是通过交通运输中应用传感、信息、通信等技术来实现的,前面说到的长沙智能通勤公交、北京无人驾驶运输线路,危险品交通线路规划都是智能交通的应用场景。专家们认为,发展智能交通是我国交通现代化的必然选择,既回应了民生关切,又能牵引产业变革,符合我国交通产业转型的现实需求,也顺应了技术发展的大趋势。

21世纪将是公路交通智能化的世纪,我国城市智能交通建设,在过去的七八年间处于黄金发展时期,目前,一些相对简单的业务联动已经实现,比如以下这些案例。将公租自行车管理、地下管线查询、交通信号控制、生活垃圾精细省理服务、停车诱导管理、环卫保洁系统等14个系统,海量数据汇聚共享,北京通州区启动的城市管理指挥平台(副中心城市大脑)让城市运行更具"智慧"。如果没有行人等着过马路,通过视频算法感应后,信号灯会直接给车辆放行;为了节约能源,晚上如果没有行人和车辆,路灯会自动调节亮度。这样的智慧场景将更多地在副中心上演。副中心155平方公里的信号灯均为智能化控制,10余条主要路段的交通信号灯根据车流量的变化,在交通信号灯配备时实时变化。自从副中心建成后,在车流增加的情况下,道路反而更加顺畅。根据中国人民公安大学的评价报告,在155平方公里的城市副中心区,平均提升了15.6%的车速,缩短了32.5%的城市主干道通行时间。同时,指挥平台还为需要放行的急救车,建立起"一路绿灯"的交通特勤控制系统。平台与潞河医院5G院前急救系统对接,即平台接到装有GPS的特定救护车请求后,可以在2分钟内开始一个特别的服务系统,为计划好的路线打开绿灯,原本行驶2.5公里的路线时间从15分钟缩短为3分钟,送医途中医生可以提前介入。

除此之外,副中心城市大脑开发"地下管线"系统,应用 AR 增强现实技术助力地下管道检修。遇到管线故障问题,工作人员来到应急抢险地点,用专用手机扫描井盖旁的二维码,屏幕中,地面实景图中会"叠加"纵横交错的虚拟地下管线,红色代表电力、蓝色代表给水管……与此同时,管线的形状、埋深、经纬度、附近管线的分布情况等详细信息,也都会呈现在屏幕上。同时,屏幕也注意到了管线形状、埋藏深度、经纬度、附近管线分布情况,该措施在北京是首创,利用 AR 现实增强技术,副中心城市大脑指挥平台"地下管线"系统将全区地下管线进行数字化,实现"地上地下一张图"。有了这个"地下管线"系统,抢修人员不必再拿着地图到处找管线,地面也不用"开拉链",解决了以往看不到、查不清的问题,AR 增强现实技术的应用,相当于为探查和检修安装了"透视眼",在此基础上确定井盖的归属和周边地下管线的布线情况,可以更好地进行抢修。

南京安装车载 RFID,用来估计汽车尾气排放,并对大气污染进行整治,将无线射频(RFID)技术、视频监管、数据加密技术、计算机和网络技术、图像识别技术等国际国内领先技术有机地结合起来,目的是提高机动车环境标志管理工作的智能化和信息化,完善机动车排放监管体系(I/M 体系)。加速老汽车的更新淘汰,减少机动车排放污染,改善大气环境品质,通过准确地管理高排放汽车,保证达标用车。在交通、公安、卫生、环保、教育、气象等多个方面,都有联动需求,未来的业务联动将更多、更频繁地出现。

城市空间作为记忆与文化的载体,也是身体感觉和体验的空间,成了现代性关键的细节点。而城市空间关系正是将政治、经济、文化、交通、教育等各类社会关系综合到一起,并通过这些关系的交织和延伸,促成了整个城市空间的可持续发展。智能技术的进场,为城市空间的多维信息流动,架构起了一种全新的模式。在建立起媒介属性更强的智能城市同时,也描绘出一种可沟通性更强的城市空间形态。法国图尔市副市长、整体公共交通设计专家黑金娜曾指出:一个城市的公共交通系统,正如城市的标志性建筑,代表着城市的形象,它们与固定的交通市政设施相适应,形成一个完整的公共交通系统。城市公共交通文化是城市居民的精神形态和文明素质的中心,也是城市公共文化空间的缩影。因此,城市交通文化传播承担着彰显城市文化和建立城市形象的重责,而只有有效地利用好最新的科学技术,在数据上真正地汇聚整合,业务上充分地协同联动,才能帮助城市交通传播系统处于高效的运转状态。这不仅会对解决城市交通信息传播者政企含混一体的问题提出新的可能性,还会通过技术的广泛渗透,形成与社会公众的有效沟通,即时反映城市交通信息传播的公众满意度,关注沟通信息和控制信息的传播效果对比等。真正的智慧城市一定是从服务社会民众的初心出发所构建的。

总而言之,随着人工智能、大数据技术逐步深入城市空间,尤其是媒体集合之中,一种现代性的转化与变革也被点燃。空间、交通网络、媒体等各个关键节点被智能城市串联到了一起。无论是虚拟空间和现实空间的融合,还是互动性、沉浸性更强的城市体验,城市智能及智能交通无疑都加深了作为媒介关系的城市传播机理,也为人们打开了城市交通传播的大门。

二、智能医疗与健康传播

现代社会人们对科学智能的医疗体系要求更高,这是由于现在人均寿命延长,出生率下降,人们对健康的关注程度提高所带来的。健全的物联网医疗系统,利用物联网、云计算、人工智能技术和嵌入式系统等智能化技术进行构建,患者和医护人员、医疗机构、医疗器械之间的互动,可以说在很大程度上得到了实现。医疗服务的信息化已经形成,这时候医疗服务也会走向真正意义上的智能化,比如更多的人工智慧、传感技术等高科技的融合应用。智慧医疗是建立健康信息档案地区医疗信息的平台,利用最先进的物联网技术,逐步实现患者与医务人员、医疗设备、医疗机构之间的相互作用。智能医疗可以实现线上问诊,支持优势医疗资源共享和跨地域优化配置;智慧处方,对患者过敏及用药史进行分析,对药品产地批次等信息进行反映,对处方变更等信息进行有效记录和分析,为慢性疾病的治疗和保健提供借鉴;自动报警等服务、监测病人生命体征数据、降低重症护理费用等,使资源配置得到了最大程度的优化,问诊效率得到改善。

人工智能与健康医疗相结合,一直是一个新兴的行业,它的发展前景非常大。根据追踪风投动态的 CB Insights 公司的报告显示,自 2013年至 2018 年,在私营行业中,医疗 AI 创业公司通过 576 笔交易融资 43亿美元,使其在人工智能方面的融资比其他行业更加领先。预计在未来几年内,基于人工智能的医疗应用程序,数百万人的健康状况和生活质量将得到改善。

医务工作者和患者之间的交流方式在智能化发展的大背景下已经发生巨大的转变。医疗健康产业迎来了全新的发展机遇,云计算、大数据、人工智能、物联网等技术不断发展。新药开发过程中技术参与医药疗效和费用控制,借助新技术对健康和疾病的大数据统计,实现医疗服务和资源的动态配置,疾病的人工智能早期筛查以及精准微创医疗机器人参与治疗,这一系列医疗情景变革都为未来医疗健康产业的发展描绘出了一幅全新的图景。但从另一个角度来看,这样的转变也对传统的医疗卫生观念、模式、手段、法规等方面带来了新的挑战,即使医院、医生、病人与医药、器械的关系转变,新的医疗制度的构建已成为人们必须思考的问题。长期以来,医护人员通过医疗器械为病人提供服务,尽管在这一过程中,医护人员对病人的服务方式随着医疗器械技术的不断改进和变化而改变,但病人、医护人员、从属关系始终没有改变。但是,随着智能技术的发展,更加智慧的医疗设备开始辅助或直接进行医疗决策,并且有能力对医务人员产生影响,再加上病人和医疗设备之间的关系发生了变化,智能技术的参与让新的医患关系变得复杂起来。

"AI＋医疗"主要应用于临床决策辅助、患者护理、患者监控和指导、管理医疗保健、辅助手术等方面。例如,利用机器学习预测疾病,通过社交媒介来推测可能存在的健康风险,借助机器人辅助手术,当然也包括传播健康信息的内容。

国内快速发展起来的远程智能医疗领域,在移动信息化的应用上,有些医院已走在了前面。比如,现有很多医疗机构开通了微信账号,并且患者可以通过微信小程序在线挂号,支持微信、支付宝支付。另外,还可以实时、记录、传输、处理、病例、患者、病情等信息,从而使相关信息能够在医院内部和院方之间实现互联互通、共享。该方法可以有效地实现远程医疗,借助数字化和视觉化的模式,则可以让更多的人共享有限的医疗资源。

从医疗信息化的发展来看,随着医疗卫生社区化、保健化的发展趋势日益明显,家庭健康系统是最贴近市民的健康保障,主要包括:对不便送医救治病患的视讯医疗、远程照护老幼病患的慢性病、智能服药系统自动提示服药时间、服用禁忌、剩余药量等特定的群体身体和智能服药系统,采用射频仪器,对室内对象体征进行实时追踪与监控。医院对病人或亚健康病人的实时诊断和健康提醒可以通过有效的物联网实现，从而对病人的发生和发展起到有效的降低和控制作用。另外，物联网技术在用药环节和医药管理中也扮演了很重要的角色，将物联网技术运用到药品存储、使用和检查中，大幅度减少人工记录，避免药品脱销，便利药物召回，避免同类药品名称、剂量和剂型混淆，加强药品管理，确保药品供应及时、准备充足，保证药物质量的安全。

随着移动互联网的发展，未来医疗也将更为人性化和移动化。人工智能介入医疗场景，能有效地平衡医疗水平的不同，从而提高医疗诊断的准确性和效率，辅助医生实现疾病的早期筛查，还可以依靠人工智能强大的搜索能力，对海量的过往病例与治疗方案以及文献进行检索，提出完备的治疗方案，降低误诊和漏诊发生的可能性。病人的电子健康档案，如家族病史，既有病史，有多种检查，治疗档案，记录，药物过敏，可以帮助医生制定治疗方案；医生和护士能够实时监测病人生命体征、治疗、化疗等信息，并能自动提醒护士，杜绝用错药、打错针等现象。

人工智能的植入无疑促进了现代医学的进步。但我们要知道，想要贯穿到全面的实际应用之中，还有很长的路要走。从建设到全民体验会面临很快的更新迭代，收获更多的用户反馈，但是我们更要相信，智能化城市可以实现连接所有的可能性，包括人、交通、建筑、环境等，进而提高城市服务，实现健康传播的更高层次。

国家癌症医学会和疾病控制中心曾定义："健康传播"是指借助各种媒介渠道，结合多种传播手段，为促进生命安全而制作和分享健康信息的过程。它是一种社会实践的行为，目的是通过传播信息，在某一特定的社会和历史环境下进行即时保健知识。具体而言，大众媒体如何进行健康报道，以及我们要了解国家关于健康的一些政策的传播和社会文化等，这些都是健康传播研究中非常重要的内容。

移动医疗 App 根据提供的服务功能可以分为以下几类：

第一种是预约挂号类移动医疗 App，此类医疗 App 一般都是由医疗机构或政府委托科技公司进行研发，包含查看医院的信息、预约、挂号、化验单等多个功能，多与微信、支付宝等结合，可以完成在线医疗费用的支付，例如"微医""就医 160"。因为功能丰富，很好地满足了用户看病就医的刚性需求和体验，这类医疗 App 获得了广泛的好评。同时，随着技术的深入发展，这类 App 开始逐步扩大服务，覆盖整个医疗流程。

第二种是问诊类移动医疗 App，主要提供医患的交流平台，为患者的自诊或预诊提供相关服务,为患者间的信息交换提供平台,提供私人签约医生等服务。典型应用有"春雨医生""快速问医生""平安好医生"等。问诊咨询类 App 在高速增长的问诊需求下,能够在短时间内获得海量用户,是目前移动医疗类 App 中最受欢迎的一款产品。像"春雨医生"和"平安好医生"这两款 App 的下载量均已过亿,在移动医疗 App 领域遥遥领先。

第三种是健康资讯类移动医疗 App,通常是由专业的医疗健康服务网站转型升级而来,主要包括日常保健常识和医疗科普知识,典型应用有"39 健康"和"丁香医生"等。

第四种是医药服务类移动医疗 App,主要基于用户的地理位置推荐药品购买服务,这类 App 可以提供药物的使用说明、详细的药品信息、查询病情症状等,分为自营型 B2C 模式、平台型 B2C 模式、二级批发交易型 B2B 模式这三类。典型应用有"好药师"和"壹药网"等。

最后一种,归类到其他细分功能类手机医疗 App,比如疾病管理类、女性经期管理类等细分功能的提供,针对特殊用户来构建。这类主打某一类疾病或单科领域的医疗 App,借助移动联网的方式,针对疾病特点向患者提供慢性疾病的管理,目前常见的领域包括心脑血管、牙科、皮肤、糖尿病和呼吸疾病等,典型的应用有专门为糖尿病患者提供血糖数据记录服务和健康知识的"糖护士"等。

具体来看,与传统媒体相比,移动医疗 App 的健康传播呈现了以下趋势:

第一,传播主体更加多元,专家与草根并存。健康传播者即健康传播主体,是在健康传播过程中将健康信息发送给传播对象的一方。健康传播主体发挥其自身的传播技能,从社会和用户需要出发,制作并发布相关健康信息,通过传播媒体实现健康信息的传递,在总的层面上控制着健康信息的传播过程。需要指出的是,健康传播者可以是政府、大众媒体、医护人员、医疗机构、社会机构、个人,并不仅仅局限于医疗专家,但健康传播具有自身传播内容的特殊性,所以对传播者的媒介和道德素养要求较高。

移动医疗 App 是有网络服务团队、权威医疗专家、健康领域草根自媒体等共同构成的新媒体,致力于网络企业或医疗机构的健康传播,并在健康信息传播中发挥不同的作用,扮演着不同的角色。

第二,传播内容更加全面。手机医疗 App 逐步涵盖了"大健康"的内容,服务模式从单一的医学模式提升到了全方位的健康服务模式,为健康生活模式所提供的信息服务内容涉及疾病预防、诊断、治疗等诸多领域,也重视健康生活模式的信息和观念的传达,包括疾病预防、诊断、治疗以及日常保健、健康教育、康复等多个方面。移动医疗 App 传播的健康内容涵盖面非常广,涉及关于健康的方方面面,例如疾病预防和治疗、心理情感、饮食营养、运动健身、生理保健、美容瘦身等。

第三,传播渠道方面形式多样等。在多媒体、场景化、智能化的传播时代,以手机、平板电脑等智能终端为载体,手机医疗 App 的传播渠道逐渐向多平台、多终端扩展。手机医疗 App 不仅利用智能手机这种媒体形式,还利用多种新媒介平台拓展健康传播的范围,如微博、社会问答网站、微信等,还可以依托智能穿戴设备,帮助用户记录分析健康数据、实现健康管理等功能,通过大数据、云计算、物联网等技术应用,为用户提供更加方便的医疗健康服务,实时地收集用户健康数据信息和行为习惯,苹果公司发布的智能手表 Apple Watch,就面向中国市场安装了多款医疗健康类应用。同时,手机医疗 App 可以通过互联网来同步产品宣传和健康传播,为广大群众提供参与健康传播、实现健康行为立体传播的机会。

第四,传播对象方面,用户结构呈年轻化趋势,自主性和参与度较高。在快节奏的社会生活中,各个阶段的人群都会对健康信息有所需求,因此健康传播对象是非常广泛的,但相应的受众人群也因传播媒介特性的差异而存在差异。移动医疗 App 的传播对象在移动互联网的环境下,呈现出年轻化和自主性强、参与度高的特征。移动医疗保健 App 如果想要提高质量和效果,应该将使用者年轻化特征作为其设计的主要思路,移动医疗保健 App 的健康传播者要在内容上以健康养生知识、健康生活理念为主,着重年轻使用者的健康需要和信息获得习惯,在传播方式上,更多地采用新奇的表现方式,以吸引年轻人的兴趣。

传统媒体的健康传播对象通常被称为“诉求对象”或“受众”,而移动医疗 App 的传播对象则被称为“用户”,二者最大的不同在于:“用户”在整个健康传播环节上的自主性更强,他们既是健康资讯的消费者,又能参与生产和传播健康资讯。坚持“用户本位”的思想,移动医疗 App 以用户为核心,让参与健康传播的大众真正找到主动的位置。手机医疗 App 用户可以根据阅读方式,通过资讯搜索、自主订阅资讯栏目、点赞、评论、分享等方法,获得个性化的健康资讯,或将健康知识、观点共享到健康社区,完成从被动接收到主动参与的过渡。在手机医疗App模式中,健康信息交互的主动权已完全转向使用者手中,使用者不但可以决定健康信息交互的起始时间,还可以决定与我交互的"谁",即把自己所赞同的健康信息交互对象从海量的数据中选出来。

然而,任何事物都具有两面性,移动医疗App的健康传播也对用户和社会产生了双向影响。

一方面,要健全医疗卫生服务体系、构建和谐医患关系和社会卫生科普服务等措施,提升使用者的身体身份,促进卫生观念转变为有效的卫生行为。

移动医疗App可以有效连接医院、医生和患者的信息,提高医疗健康资源的使用率。可以把医院的窗口服务直接转接到手机上,如挂号、缴费等,为患者节省了排队等候的时间;可以把医院及医生的信息推送给患者,患者还可以直接在手机上查看检查及化验报告等,方便患者及时了解自己的就诊情况;还可以提供在线问诊服务,有些不需要去医院就诊的问题可以通过移动端App进行解决,这些都在很大程度上缓解了医疗资源紧缺的问题,构建了更为完善的健康服务体系。

近年来,医患关系越来越紧张,而影响医患之间关系最重要的因素是医生和患者之间的交流与沟通,医生和患者之间信任缺失、沟通不畅才是导致医患纠纷频频发生的重要原因。移动医疗App为医生和患者之间的沟通提供了方便,即时方便的信息传播消除了医生和患者之间的信息不对称,建立起更加信赖的医患关系。首先,在移动医疗App上,信息是完全公开化的,患者有知情和选择的权利,所以提高了患者的信任感。其次,移动医疗App上传播的健康信息,在很大程度上提高了患者的健康知识素养,有效地缩小了患者和医生之间的信息差距,降低了双方因知识不对等产生的交流障碍。最后,通过移动医疗App上的互动版块,比如直播、论坛等,可以让医生发声,在树立医生形象的同时,也增强社会公众对医生这一职业的认同和理解。

新媒体环境中,健康谣言随处可见,这与传播者缺乏专业性、乐于制造噱头而断章取义等原因密切相关,所以在新媒体环境下更需要权威的声音来进行健康信息的传播。而具有专业知识的医生则是打击这些健康谣言进行健康科普的一把利剑。他们可以在移动医疗App上发表科普文章,在击碎健康谣言的同时,还可以吸引更多的粉丝,从而提高业务量,一举两得。

另一方面,由于产品开发者不具备医疗相关的专业素养、把关人缺失及政府监管滞后等原因,由于产品功能的不足导致使用频率太低、把关不严引起的健康信息可信度低、缺乏传播技巧等因素引起科普内容难理解、健康商品因追求商业化而导致的推广泛滥、产品推广不到位引起的传播对象局限等,一系列不容忽视的健康传播过程中的智能系统问题依然存在。此外,欠缺规模化、集群化的产业发展长期运作模式,成本高昂、安全性及用户隐私等问题也都制约着智能医疗的进一步发展。

在我国,移动医疗 App 的开发准入门槛较低,这就带来了这类产品数量多但同质化现象严重,大部分应用在功能和可提供的服务上基本一样,主要集中在预约挂号、在线问诊、结果查询、健康知识科普等方面,而针对用户个性化需求的服务还未被开发出来。但是,在新媒体激烈的竞争环境下,若不能很好地去满足用户个性化需求,那最终也将面临被淘汰卸载的可能。同时,移动医疗 App 上有着规模相当庞大的用户信息,而其自身又存在着不可避免的系统漏洞,这必将给用户的隐私安全带来很大的隐患。

我们的政府在 2017 年发布了 AI 计划,希望到 2030 年能够在 AI 研究方面成为全球的领导者。医疗则是中国首批 AI 应用的四大重点领域之一,中国投资者在加大海外创业公司投资力度的同时,其本土的医疗 AI 创业领域也在苗壮成长。通过合作,其他国家的产品也正在被中国的科技巨头引进,中国的交易活动在几年前还可以是忽略不计的,但如今,中国已经超越英国,在 2018 年上半年成为全球医疗 AI 交易活跃度第二的国家,在全球医疗 AI 市场的排名大幅攀升。

政策层面的推动、技术层面的扶持,对智能医疗的发展无疑将起到推动作用。除此之外,也急需立足于智能媒体等技术手段,从完善产品自身建设、保证内容质量、改进传播方式、加强行业监管、重视品牌宣传等方面着手,建立专业的运营团队,克服传统的医疗操作惯性,改造现行流程,使得健康传播效果可以更加有效地发挥。

首先,完善提升用户黏性的产品建设。应用程序的开发者首先应该做好用户定位,通过大数据、云计算、智能分析等技术,充分挖掘用户信息,找准用户在医疗方面的真正需求,再进行内容的细分,打造垂直服务,针对不同用户提供个性化信息,开发差异化功能。比如,针对年轻人,应多提供饮食健康及健身等方面的信息,而对于老年群体,则应该更多地去关照他们的身体状况,可以提供用药提醒、生命体征检测等方面的服务。还可以融入社交功能，在社交媒体时代，社交需求已经成为一种必然需求，除了获取医疗健康相关信息之外，人类在使用手机 App 上还有社交互动的需求，在此背景下，手机 App 可以为满足用户的沟通和共享要求，建立医患互动或病友社区，从而提高用户活跃度，使用户黏性进一步增强。

其次，建立专业团队，以保证内容质量。一方面可以加强人才培养，App 应用平台建立具备医学专业素养的编辑团队。可以利用平台运作的各个环节，建立一个畅通的沟通桥梁，保证健康知识的可靠性，可以通过聘请医疗专家成立专门的医学顾问委员会，参与到平台的产品开发与管理中，以改善内容质量。

最后，通过完善传递手段强化传播效果。对于专业性非常强的医疗知识，通过多媒体展示及互动参与的方式，借助图片、动画、视频及 H5 等媒体形式，转变成通俗易懂的信息内容。除了提供点赞、评论、转发等基本互动功能外，还可以采取小游戏、直播、话题、投票等用户参与度更高的方式，让健康知识达到更好的传播效果。

基于我国医疗健康服务需求量较大和医疗资源分布不均衡的现状，在"互联网＋"持续推进的过程中，智能医疗的发展前景不可低估，随着智能可穿戴设备、云计算、大数据等智能技术的深度融合，智能医疗将开启一个新的时代。

三、智能教育与教育传播

现在你是如何学习的呢？是在教室里与同学们一起上课，还是坐在任何一个可以接入网络的地方，打开了网络课堂？你的作业又是如何提交和被批改的呢？是写在本子上，还是点点"发送"键？

2017 年 7 月 20 日，"智能教育"的概念在《新一代人工智能发展规划》中被重点提出来；2018 年，在高等教育层面上推动发展人工智能技术在教育部发布的《高等学校人工智能创新行动计划》中被提及；2019 年 2 月发布的《中国教育现代化 2035》，提出要加快教育变革，建设智慧校园，统筹建设教学、管理、服务一体化的智慧平台，加快推动人才培养模式的现代技术变革。《人工智能＋教育》蓝皮书（2018）从教育的观点出发，梳理了教育与人工智能结合的现状，依托人工智能技术的研究核心，探讨"人工智能＋教育"的未来发展趋势，同时梳理了教育领域各种问题依靠人工智能解决的方案,搭建了学校、研究机构、产业的交流平台,为人工智能在教育领域所引起的变革提供有益的借鉴。

有关资料显示,世界各地大约有 2.6 亿孩子不能上学,对小学数学、写作、阅读等不熟悉的儿童大约有 6 亿人,而作为新技术的人工智能让儿童教育方式发生了剧烈变化。

人工智能可以将声音转化为文字,它可以将纸上所有文字通过拍照的形式转化为电子文件,人工智能还可以批改数学、物理等学科的内容,对说方言的小朋友学普通话和学外语也可以起到一定的帮助。技术的提高、机器操作处理的持续升级,给人工智能发展带来了巨大的动力支持,也为教育提供了更为方便的渠道。

不可否认,我们现有的教育方式正在逐渐受到人工智能教育的影响和改变,而人工智能教育到底是怎样的呢,我们现在根据蓝皮书来看看。

智能教育是指依托人工智能多层次教育系统的人工智能教育,我国实施的《新一代人工智能发展规划》《高等学校人工智能创新行动计划》《中国教育现代化 2035》等,都在阐述并倡导智能教育的有关内容,目的是建立以学习者为核心,提供精准推送的教育服务,达到日常教育和终身教育的个性化教育环境,这一概念的提出,无疑从战略上反映了国家对学生教育的关注。人工智能等新兴技术在沟通方式、信息更新效率、信息内容覆盖、融媒体教育等方面,突破了传统的教育模式,取得了极大的突破。

孔子早在几千年前就提出了"因材施教"的教育理论,即根据不同学生不一致的学习能力、认知水平以及自身素质,实施差异化与个性化的教学。在中国人心中,这个教学理念已经根深蒂固,它也是我们认为的最佳的教学方法。然而直到今天,这一教学理念仍然没有办法很好地实现。所以,"因材施教"这四个字虽然说了几千年,但受人类自身能力的限制,依然是天方夜谭。直到诞生了人工智能,差异化与个性化的教学才逐渐被实现。如 Content Technologies 和 Carnegie Learning 等科技教育公司,它们正在开发智能教学设计与数字平台,每一位学生的课题、测试都是针对学生的自身特点而设计。A 同学的成绩优秀,那么他的学习内容就会更加侧重在深度教育上;B 同学的成绩较差,那么他的学习内容和测试内容,则主要侧重在基础领域,当 B 同学的成绩出现明显进步时,才会晋级到下一阶段。

这就是人工智能带来的变化,借助大数据与云计算等新兴技术,每位学生的智力水平、学习偏好,甚至过往的学习成绩都会被完完全全地统计出来。智能教育在前期会通过各种各样持续性的测试,来确认学生自身的学习水平及学习能力,并帮助学生确认学习的范围。在学习的过程中,人工智能还会不断根据学生的学习情况,对课程进行及时动态调整。智能教育给教育行业带来了巨大的改变,所以智能教育也成为AI人工智能领域的下一个风口。越来越多的企业,都投身于智能教育之中,传统教育机构也在寻找转型升级的机遇。如51Talk、Vipkid、洋葱数学、小伴龙、英语流利说等诸多互联网教育领域,近年来都在不断加大产品研发与市场推广的力度,在教育领域跑马圈地。

新东方已经在智能教育方面与知名科学团队松鼠AI展开深度合作。松鼠AI提供完善的人工智能系统,帮助新东方了解学生的知识掌握情况;同时,新东方的学生也为松鼠AI提供了大量的应用数据,让松鼠AI可以不断进行深度的自我学习,提升智能水平。所以,未来中国的教育市场,智能教育发展前景势必会呈现出井喷之势。尤其在智能手机、平板电脑等移动设备已经完全普及的情况下,借助互联网进行不受时间、地域限制的线上学习,将会越来越成为主流形式,人工智能给教育行业带来了广阔的升级空间。

智能教育应该用于提升教育质量,而不是抢走教师的工作,智能教育具有人类无可比拟的能力,但是并不等于它要取代教师的工作。智能教育最准确的定位应当是教师的教学助手,帮助教师去发现问题。例如,当学生理解错了数学中的某个概念的应用,作为老师很大可能不会立刻发现问题,但有了人工智能,那么学生如果在做作业的时遇到困难,人工智能就会立刻对学生出现的问题进行分析,并将结果反馈给教师,帮助老师迅速发现学生在学习过程中存在的问题。

科技日新月异,人工智能正和教育深度结合起来。大数据下的智能教育使技术融合的趋势延伸到校园和课堂,通过区块链、人工智能、5G、大数据、虚拟现实、云计算等技术的整合,智能教育创造出教育机器人、个性化学习、双师课堂等新型的教育形式。

数据时代下的教育新联动,给孩子们创造了一个前所未有的将来。目前,智能教育通过帮助教师和父母更好地理解学生的学习状况和学习效果,并给出有针对性的改进方案,这就会用到各种新兴技术,例如传感器、视觉技术等。未来,通过5G、虚拟现实等技术,智能教育或许能将课堂延伸到现实世界中，真正实现教育的个性化、公平化。

智能化教育是在传统教育的基础上，利用人工智能赋能的教育和以人工智能为学习内容的教育。其优点有以下几个方面：

第一，提供智能的教育环境。智能教育是通过电脑技术实现智能感知与服务的教育方式，支持各种学习的需要，通过人工智能技术实现物理空间与虚拟空间的结合。

第二，对于学习过程的支持。在各种人工智能技术的支持下，认知模型、知识模型和情境模型可以得到很好的构建，在此基础上，提供了智能支持各种场景的学习过程，从而达到学习者以及学习服务的通信、集成、重建、协作、探索和分享的过程。

第三，辅助教师工作。可以取代教师在日常工作中重复、单调和一成不变的常规工作，缓解教师的工作压力，还可以提高教师的其他工作能力，使他们能够处理以前不能处理的复杂事物，还将为学生提供传统教育中无法提供的个性化、精准的支持，大大提高知识传授的效率，这样一来教师就能把更多的时间和精力投入关注每名学生的全面身心发展中了。

第四，加强教育管理与服务。智能教育能通过大数据的收集和分析，建立一个智能管理方法，形成决策的人机合作模式，来洞察教育问题的本质和发展趋势，实现有效的资源配置，能够有效地提高教育质量，促进教育公平。

第五，加强教育评价。智能教育不仅仅对学习问题诊断、自动批阅和试题生成等方面进行评价，它更重要的作用体现在学生综合素质评价与反馈上，以及对学生学习过程中身体及心理状态的评估和反馈，比如学生心理健康监测与预警、体质健康监测与评估、问题解决能力智能评价、学生综合发展规划等。

面对教育领域提出的具体要求，目前，智能化的基础设施、学习过程的智能化知识、智能化的评价手段、智能化的教师辅助手段和智能化的教育管理等方面已经成为人工智能技术在教育领域的基本应用内容。

首先，是自适应学习。早在 2017 年，《中国教育发展报告（2017）》就提出，我国计划在 2020 年消除 56 人以上的大班，旨在为每一个孩子提供个性化教育，力争全面和谐地发展每一名学生的个性。而自适应学习就是通过算法，将获取到的学习者的数据分析反馈给已有的知识图谱，为学习者提供包含个性化难度和个性化节奏的数字化教科书、课程和习题等内容,并且以个人为单位,接受不同的学习进度和学习内容,帮助他们记忆和掌握所学的知识。

其次,虚拟学习助手也成了智能教育的关键一环。人工智能技术与教育的结合,使得学习过程中细致而琐碎的知识获取得以更为高效地进行。AI 不仅可以在几分钟之内自动执行琐碎操作,如检查家庭作业、评分论文、查看缺席表,还可以借助虚拟角色和增强现实,创建可信的社会互动,为学习者提供陪练答疑、客服咨询、助教等服务。而对于企业,则可以中低成本为学习者提供标准化服务,并且还能够获得大量的数据反馈。

而针对更广义的教育活动,智能教育还带来了专家系统。专家系统结合了人工智能和大数据,具备自我学习和综合分析的能力。专家系统还可以获取、更新知识,不再只是静态的呈现规则和事实。简单来说,以往只有在某个领域的专家能够解决的复杂问题,如今可以借助专家系统,有效地运用数字化的经验和知识库进行即时解决。

除此之外,智能教育还极大地扩展了教育范围。如帮助残疾人群缩小与正常人群在身心功能上的差距,促进教育起点的公平化。而此时随着国内课改的不断推进,智能教育已经走进了人们的日常生活之中,如果你也在进行网课学习,那你就是智能教育应用和普及的参与者之一。

教育传播是传播的一种特殊表现形式,随着媒介技术的发展,教育传播系统的各个环节都在进行着相应的更新和迭代。从互联网技术与教育传播相结合开始,教育传播的效果和意义就被催生出了叠加效应,释放出了极大的能量。教师主导学习的模式被打破,教育信息更加多元,受教育者身份被泛化,也被赋予了更多的自由和权利。西欧和北美的网络教育开始时间较早,亚洲直至 2016 年才取代西欧,紧随北美成为世界第二。我国的网络教育产业自 1996 年开始起步,在 2012 年迎来了"世界 MOOC 元年"。可以说,智能媒体使得教育传播彰显出了独特的时代魅力,传授身份界限被消弭,主体选择多元性与互动双向性并存、教育信息外延扩大、教育媒体多元化,以及沉浸式传播环境的营造,都激发教育传播产生了极大的创造力。

尽管智能媒体的进场,催生了教育传播的蓬勃生机,但其中暗含的问题也更需要我们的关注,比如,人工智能教育应用的周期愈发缩短,门槛也不断降低。因此,教育工作者更应该正确地把握人工智能技术的本质及其应用方式。与之对应的,智能教育中多定位于适应性和个性化的学习系统以及综合性的智能教学系统。"学习者"对于 AI 技术的理解能力和整体素质则显得滞后许多。同时，智能教育在不同文化、制度和价值取向等诸多因素交织下的社会情境中，仍然存在着违背教育规律的可能。其潜在的过度教育、强迫教育或填鸭式教育危险也应当引起我们的注意。更有悲观主义者认为，智能教育改变了学习路径、学习布局、学习环境和绩效等，但对教育本质、教育结构的影响，仍然很浅。此外，一些不法之徒通过对合法用户账号的入侵、篡改、拷贝真实信息，传播虚假信息，则直接危害了教育信息的安全。据 360 公司统计，上海地区几乎所有知名高校的网站都被篡改过，学生的个人信息、考试成绩等都被置于存在巨大安全隐患的灰色地带。由此可见，信息海量化之后的甄别和过滤、知识鸿沟进一步加深所带来的隐忧、教育主体泛化导致的教育质量无法保证等，都是智能教育传播在未来发展中所需要解决的问题，也是提升教育传播效果的关键。

我们必须承认的是，智能媒体时代的到来，为社会的各个领域、各个专业都带来了巨大的能量，然而，在技术之光照亮人类前行之路的同时，如何警惕技术抑制人类理性所导致的价值流失，更加值得我们去探寻和思考。只有保持着思辨惯性，去拥抱技术发展所带来的一切，未雨绸缪，使得智能教育回归以人为本的核心，我们的教育事业才有可能始终朝向有生命力的前方。

四、短视频与青少年教育

短视频即短片视频，一般指时间长度在 5 分钟以内的、利用网络新媒体进行传播的视频，是互联网内容传播的一种方法。短、平、快的大流量传播内容，随着移动端的普及和网络速度的加快，受到各大平台、粉丝、资本的喜爱。随着网红经济的火爆，UGC 内容的制作者也逐步在视频行业兴起，微博、快手、秒拍、今日头条等都在进军短视频行业，并吸引了一批优秀的内容制作团队入驻。到 2017 年，短视频产业竞争进入白热化阶段，内容制作方也偏向了 PGC 化的专业制作。

在智能媒体传播中，短视频是一个重要的领域。今天我们来分析一个短视频平台——抖音，以及它可能为青少年教育做出的贡献。抖音是一个备受青少年喜爱的平台。青少年是最具好奇心的群体，他们是否能够从这个平台上获得知识、获取教育呢？我们观察了抖音中的青少年教育状况,勾勒了一幅知识地图,并总结了它可能带来的益处。

互联网就像一个知识海洋,深入到抖音内部,我们会发现,它能够提供的知识是极其全面、丰富而多样化的。其中,既有有关科学普及的内容,也有有关人文知识、人文通识的涉猎,同时涉及生活、工作各个方面的知识内容,因此我们称为是"成长的百科全书"。对于青少年来说,这是一个知识宝库,我们完全有可能从中各取所需,实现成长。

我们把抖音里的这些知识分成四组八类:

第一组是传统精粹与世界万象。其中,有中国传统的文化常识、历史发展、民间手艺、园林宫殿,也涉及现代的世界知识,比如世界各地的地理知识与文化习俗。

第二组是基础教育和成长进修。我们发现,基本上九年制义务教育的所有科目都可以在抖音上找到辅助学习的账号,或者是相关学习指导,这些账号可能为数学提供通俗易懂的解释,也可能为语文做一些形象的说明。在学校教育科目之外,青少年也可以学到其他各个领域的知识。

第三组是生活智慧和职场技巧。现代人既需要上得了厅堂,也需要下得了厨房,还能够做得了PPT。我们需要在生活和工作各个方面培养技能,抖音也有大量的知识账号帮助我们学习。

第四组是自然科普与社会通识。现代人需要文理兼备,我们既不能忽略科学素养的培育,又不能忽略人文知识的学习,因此需要在这两个方面同时着力。

那么,抖音上的知识学习有什么的样新形式、新方式,乃至于形成了什么样的新的教育模式呢?我们可以用一个形象的方法来进行总结,这就是"6S",用6个英文词总结它的新特征。第一个特征就是short,即"短"。抖音上的内容非常简短,用最短的篇幅提供最丰富的内容。第二个特征就是story-like,即"故事化"。用形象生动的方式传播知识,比如可以把非常难懂的天文物理知识用拟人化的方式讲给小孩子听。第三个特征是sufficient,即"丰富性",抖音中的知识是包罗万象,无所不有的,刚才我们已经说过。第四个特征是searchable,即"可搜索性",进一步推广就是"易得性"。第五个特征是sharing,即"分享",与其他人分享所带来的荣耀感,可能成为青少年进一步学习的重要驱动力。第六个特征是socializing,即"社交化",用户利用这个平台能够集成广阔的社交网络,知识能够在这个网络当中进行顺畅的流动。这就是我们所总结的六个方面的新特征。

短视频的学习过程,也形成了四个方面互相结合的新机制。一是兴趣化激发。兴趣是最好的老师,有了兴趣,有了好奇心,青少年会更乐于学习,获得更强大的内升驱动力。二是自主化学习。青少年可以独立自主进行学习,不仅学到知识,而且培养了他们的学习习惯和能力。三是链接化分享。这是人工智能技术能够给知识扩散带来的重要基础,有了这样的基础设施,知识就可以以更快的速度、更广的范围来进行分享。四是实践化导向。比如,青少年在抖音上看到了一个有趣的文物卡通形象,可能会发一次博物馆之旅;他们听了一个科普的小知识,可能会亲手做一个实验;他们了解了某一个历史人物的有趣故事,可能会进一步找书籍来阅读。如果知识真的能够获得更大规模的扩散与普及,必须有赖于线下和线上的转换,有赖于这两个空间之间的彼此打通。这种兴趣化激发、自主化学习、链接化分享、实践化导向,构成了抖音短视频社交平台进行青少年教育的最有利的生存机制。

那么,青少年可能从中得到什么呢?我们从四个方面总结,称为"给力青年"。第一,它应当有助于培养青少年的观察力、分析力和理解力。第二,它应当有助于提升青少年的思考力、判断力和专注力。第三,它应当有助于激发青少年的创造力、想象力和应变力。第四,它应该有助于培养青少年的行动力、交际力和凝聚力。在这样的基础上,抖音以及其他的短视频社交平台,乃至广阔的智能媒体环境,可以让青少年成为知行合一的新青年。

总之,智媒时代要求通过众创激发知识的活力,短视频平台有潜力被打造成为一个众创性的知识平台。通过人的集合以及机器的潜能,再把人和机器之间的互动关系纳入其中,为知识增长与分享提供丰裕的土壤。这种愿景是否可以顺利实现呢?它有赖于技术的发展,也有赖于企业对于社会责任感的重视,比如,抖音在2019年推出了一个活动,就是与中科院合作开展抖知计划,这就是承担社会责任的表现。它有赖于青少年的兴趣,也有赖于家长的努力,同时它还有赖于政府的接管与社会各方的广泛参与。

五、智慧政务与社会治理

智能技术给我们的治国理政也带来了新的可能性。今天我们来谈谈智慧政务与社会治理,主要谈的是现在的一个工作热点——县级融媒体中心的建设。融媒体是什么? "融媒体"是指在人力、内容、宣传等方面进行全面的整合,并充分利用媒介载体,将广播、电视、报纸等既有共性又有互补性的不同媒体整合在一起,实现"资源、内容、宣传、利益等"融通"的新型媒体。

加速农村振兴战略的发展,加强农村精神文明,加速农村脱贫攻坚步伐,是县级融媒体中心建设的重要功能。举个例子,协助农村销售农产品,推动农民脱贫,推动农村进步与农业繁荣,也能通过推广农村电子商务,加速城乡间的交流,推动农村振兴;引导农民发挥社会主义核心价值观,引导农民听党话、跟党走、感党恩,加强网络内容,宣传党的路线方针和强农惠农富农政策,促进农村移风易俗工作和社会不良风气治理。

县级融媒体中心建设要构建符合当地县情、适应县域特点、操作性强、可持续发展的县级融媒体中心平台体系,根据不同地区、不同地域的县情特点及其发展需求,实现应用功能多、效益好的和谐发展;要明确县级融媒体中心主管机构,加强财政资金的投入和保障力度,大力培养懂技术的专业人才,增强他们的归属感和认同感;要走好网络群众路线,把党中央的各种政策准确、真实、全面地传播到乡村、传递到百姓中,使之入民心、聚民心,明辨是非、澄清谬误,在基层形成营造健康良好的舆论环境的思想共识,汇聚起强大的力量。

县级融媒体中心是党的群众路线的主要载体,县级融媒体中心建设的一项重点工作是:为群众服务,突出服务事项,不断开发政务服务、电子服务、公共服务、文化服务、交际服务、娱乐服务等适应群众生活需求的服务功能。县级融媒体中心的建设宗旨是满足基层人民群众对美好生活的向往与追求。县级融媒体中心的优势是更贴近基层和群众,对基层群众的所急、需、盼要有更清晰的认识,针对不同地域的县情特点和发展需求,构建与当地县情相适应、与县域特点相适应、操作性强、可持续发展的县级融媒体中心平台体系,以达到效益最大化及功能最优化。要实现网络群众路线,把党中央的各种政策准确、真实、全面地传播到乡村,传播到人民群众之中。大浪淘沙,澄清谬误,凝聚民心,明辨是非,形成思想共识,为基层营造健康良好的舆论环境汇聚起磅礴的力量。

2018年8月22日召开的全国宣传思想工作会议强调,要更好地引导和服务群众,重点建设县级融媒体中心,媒体融合发展正在触及社会基层的内容。自 2003 年起，全国范围内围绕县级媒体的生存与发展、事业与产业、价值和空间等问题，对各县级媒体进行了整顿。随后，政府把对县级媒体的建设付诸行动，但由于是非中央层面及省部级层面，县及融媒体的建设面临人、财、物的匮乏，所面对的挑战会更大。

县级融媒体建设何去何从？如何破解规模有限、人才匮乏、经费有限的县级宣传系统？政治任务与传媒生存与发展的关系如何处理？在县级融媒体建设方面，可以把握的机会有哪些？这些问题都摆在眼前。

首先，县级融媒体中心要做到双重融合，一方面是媒体融合，另一方面是功能融合。媒体融合指的是各类媒体形态之间的界限要打破，而功能融合指的是县级融媒体中心不再仅仅是媒体，它还是社会治理的重要工具。复旦大学的教授朱春阳曾经提到，县级融媒体的建设目的是实现自上而下的全新融媒体传播模式，以行政权力为主，完成引导群众和服务群众两项任务。中国人民大学教授栾轶玫也曾经说到过，建设县级融媒体的目的是要实现信息发布的接近性、服务平台的贴合性、政务渠道的创新性、社会治理中介的智慧化、县域舆论的响应体系这五大功能，这其中重要一个是成为智慧化的社会治理中介。如果用一棵大树来做比喻，主流媒体是这棵大树的主干，社会舆论是大树的树皮，那可以确保这棵大树有机体健康的树叶就是县级融媒体中心。

其次，县级融媒体要转变观念，对自己的属性要重新认识，跨出自己的界限，不但要有跨界的勇气，还要重新划界，可以从以下几个方面来做。

第一，县级融媒体要在地缘边界上突围和重建。县级融媒体要立足本土，但是不能像中央级、省级、地级、县级传统的四级联办一样，依旧各自为政，而是要重新整合资源，与不同级别的融媒体相互补充与配合，让传播走出地理上的限制，这样才能让地方消息走出屋，也能让中央的信息传进来。

第二，县级融媒体要充分调动民众的参与热情，改变传统的单向灌输的宣传模式，突破传授双方的界限，在信息上利用媒体配置的资源上下互通，进一步推进官民舆论场的互通，在信息反馈上也要吸引更多的民众参与，让政府更好地为民众提供服务。

县级融媒体要在符号上进行重构与突破。曾经各自为战的媒体，都有自己的符号系统，县级融媒体要将多元化的媒介渠道和符号体系综合运用起来，实现资讯的平台化。

第三，县级融媒要对政媒边界进行突破重构。宣传制度本身就是党和政府的有机组成部分，所以要努力在政府服务职能与媒体宣传职能之间寻找一种新的结合点，这样才能形成一种新的职能制度。这一职能的整合，至少包含了媒体公示、政务公开和公共服务三大块内容。

总之，建立县级融媒体，必须立于本土，突破边界，上下贯通、内外贯通、导引与服务贯通，进行社会治理的创新智慧化。

这方面的一个成功案例是江苏邳州的"银杏融媒"。银杏融媒在清除本土舆论场、强化传播四力的同时，也为民众的精神提供了一个有效的途径。银杏融媒在处理社会问题方面，积极与当地乡镇、党委联合，全力以赴。银杏融媒也一直在建设一个全方位的服务平台，把融媒中心作为有效处理政务、文化、民生、教育等与县域群众密切相关的事项和增值服务的智慧端口，进一步践行引导服务群众、服务群众的理念，切实做到社会效益和经济效益在县域的统一。

那么，县级融媒体中心应该怎么改革呢？技术的智能化、产品的场景化、资源的平台化、业态的多样化，这四个方面值得我们关注。

第一，技术智能化。人工智能对人的信息传播进行了全方位的改造，比如在新闻领域，有无人机、多频道直播云台、传感器等工具可以进行新闻采集。新闻制造开始尝试机器人写作，用户画像和新闻分发的智能推荐日益成熟，在 VR 等技术的推动下，新闻消费也发生了变化。一个应用在县级融媒体中心的例子是甘肃省酒泉市玉门市，它的县级融媒体中心从本地出发，结合全球媒体的渠道，提出了"新闻＋政务＋应用服务"，利用祁连云数据融合中心，建设生产系统、指挥系统、资产管理系统、管理系统、全景演播系统，进行融媒体报道，全面打造智能化县级融媒体中心，采用"一中心四系统＋爱玉门 App"全方位的融媒体。

第二，产品场景化。2018 年 8 月 31 日，隶属于河南省郑州市的 16 个区县的融媒体中心同时挂牌，以郑报化中央厨房和新闻超市大平台为依托，打造统一指挥调度和分拨系统，整合市县两级媒体资源，探索"新闻＋政务＋服务＋电商"的智慧经营模式，由郑州报业集团牵头，基于郑报一体化的中央厨房和新闻超市平台，打造集市县的城市平台。

第三，资源平台化。有一个资源平台化的例子，吉林省通过省台一体化中心牵头，试点前郭、吉安、农安三县组，促进各种新闻元素深度融合，与省台一体化中心充分共享资源、互联互通媒体，实现品牌、中心、系统、通道、平台、人员的统一，在内容策划、内容制作、人员组织、资源调度等领域全面转型。简要来看，统一协调，分散集中，这是吉林省省部牵头、省委主建、分级维护、整体运行、利益共享的原则和核心。

第四，业态多元化。县级融媒体转型标杆是浙江湖州长兴媒体集团，其围绕中心、服务大局开展国家中心工作及当地重点活动的主题宣传报道，并通过科技支撑、深化改革、探索多元业态，以长兴广播电视台为中心组成部分，实行全媒体新闻采编、全链条产业运作。例如，推进企业经营模式与发展道路，建立长兴传媒品牌，实现县级融媒体可持续发展，对节假日、旅游、交通、传统节日、消费等民生内容进行深入挖掘。

总之，县域融媒体的发展模式需要因地制宜，既要有经验又要有沉淀，以便形成模式并推广到更广阔的市场，县级融媒体中心建设的实践正处于全面的阶段。其中最重要的问题有：涉及特定的资金运作、智媒的概念落地、最好的信息上传、资源调配、企业经营利润的模式等，都需要我们进一步的探索。

第三节　智能社会的来临

智能时代是一个社会科学的概念。1999年，互联网的概念被首次提出，随后，中国科学院展开了对传感网的讨论，并建成了初期的传感网，它是物联网的初级阶段，带来了一场新的科技革命。

人工智能正日益扩大应用场景，越来越多地融入人们的日常生活中，算法、数据、计算能力等关键因素也在不断地积累和突破。现在，人工智能已经从不会用、不好用到会用的技术的突破，进入了爆发性的增长。我们通过前面的内容了解到，智能机器人能够提供高效的社区服务，无人驾驶汽车在现实中不断升级。并且依靠深度学习算法，AI 不仅能够对疾病进行快速诊断，还能在一分钟内完成一名安全分析员一年的工作量，对数据代码进行分析。相关报告表明，我国人工智能核心产业规模 2017 年已经突破了 700 亿元人民币。同时，按照国际机器人联合会的预测，机器人的革命将会带来数万亿美元的经济环境。可以说，新一代人工智能正在世界范围内繁荣起来，蕴藏着巨大的市场空间的生活方式,正在发生深刻的变化。随着科技的进步,人类从网络社会逐渐进入了智能社会。

百度研究院原执行院长、地平线机器人技术创始人兼首席执行官于凯认为:本质上,智能社会是整个生活方式、社会生产的变革,它深刻地影响着生产力的提高。智能家居、智慧出行、智慧教育将随着生产效率和品质的提升而普及,生活品质将得到极大的改善,这会是一场全面的革新。

继农业社会、工业社会、信息社会后所产生的新观念就是智能社会,是当前随着全球智能浪潮的到来而形成的一种更高级的社会形式。智能化将作为一种新的智能化方式,与土地、资本、劳动力等生产方式有着举足轻重的地位,从而以智能化为导向形成新格局的国际产业链布局和分工体系。人类社会正日益逼近新一轮变革的临界点,而以智能为核心特征的各类新兴科技正在加速融合创新和聚变发展,智能社会作为一种更高级的社会形态,在农业社会、工业社会和信息社会之后会加速到来,社会形态将全面系统演进。正如美国科学院院士斯塔尼斯拉夫·乌拉姆讲道:不断加速的科技进步,以及其对人类生活模式带来的改变,似乎把人类带到了一个可以称为起点的阶段,人类社会现有的艺术和生活方式,经过这一阶段以后,就不会再有了。所以,智能社会在规模、影响范围和复杂性这些方面上远远超过了过去的一切社会形态,将使人类的生产和生活方式发生变化,重建个人、政府、企业、社会治理模式和国际竞争模式的关系,为人类社会的发展趋势带来持续、深刻的影响,是人类发展历程中一次全方位、系统性的变革。

企业竞争的主要形式是平台间的竞争,智慧经济中日益明显的是平台企业成为最有活力的一环,各个公司正由产业链整合演变为平台整合,而涉及平台经济的产业链也正通过资源信息的聚合而不断延伸。预估2050年,世界上将会有90%多的企业生存需要依赖平台,生产模式将发生以智能为主导的根本变化,可以提供灵活的制造智能生产线,以满足需要精确感知的信息分享平台,为生产要素配置模式向以消费为中心进行的反向一体化转变提供基础条件。在设计与研发、便捷的交易、提升效能等多个视角寻找增值的机会,促使生产制造从产品转向服务,从一次产品买卖转向长期服务提供,从低附加值生产转向高附加值服务。

同时,企业组织方式的创新主要体现在扁平化、去中心化和网络化这些方面，生产模式也越来越开放、共享和协同。开放和协同创新打破了传统的界限，固定的组织不再成为创新资源的限制，知识的传播障碍逐渐减弱，创新成本不断下降，信息不对等现象也将获得突破性的解决。随着组织创新方式的改变，创新的主体、模式和流程都发生了变化，出现了很多新型的组织模式，例如众筹、众志、众包等，资源和成果更加开放、便利和网络化，开启了大众创业、万众创新、迭代创新、微创新的新时代。

这种变化体现在信息的层面上，表现在网络使信息的生产和消费更方便、更快捷，成本更低，因为网络使信息变得更扁平，人工智能面对海量信息，能够让信息吸收更有效率、智慧、个性化；人工智能也可以看作是信息过滤的漏斗，通过它的筛选和处理，呈现出有价值的内容，这就是我们常说的信息的增值。

在人工智能发展的大趋势之下，人工智能也有着尚未解决的问题。

首先，人工智能是机器对人脑智能的模拟。人工智能想要更好的发展需要解决的第一个问题就是，现阶段脑科学研究还在摸索的过程中，还没有找到人脑产生智慧的原因。

其次，是计算能力。Alpha Go 凭借大批 CPU 和 GPU 的支持，才能打败李世石，人工智能哪怕只是去完成一个简单任务，都需要强大的计算力的支持，那么，今后在面对大批量工作的时候，人工智能又要怎样发展？

最后，就是数据。要想让人工智能真正实现智能应用，需要利用大量的数据不断深度学习才可以，这些数据来源于各种行业场景和产业。但目前来看，人类社会的行业环境还不具备提供大量数据的能力，所以人工智能在数据上的需求还得不到充分的满足。

那么我们该如何在未来实现智能社会呢？

首先，技术创新，构建全栈式技术能力。技术创新可以从两个层面上来思考。第一个是加强研发上的投资，可以在实时分析挖掘技术、自然语言处理技术、深度用户建模分析技术、分析理论的演进发展这几个方面进行重点投入，提升技术上的运算能力和基础理论，以促进人工智能的发展。第二个为支撑人工智能技术的发展而建立全方位的"云、管、端协同"的全栈式技术水平。这里面，"云"是指云 EI，即企业智能化，"端"是指各种智能终端，"管"则是将企业智能化与这能终端相连的中间设备，以此来对新生商业应用、大容量的智能信息渠道，以及多种多样的智能终端确定发展方针。

其次，建立互联互通、集约布局的社会信息资源共享平台。有充足的信息共享资源和很好的大数据技术的应用，才能更好地建设智慧社会。目前，一些数据中心建设由于条块分割、条块分割，相互之间无法进行信息共享，实际上形成了无数个"信息孤岛"。除此之外，智慧社会建设所需的信息，由于基础设施落后、信息化程度不高等原因，还不能及时汇集到贫困地区。为此，为了强化社会的数据化应用，全面整合公共基础数据，完善共享平台，优化共享机制，推动各个方面的数据聚集至共享交换平台，就必须打造一个信息资源集约布局、互联互通的社会共享数据平台，加快社会实现制造、医疗、金融、教育、养老、交通等社会各领域的网络平台化，把多个系统打通成为全社会共享的大数据平台，在这个平台上统筹协调社会各个领域，挖掘社会各个领域的数据资源潜在应用价值并进行横向应用，从而催生新型社会服务，推动加深社会创新。为实现政务管理智能化、社会发展和人民的生活智能化，可建设网上公共服务和管理平台、城市数据中心、政府公共信息资源交换平台等。

再次，树立以人为本、全民参与的智能社会发展理念。满足群众的需求，提高群众体验，是智慧社会建设的根本。在智慧社会建设中，更多地从民生服务的层面和群众体验的层面出发，发展更多的应用。充分发挥信息资源、新一代人工智能、信息技术手段，实现服务均等化、均质化，更好地满足人民群众的生活需要，提升人民群众的生活在智慧社会中的体现，提升政府服务能力和水平，围绕人民群众广泛关注和迫切需要解决的医疗、教育、社保、交通、就业、养老服务等实际需求，把社会的智能化转变成人的智慧。

最后，要构建健全的社会标准在各个领域的应用，构建健全的跨领域横向纵向信息资源共享与业务协作的智慧社会标准系统，包括智能交通、智慧治理、智慧医疗等。发挥政府、企业和行业协会的积极作用，推进信息技术基础标准、信息资源标准、网络基础设施标准、信息安全标准、应用标准、管理标准等应用规范和技术标准体系建设；同时，针对参与智慧社会建设工作的各个层面，从法律法规、重点政策、伦理道德规范、标准、安全监管与评价、知识产权和科学普及、劳动力培训等方面提出了相应的保障措施，确保智慧社会建设质量。

那么，你认为智能社会离我们还远吗？

　　智能化社会下，人类的生活途径发生了颠覆性改变。人类可以获得社会福利保障，而不用完全依靠自己的劳动。大家对智慧社会的生活充满想象。

　　例如，我们早上购买了水果、蔬菜等生活必需品，智能机器人就会根据购买的蔬菜和水果以及内置的菜谱，帮我们打理搭配好，当家里有宝宝、孕妇、老人或者病人时，智能机器人的社交神经元网络，每天都会给出不同的营养配餐，并且给出不同的指导意见，我们可以自己下厨房，也可以有机器人代劳。我们的家庭机器人，也身兼数职，既是家庭医生、家庭保姆，也是我们购物、娱乐、情感交流的好朋友。我们与远方的亲人聊天可以看见彼此的同时还能触摸他们，我们采取的是全息激光映像系统进行交流，是在虚拟现实的基础上达成的。智能化社会的我们一辈子都在学习中，我们的知识每天都在不断更新，从幼儿时期我们接受教育，一直到大学，我们都可以在家进行网络远程学习，还可以进行虚拟化的激光影像交流，技术带来的高品质、原生态的生活环境正被智能化新人类享受着。

第九章

5G 的推波助澜

5G，即第五代移动通信技术，又称 5G 技术，是继 4G、3G 和 2G 制式之后，最新一代蜂窝移动通信技术。5G 相较于之前几代移动通信技术来说，有着高数据传输速率、更低的延迟、低能耗、低成本、更高的系统容量和大规模设备连接。三大运营商于 2019 年 10 月 31 日发布 5G 商用套餐，并在 11 月 1 日正式上线使用。

2019 年 1 月 25 日上午，中共中央政治局在人民日报社举行第十二次集体学习，专题研究全媒体时代和媒体融合发展，中共中央总书记习近平在主持学习中指出：推动媒体融合发展，建设全媒体已成为我们所面对的紧迫项目。习近平总书记还同时强调："全媒体不断发展，出现了全程媒体、全息媒体、全员媒体、全效媒体，信息无处不在、无所不及、无人不用，导致了舆论生态、媒体格局、传播方式发生深刻变化，新闻舆论工作面临新的挑战。"这是习近平总书记站在时代和科技前沿的高度，精辟地概括了媒体现阶段的特点，准确地定位了媒体融合发展的方向，也准确地论述了新闻舆论工作的形势。

全媒体的"四全内容"体现了当今媒体的发展规律和形势。传统媒体是"你就是你、我就是我"，而当今的媒体融合由"你中有我、我中有你"走向"你就是我、我就是你"，媒体无论是在传播的形式上，还是在传播的业态上，都发生了翻天覆地的变化，全媒体的特征是"全过程、全信息、全人员、全效果"，新媒体要把"四个全"集成在一起，才能称为全媒体。"全程媒体"是属于时空维度的，媒体将事件的整个发展过程记录并报道，即可以跨越时空实现即时性传播。"全息媒体"是属于信息载体及表现形式维度的，是指信息通过文字、图片、音频、视频以及 VR、AR、MR、XR 等新兴的数字技术形式来实现传播，从而带给受众更丰富的感官体验。"全员媒体"是属于传播主体维度的，是指全员参与，包括社会中的每一位公民和每一个机构与组织，人人都是自媒体，可以进行信息的传播，并参与到信息的传播过程中。"全效媒体"是一种介于媒体的功能维度，将内容、服务、社交等功能结合起来，实现基于功能的全面化的特点。因此，全媒体的发展必须坚持融合发展的方向，加强智能传播，催化融合质量，提升融合效率。

全媒体的"四全内容"反映了当今媒体发展的复杂态势。随着新的技术及传播模式层不断发展、移动传播与智能传播的快速发展，传播平台从原来的新闻媒体应用向电子商务网站、行业企业网站、用户社交网站及各类公众号扩展；传播终端从报纸、广播电视台向互联网、移动终端等多终端转移,呈现出融合交叉的势态;传播平台、渠道、终端多元化,实时在线,社会生活的各个方面中都渗透着互动式、服务式、体验式场景。社交媒体时代形成一个多元而复杂的信息传播系统,主要特点是即时传播、移动接受、丰富互动、方便分享、沉浸体验、扁平化。主流专业媒体的信息传播能力和舆论引导优势遭遇挑战,媒体生态环境、格局和传播模式发生深刻变革,头部自媒体和平台媒体正在崛起为新一代主流媒体。

全媒体的"四全内容"提出了当今媒体的建设路径。运用新兴技术及新的机制和模式,充分利用互联网的传播优势,对各级媒体组织进行融合建设,实现信息传播的全面覆盖、延伸与拓展,把媒体向深度融合,最大限度上优化宣传效应。主流媒体平台要通过客观详细且有明确观点的信息报道,扩大其价值影响力,掌握新的舆论场主动权和主导权,以支持、保障、引导和治理行动,推进互联网内容生态发展,建设良性正向的网络空间,满足人民群众对信息的需求,促进线上线下形成统一。

第一节　5G 时代的颠覆性传播

一、从全时空传播到全程媒体

"全程媒体"正是习近平总书记提出的"四全媒体"之一。那么何为全程媒体?对此,中国教育电视台总编辑胡正荣认为,全媒体就是全程媒体,也就是说全媒体将是一个全时空传播的媒体,能够覆盖人与信息交流全程的载体。那么这个全时空传播又是指的什么?所谓的全时空传播就是人类社会的信息传播,将前所未有地实现信息传播的无时不在、无处不在。信息传播可以最大限度地突破人类传播历史中的最大障碍,即传播的时间和空间制约。

让我们来看一下 5G 技术条件下的全时空传播,以 2019 年央视春晚为例,在 2019 年央视春晚深圳分会场,中央广播电视总台用 5G 技术实现了 4K 超清视频内容的跨时空传播,走过了 36 年的央视春晚第一次在深圳分会场实现了 4K 超高清视频内容的 5G 传输。这也是我国第一次实现 5G 传输 4K 内容。这一次春节晚会,广东分会场 5G 传输技术保障方是广东移动、广东电信和华为,以实现北京和广东两地的 5G 信号的实时传送,来自广东移动、广东电信、华为的技术支持团队,现场保障直播链上的每个环节。5G 实现端到端平均时延低于 40 毫秒的信号输送,使得整个春晚的直播画面具有很高的稳定性。此次是春晚第一次用 5G 网络进行 4K 和 VR 春晚节目直播,主要是解决了以往 4G 网络无法解决的速率和时延问题。

据北大科技园创新研究院整理的数据,相对 4G 网络,5G 网络的传输速率提升 10 至 100 倍,峰值传输速率达到 20GB 每秒。在 5G 环境下,下载一部大容量经典电影的时间仅需要几秒钟,端到端的信息传输延迟可以达到毫秒的级别,可以连接的设备量提高了 10 到 100 倍,流量密度提高 100 倍,频谱效率提高 3 到 5 倍,可以保证用户在 500km/h 速度下的使用体验。从以上数据可以看出,5G 网络具有极高的速率、极大的容量和极低的时延。不仅如此,5G 还有着非常小的微基站,而且基站可移动。从以上不难发现,得益于 5G 的优势技术,信息将加速实现全时空传播,任何时间节点、任何空间所在,都可以进行人类信息传播。

那么,5G 技术的发展对全程媒体建设又有什么意义呢?首先,5G 信号的广泛覆盖,使得一般记者都可以在新闻现场进行视频直播。其次,经过"中央厨房"或者"融媒体中心"加工后的各类新闻,可以通过 5G 网络极快地分发到用户的手机端。在 5G 所产生的新的传播业态"5G+ 短视频 + 后受众"中,优质媒体产品的优势在高维度的场景传播情境中得到了提高,合理开发媒体平台的数据价值、延伸后受众时代短视频用户产业价值、构建 5G 时代智能媒介评价体系是提升媒介影响力的重要手段。5G 科技开启全新的智能时代,信息传播拓展了新的世界,信息的采集和输出可以被每一个对象来完成,极大程度拓展了传媒产业的发展路径,使"万物皆媒介"得以实现。与此同时,5G 技术极大地提高了上网速率,克服了以往虚拟现实技术和增强现实技术对网络传输速率要求高的问题,从而有效地解决了目前虚拟现实技术与增强现实技术不能很好交互、卡顿、分辨率低、模拟真实性低、延时过长、使用体验差等问题,并将虚拟场景结合到新闻现实中,从而真正地实现虚拟现实技术、增强现实技术在新闻领域的应用。另外,5G 技术将为代表未来视频技术发展趋势的 8K(3D)视频显示水平提供技术支撑,图像的传播效果也会更为稳定,从而激励媒体行业的视频制作、编辑加工、转播 / 直播等的发展。

从全时空传播到全程媒体,就是在全时空传播背景下,一个事件从发生到结束,无时无刻不在传播的链条中,或者说随时都可以变成一个公众信息。整个时空传播会把时空概念消弭殆尽,颠覆和修改传统媒体时代新闻传播的流程,随时随地都有传播的可能。全时空传播对传统采编流程造成了巨大影响,要求打造全程媒体,即全流程跟踪、全链条播报。从事件发生到结束,媒体需及时跟进,全程参与、深入介入,对新闻事件进行全流程的立体式报道。

全程媒体是指公众关心和关注的新闻事件,媒体应该全程关注、全程报道。从发生、发展到结束的新闻事件,时时刻刻都在传播的链条上,或者说,任何一条信息,都会在任何时候变成一个消灭时空观念,颠覆和修改传统媒体时代新闻传播过程,随时随地都有可能发生传播的公众关注和成为热议的对象。媒介参与新闻报道需要协调整个工作过程。新闻制造与传播过程的各个阶段,共同构建了信息的传播,它们互相衔接、协调一致地运作着。所以,全程媒介的提出,源于传统主流媒体在新闻制作与传播上的短板,也因为主流媒体在新形势下对自身建设的要求。

目前,在全程媒体建设过程中,绝大多数传统媒体实现了全流程和全过程传播,特别是在诸如地震、化工爆炸等突发事件报道上尤为明显。同时,全程媒体对传统主流媒体的新闻生产和传播提出的挑战与要求,具体表现在以下几点。

第一,为满足广大群众的知情权,及时、快速地捕捉最新的新闻资讯。对社会上发生的一些新闻事件反应不够灵敏,以致新闻时效滞后,这些还都是主流媒体习惯的计划经济模式下的新闻运作。全程媒体则要求新型主流媒体必须充当社会雷达的角色,对社会的最新信息及其变化进行快速捕捉,通过媒体,受众可以随时触及最新资讯。

第二,基本上实现了新闻事件发生时全过程的信息传递,采编人员到达事发地点的报道,一般在半个小时内全部实现,详细报道在 2 个小时内实现,深度报道在 6 个小时内实现,文字、音视频和图片也可以实现同步报道。全程媒体形势下,媒体需要对社会热点事件进行持续性追踪报道,杜绝"虎头蛇尾",也要善于挖掘新闻背后的事情。

第三,强强联手打造新闻精品,需要媒体渠道和人才的资源优势整合。传统媒体很难保证新闻信息的质量,因为它们分工过细,且各自为政,所以相互之间的工作协调性不高,对于新闻的影响力到底有多大,观众是否满意等问题,并不会过多地考虑。但全程媒体则不同,它要求主流媒体一定要有融合性的思维,做好媒体渠道和人才的资源优势整合,优化新闻生产流程,依托大数据、人工智能、云计算等技术手段,合力打造优势新闻。

第四,及时与用户沟通、重视整个新闻报道中的用户体验。全程媒体的关键,是要优化和重构整个采编流程,不然全媒体的转型就会浮在表面上,现阶段真正做到采编流程重新配置的只有少数的几家媒体,比如新华社、封面新闻、华西都市报。以新华社的"新华云"为例,新华云充分考虑了媒体融合发展的大趋势,通过整合全媒体资源库系统、全媒体采编系统、新媒体发布系统、大数据传播效果分析系统以及全媒体绩效考核系统等系统,从采编、发布、监控全流程对媒体进行重构和再造。

尽管新华社、封面新闻等少数媒体,通过采编流程的彻底重构和优化,在全程媒体建设方面取得了一些成就,然而,绝大部分传统媒体对采编流程的重构并不彻底,这也导致全程媒体不能真正实现。因此,在未来全程媒体建设过程中,必须对媒体的采编流程进行彻底的重构和优化,构建全程媒体新闻生产和传播的新机制和新体系。基于以上内容,我们给出一定的全程媒体建设建议。

第一,要增强系统思维和整体效应。有的传统媒体因为没有进行系统的考虑,它们很少会去考虑用户的反应,更多的是追求信息的生产,把信息生产和传输的核心传播力、影响力、引导力和公信力等因素翻开来看,其实,这"四个力量"将相互补充与影响,贯通于信息生产和传输的整个过程。所以,媒体在进行全程媒体建设的过程中,应在传播力、影响力、引导力和公信力这四个方面有所突破,让这四个方面协同起来,发挥全程媒体的优势。全程媒体建设既要注重新闻生产,又要注重受众反馈,切实增强其整体效应。比如,在2019年两会期间,封面新闻推出了较为新颖的"我的两会VLOG",由封面新闻的记者带受众领略采访路上的画面,尽管视频拍摄的画面不时会摇晃,显得并不专业,但给不少观众带来亲近感的恰恰是这种不专业。

第二,开展媒体过程优化及平台重建的工作,新闻生产能力有所提高。在新闻生产过程中,传统媒介完全依靠个人认知来判断新闻价值,很少会考虑受众所关心的内容和兴趣爱好所在点,准确性和科学性更是谈不上了。在全程媒体的环境下,通过大数据技术对新闻的信息进行分析,可以有目的地完成新闻专题的设置、新闻线索的获得、采访内容的策划等。对于前人记者发回的稿件,新闻采编人员不再只是被动接收和修改,而是可以按照不同用户的需要,提前介入新闻采写当中。

举个例子,"封巢智媒体系统"是在封面新闻找到了"AI + 媒体"的融合的切入点后,自主开发出的应用,它借助人工智能的发展,在管理、效率、决策等方面不断提升,目的是建立一套完整的办法,即新一代产业云 SaaS(软件也就是服务 App + 网站 + 工作台),传统媒体的制作过程被改变,实现媒体、技术、用户在人工智能时代的互动融合,推动新闻生产流程的智能变革,并将"人工智能 + 媒体"作为媒体的创新点。作为以数据为核心、"智慧 + 智能"的智媒融合平台——"封巢智媒系统"对记者、编辑有着重构性的改变,也改变了整个采编流程。"封巢智媒系统"的核心是数据,除此之外,它还有四个系统做支持,第一个是全网采集系统,它可以实现按需定制的快速抓取,以及 1 秒钟通知竞品的获取;第二个是热点监控系统,它可以在全网范围内抓取内容,有海量的信息源,抓取的内容还可以实现一键分发;第三个是模型化、自动化的传播分析系统,它可以监控网络的整体流量情况,并以传播为导向,实时动态调整信息的生产;第四个是内容管理系统,用来实现一次制作、一键多发、精准分发的全面管理。封巢的这四个系统与信息生产的所有环节连通,以全网大数据准确评价传播效果,支持以移动互联网传播为主体的内容生产流程重构,指导政策、采编、审核、发布全流程多场景构建起从内容生产到制作、分发再到效果监测的全循环融媒中心,打造一站式融媒工作平台,提高了各个环节的全面利用率。

从封面新闻的实践中可以看到,以建设快、投入低、媒体业务性强、可靠易用、随业务升级等优势,"封巢传媒系统"翔实的数据仓库,包括内容、业务、外部、运营等,起初的线索收集,到策划、采编、审发、传播再到最后的考核环节,全覆盖内容生产,从事人工智能时代媒体融合技术支持平台,"封巢智传媒系统"已具有一定的应用价值。

第三,实现信息内容、技术应用、平台终端、管理手段共融互通。全程媒体的建设需要组成一个相对闭合的新闻生产与传播流程,包括从新闻的内容、技术、平台到媒体的管理。新闻生产力的建立与提高,离不开这些主要因素,尤其是在新媒体时代,新技术的使用从根本上促进了新闻生产力的提升。大数据和人工智能技术的优势体现在"机器学习""精准传播"和"用户画像"这三个方面,"用户画像"支持的内容越多,信息推送就做得越精准,此时,"用户画像"与"机器学习"相结合,就可以得出基于用户的、极其精准的信息流,这就实现了"精准传播",这完全是从用户的角度出发,做到了对用户需求的准确把握,同时运用先进的管理措施,形成新的业态。

在不久的将来,随着 5G 网络的来临,以及人工智能技术和物联网技术的发展,可以预见,媒体将会加速实现全时空传播。新闻生产与传播程序会进一步重建,信息传播无时不在、无处不在,这将使人、物、财力、信息的潜力最大化。

二、从全现实传播到全息媒体

全息媒介的发展离不开全息的技术的发展,"全息"一词是希腊语的"holos",意思是"fullinformation"。英国科学家丹尼斯伽于 1948 年首次提出了全息成像理论,因此全息技术得到了广泛的应用。视频与文字、游戏与学习、触控手控、H5 富文本等内容在全息技术支撑下的全息媒体,以更多元、更立体的方式,力求将所有内容真实地呈现在技术之上,带来全新的新闻接收体验。

建设全息媒介,促进主流媒介的全息化,其意义主要表现在三个方面。第一,为舆论引导新生态的建设奠定了基础。抢占舆论控制地位、维护新形势下的理念安全是媒介全息化的客观要求。全息主流媒体产生穿透力和影响力,以舆论为切入点,辅助以公信力和引导力,建立舆论"风向标"的地位。主流媒介要想在思想层面上有话语权,就要充分使用全息技术,积极适应互联网的传播特征,成为引导舆论的主导者。第二,有助于探索网络传播新方式。主流媒体的全息化不但可以进行立体、即时、多维的信息传播,还可以对传统的新闻表现形式进行再建。从新闻咨询生产上来看,在快讯、通信报道、简讯、前情挖掘,甚至深度分析方面,全息传播方式贯穿于新闻生产的整个过程,将新闻的不同信息点进行呈现,同时,考虑到网络的速度和报道的深度,把新闻从静态产品的动态产物转变为实时滚动。全息技术所产生的互动方式不同于传统的单向传播,重建和再定义了新闻的状态。从新闻信息的推送角度来看,全息媒体在资源、运营、技术等多个层面都能实现深度融合,这体现在终端、渠道、平台和云的融合。第三,有助于开启媒体发展新格局。不论是从媒介发展的自身需求上来看,还是从媒介融合的大趋势来看,全息媒体的发展都是必经之路。它除了具有内容制造的优势之外，还很好地迎合了用户的阅读习惯，因此在媒介阵营中具有很强的影响力和竞争力，对舆论场主动权和主导权的全面掌握，将会起到推波助澜的作用。同时，全息技术的使用是有一定要求的，它需要有强大的技术及资金作为后盾，所以媒体的全息化也是大浪淘沙的过程，不适合新媒体转型的媒体，或被淘汰，或被有实力的媒体整合，这有利于提升媒体的生产力和传播力。

特别是党报、党台、党网等主流媒体必须与时俱进，勇于探索新技术、新模式、新机制，加快整合发展进度，使得宣传效果最优化。要想发展全息媒介，必须重点放在四个方面：

第一，坚持正确导向。我们是为了提高媒体的传播力，才发展全息媒体的，所以发展全息媒体还是要本着服务人民、文化传承、引导思想及舆论的基本原则。为了扩大媒体的传播效果，更多的新闻内容要转向通过全息技术等新兴技术来提供。

第二，完善体制机制。构建全息媒体，技术转变是基础，除此之外，还要转变思想，要具备媒介融合及改革的思路。各级党委和政府要加强对媒介的融合与发展的支持，尤其要投资充足的人力、物力、财力，对主流传统媒介进行有效的政策支持，从政策、资金、人才等方面给予更多的支持。要帮助媒体做好全息媒体的顶层设计，在规划和实施中，各级宣传管理部门根据新媒体管理机制，推动全息媒体建设目标明确、方向准确、分级分类、层层推进、分步实施，配套落实政策措施，特别是政策倾斜力度更大。

第三，培养人才队伍。主流媒介要充分利用平台优势，积极寻找全媒介建设的技术优势，以人才优势为中心的平台优势和技术优势。构建全息媒体，除了要发展技术人才外，还要培养新媒体的传播人才。当前，中央媒体在全息媒体建设方面做得比较好，而其他级别媒体在这方面则相对落后。因此，要兼顾人才储备与人才建设，提升新技术的使用，探讨如何利用全息传播媒体提供更为真实、客观的信息，有效地提高"媒体四力"。

第四，加强技术支持。媒体变革的根本动力是技术的发展，包括构建全息媒体，新华社已经使用"AI合成主播"来报道新闻，这是世界第一次VR与AR技术、写作机器人、无人机、智能硬件及大数据、云计算在信息传播上被广泛应用，使得信息采集与制作、信息传播和交互的主体向社会大众延伸。

三、从全连接传播到全员媒体

自媒体的准入门槛随着智能终端的普及大大降低,几乎所有人都是网络公共社交中的媒体,甚至在大型新闻事件中,用户的话语权也是一样的。全员传媒的发展特征,已经在舆论声此起彼伏的全媒体环境中初露端倪。由于智能手机等终端设备的发展普及,大幅度降低了媒体的准入标准,媒体的参与者越来越多,原来一元主导、重点引导的媒体特征转变为多元共治、相互制约,由原来的单向被动传播变为双向互动传播,每个社会大众都可以做传播者,都可以发声,都是媒体,都可以作为媒体生态和舆论场的现实情况,这就是"全员媒体"。在社会的各个方面,通过网络进入社会信息交互过程中的主体(个人、各种机构等)都在发生变化,几乎人人都可以进行信息的传播,媒体内部也面临着随时现场报道的新要求,呼唤涌现更多全媒型、专家型记者,更好地发挥引领主流舆论的作用,促进全民媒介素养的提高。

全媒体记者是指集采写、录音、拍摄、撰写、使用互联网和现代化设备等多种能力于一体,具有突破传统媒体界限的思维和能力,适应媒体岗位流通互动的专门人才。同时,发挥不同载体的不同组合所产生的效应,全媒体记者要有新闻聚合的头脑,要适合各种媒体的特点。做全媒介的记者,要发掘观众的新闻资源,擅长与观众进行交流,并充分利用网络、手机等交流方式进行"新闻眼"。同时,还要能写内容、会拍摄、会交互,要熟悉电脑和手机应用,掌握视频拍摄、剪辑技术,以及传播和叙事技巧。

2016年以来,全国各地媒体纷纷转型,在融媒体大趋势的背景下,2017年两会记者们特别配备了"八爪鱼"和"蜘蛛侠"设备。不论是"八爪鱼"还是"蜘蛛侠",它们都有个专业的名字——多信道直播云台,"蜘蛛侠"多频道直播云台是一种实现对新闻资讯收集、发布于一体的全媒体报道设备,可以在不安装任何软件的情况下,观众可以实现手机裸眼观看高清VR直播,为观众提供最高3K画幅、4M码流的视频和VR信号。视频、全景、VR等内容的同步直播及程序,一个人就能迅速地完成。记者利用云控制台、云存储、流媒体服务体系,实现了跨平台的视频内容分发和适配,如PC端、新闻客户端、H5页面等,使多种媒体产品在同一平台上快速产生聚合。比起相同集新闻信息采集、发布于一体的"蜘蛛侠"大块头,"八爪鱼"要更小巧一些,是湖北广电进行报道的单兵设备,它可以进行多信号多平台同步直播,同时连线 6 家直播平台。多频道、多纬度、全方位的融媒体,要求两会记者不仅眼要尖、腿要快,还要熟练掌握各种传播工具,随着 5G 时代的到来,对于全媒型、专家型记者的要求会更高。

全员媒体都有哪些特点呢?

第一,信息生产若要实现全息化和全程化,需要媒体全员出动。

"现场云"是新华社对全国新闻媒介开放"现场新闻"功能的平台,可以"一站式"解决新闻报道方案。记者采用"现场云"的方式,只要有手机就可以实现信息的采集与同步回传,同时,在大本营的编辑通过回传的信息,进行在线编辑与传播,从而提高了媒体新闻报道的即时性。这样做的目的在于把"新闻直播态"产品与国内各类媒体进行共享,为省、地、县级媒体提供一个融合发展的新平台。

"现场云"平台在媒体内部的使用范围经历了三个过程。第一阶段,"现场云"刚刚起步时,进行新闻直播报道的仅有新华社新媒体部的相关直播人员。第二阶段,使用"现场云"来进行新闻报道的人员,从以前单一的专门直播人员,延伸到整个新媒体部门,日常新闻也借助"现场云"进行直播形式的报道。第三阶段,不但是新闻媒体部门,传统的制作部门为了改变素材采集与信息发布相分离的状态,也开始使用"现场云","现场云"的应用从新媒体部门向全员应用过渡。新媒体部门的功能在发展到第二个阶段后发生了重大变化,以前,新媒体部门发布的信息只是依赖传统部门生产的内容,直接复制传统部门发布的内容,现在,他们从"搬运工"转变为自己编排与制作,变成了真正的"媒体人"。新媒体与传统媒体融合在发展到第三个阶段后出现了重要变化,一位记者从开始采访到结束,就要完成第一轮信息报道,所以发稿必须与采访同步进行。记者可以方便地将时间线性排列的直播状态素材,通过"现场云"的编辑工具,制作成结构化叙事的信息,也可以将其加工制作成视频信息。

第二,社会化生产已经实现,大量通信员的合作也可以通过网络实现。

在实践中,经常会出现记者与通信员沟通不畅的情况,如今,通信员发布信息不用再依赖记者,他们举着手机就可以随时收集新闻信息,这不但为全媒体的线上协同打下基础,也大幅度降低了记者与通信员之间的沟通成本。全员媒体的模式有着极高的边际效应,很多主流媒体将辖区内党政部门"建制化"组织起来,发挥机制的优势,形成大范围的覆盖,信息发布者无处不在,通过"现场云",媒体实现了"本地消息集群"。

第三,对非媒体、自媒体参与主流信息制作的有力促进。

众多会遇到突发情况的公安、消防、救援等行业用户活跃在"直播云"上,其提供的资讯报道迅速、生动、接地气,具有显著的传播效应。相关职能部门达成战略合作协议,将"现场云"的使用在行业内整体推广,以进一步复制推广该模式。现场云也推出了"拍客"计划,将自媒体规模化地组织起来,进入制作系统。

在全员媒体的大环境下,为了吸引更多的用户参与,媒体采取了很多措施。首先,在新闻客户端上开设政务号版块,吸引政府注册成为用户。其次,开设专门板块或应用,来吸引专家注册成为用户,比如人民日报的"人民号"。再次,在学校等学生阵地吸引广大的学员参与,比如封面新闻就有很多学生用户。最后,建立用户提问,专家回答的问答版块,已经成为新媒流量的主要来源。

传统媒体通过吸引用户参与,借助新形势下用户生产内容的媒体形态,使内容得到了极大的丰富。传统媒体与互联网平台相比,在全员媒体方面存在巨大差距,主要不足体现在以下两点:首先,因为技术能力一般,不敢大量吸引用户进行内容的生产,用户与内容水平都较低的情况下,就很难引流,所以广告投入就低;其次,基本没有可以方便用户参与及制造内容的渠道,所以用户参与度低,但新媒体平台则不然,它们有很多可以让用户方便操作的设置,用户就算不识字也可以很便捷地进行信息的分享与生产。

基于以上内容,我们对全员媒体的建设,提出以下三点建议:

第一,发动全体员工树立正确的融媒体传播理念,坚持党性原则,坚持马克思主义新闻观,政治上要把握好度,有尺度、站好位,保持主流媒体的风格和风范。尽管从事融媒体传播工作时,内部员工各有分工,但每个岗位的员工,其意识和作风都要围绕正确的新闻价值观服务,不要被流量绑架。

第二,机制和流量再造上要体现"全员化"。强化"协同开放、开门办报"的理念,在融媒体建设上同样适用,而且更需加强,通过构建线上通信员的自媒体联盟平台,以及强化用户线上社群的维护和开发,既增加与用户的黏合性,也有利于从中发觉内容素材、反哺内容生产。

第三,不能忽视新技术学。媒体人,人人都要当好产品经理,跳出传统思维,用互联网思维和符合互联网规律的方法去研究,关注新技术、新事物、新现象,去组织新的用户关系,建立新的媒体平台,发起新的生活方式,搭建新的流量门户,设计好有传媒特色产品的内核。

四、从全功能传播到全效媒体

所谓"全效",指的是媒体实现全面化的功能。现阶段,各类应用都在互联网平台上运行,网络媒体呈现出明显的平台化趋势,网络成了数据的集结地,被用户广泛使用。基于此,大大提高了媒体功能维度的传播效果。

"全效媒体"是指媒体通过新兴技术及媒介载体的运用,给用户带来了更丰富的体验,释放了更大的能量。首先,使文字、声音、图片、影像等信息交叉综合更丰富、更立体,效果更全面;其次,移动化、碎片化、分众化的传播特点带来更高的效率和更直接的感受;再次,功能的划分、整合与创新,各项服务功能有机融合,使内容及方式更契合需求,让媒体受众更符合预期;最后,因为有了用户的深度参与和互动,带来了更全面的传播效果,用户的体验感大大提升。

"全效媒体"从传播效果的视角来看,就是要实现传播的全面效果,体现在以下几个方面。首先,在传统媒体传播能力的基础上,提升网络特别是移动网络的传播能力。其次,指导与服务舆论的能力也要兼顾。最后,社会与经济效益均要顾及。就独立的新闻而言,既要考核它的传播效果在网络上的情况,也要考核它的传播效果在传统媒体上的情况,从全媒介、全过程的角度对媒体进行评价。

结合以上所提的内容,传统媒体积极按照互联网的规律来改造自身,在全效媒体建设方面取得了一定的成效,主要体现在以下几点:

首先,提升面向现代传播环境的网络传播力,同时保持较强的自身传统传播能力。现阶段,传统媒体的现代网络传播能力的提升,在很大程度上弥补了由于受众减少所带来的较弱的传统传播力。

2018年中国媒体,融合传播指数报告显示,融合传播矩阵建设使我国融媒体吸引了更加广泛的用户群体。除网站、微信用户之外,平均每份报纸融合传播,覆盖用户总数为979.7万,是传统报纸发行量均值的

24.7 倍。平均每家广播电台融合传播覆盖,用户总数为 2225.8 万。平均每家电视台融合传播覆盖用户总数为 4993.1 万,是传统电视收视人口均值的 0.3 倍。媒体在各个平台的用户呈增长趋势。2018 年报纸广播电台、电视台、微博粉丝量分别比 2017 年增长 17.1%、12.8%、25.8%,入驻聚合新闻客户端的用户订阅量分别增长 243.8%、169.7%、279.4%,自有客户端下载量分别增长 50%、113.8%、37.7%。从渠道平台覆盖使用者生长的观点来看,移动化、社交化趋势是一致的。

其次,很多传统媒体的服务能力得到了极大提高。例如,通过挖掘当地的服务潜能,南方城市报为当地政府组织的治理系统和治理能力现代化提供了良好的支持,就是要主动地进行数据智囊团的转型。瑞安日报社将自己的定位作为城市的服务者,为政府与创新创业者提供很好的服务,并在各种工业园区的大背景下建立起一种有效的交流桥梁。佛山日报以当地为依托,深化地方政府服务、社区服务市场等多种途径。

再次,部分传统媒体通过全效媒体的建设,经济效益得到了很大的提高。在互联网的冲击下,传统媒体采用"二次销售"的商业模式,即首先把产品销售给受众,媒体基于受众的数量和质量获得一定的传播功能,再让广告主来消费传播力,然后实现经营价值,完成经营模式。由于互联网时代,传统媒体受众大幅度减少,原来的"二次销售"商业模式已经坍塌,急需通过创新商业模式和盈利模式来取得经济效益。南方都市报通过组建精干人员队伍和产品内容形式创新等方式,在 2018 年就实现了数据产品的盈利占营业收总额入的 30%,净利润增长幅度较大。封面新闻的智慧化转型也有了新的突破,同样是在 2018 年,封面新闻营业收入同比增长 81%,并实现盈利,扭转了连续 6 年持续下滑的局面,封面收入逆势增长。

最后,传统媒体将全面评估新闻传播,并以渠道评估结果为指导,对内容制作、酬劳等进行指导。通过全面提高媒体"四力",加强媒介的传播效果,提高传播精度。首先,传播效果的提升需要对标新兴媒体传播的特性,然后对已有的生产模式进行改进。大多数传统媒介的"镇版之作",在新媒介与传统媒介之间的两种途径下,不能直接转换成"刷屏之作"。与之形成鲜明的比较的是,移动端在新媒介下的内容生产,直接对标记移动端从源头上传播的规律进行直接的分析,从而极大地推动了供应端和消费者的"无缝对接"。其次,掌握信息体验与观众体验市场前景,具有针对性的分类内容,才能提高传播效果。"现场云"的直播报导,以其高度的优点和既视感，满足了对新闻的关注和长期的刚性需要，而精简短视频，满足了低成本和迅速阅读的泛资讯消费者，前者集中在高逼格的局部化传播，后者专注于高新闻的大众传播，也满足了对新闻的关注和持续的刚性需求者。再次，提升传播效果，必须把握受众的阅读心理，对外国观众的传播中，更多的是体现新闻的温情、人性、故事性、节奏性。"现场云"有大量来自基层的生动报道，曾在新华社国外社会媒体平台播发的《为爱停留 热心小伙骑车为老太挡车流》，以刷新历史浏览纪录的1.88亿浏览量，在海外社交媒体平台上得到了重视。最后，提升传播效果还要求媒体更加准确地把握时度效，即时机、时效、分寸、力度和效果这几个方面。四川宣汉县与媒体中心直播的《脱贫攻坚路 巴山峡谷情》，浏览量大于700万，点赞达5万，评论有1万多条，帖中的消极评论率仅有万分之0.2，这篇报告将传播时效和具体场景结合起来，亲情乡情的纽带将全国、全世界的宣汉人联系起来，在移动网络上建立强有力的主流舆论场、传输时度效和传输时度效。

传统媒体的全效媒体建设只是一个开端，任重而道远。首先，以互联网为基础的用户量还很少，现代传播能力建设还有很长的路要走，这是衡量现代传播能力的核心指标。其次，传统媒体整体来讲服务能力比较弱，对它的改造影响比较大。再次，大部分的传统媒介，尤其是以市场为导向的媒介，由于经济效益很差，许多已经很难继续坚持下去。最后，传统媒介的全面评价，绝大多数都比较简单，成效并不理想。

第二节　5G 智能前景下的融媒体建设

一、信息系统的重构

信息系统（Information System）经历了数据的简单处理、业务的独立管理和智慧的融合三个发展阶段，一般是指通过计算机硬件、软件、网络通信设备等进行信息采集、传递、加工、存储、更新、扩展、维护等工作的系统。它是以处理信息流为目标的人机集成系统，由计算机硬件、网络和通信设备、计算机软件、信息资源、信息使用者和规章制度等构成，涉及输入、处理、存储、输出和控制这五项主要功能。

对于媒体来说，特别是在内容的生产和传播过程当中，这五个基本环节必不可少。在传统媒体时代，各个环节通常割裂开来，往往存在效率低下、资源重复利用等问题。随着互联网技术、电子计算机技术等高新技术的日益发展壮大，使得媒体领域逐渐呈现多元化的趋势，不断推动产业向着融合发展的方向变革。早在2007年，英国广播公司BBC就开始提出并实践了"统一编辑部"的理念，通过利用跨平台的数字化采集、加工和发布系统，从各个渠道集中处理新闻信息，再将素材编辑成适合发布的不同媒体的产品。这一次实现了新闻采编全部门的全面革新，即从组织框架到基础技术再到编辑过程。

5G时代的到来，凭借着5G高速率、大容量和低时延以及物联网、云计算等技术的发展，将从根本上拓展甚至改变信息处理、存储和传输的能力，这将推动信息系统进一步发生大变革。

在视频直播中，通常由转播车系统、信号传输系统和现场灯光音响系统三部分组成的传统直播系统，利用摄像机将现场的内容输入到转播车，经过一定的技术加工，然后利用光纤、卫星或微波回传信号，将现场的内容传递到导播室中。现在，利用5G网络摄像机，在解决卫星和光缆回传限制的同时，还可以通过5G回传来丰富节目场景，使远程直播的成本被大幅度降低了。在2019年，世界超高清视频产业发展大会上，华为展示了一款"便携式5G背包"，通过背包里放置的5G CPE终端，将超高清相机与编码器相结合，将视频流实时传送到演播导控室，不需要建立大规模的光纤，也不要求微波和卫星的转播车，通过现有的广覆盖、大带宽、低时延的5G网络就可以实现。信号传输系统可以看成一个简单的小背囊，在转播技术轻巧的情况下，对整个采编过程进行优化，背上这个小背囊就可以实现现场采编任务。

随着5G网络的发展，用户对于4K、8K等超高清视听体验将会有强烈需求，同时在5G技术条件下，4K、8K超高清视频一定会成为未来市场中大型赛事、演唱会等视频直播的标准。在巨大的数据传输量面前，对于网络环境和带宽的要求都非常高，5G商用自然成为高清视频转播、直播的重要推手，5G的超大带宽及低时延的特点让超高清视频的传输成为可能。5G网络可以制作、传输效果更佳的高清视频内容，将使用户不仅能够随时随地体验4K以上的超高清视频内容，还可以支持新的视频显示形式，例如4K、8K、VR等。

5G 的低时延还可以增加内容生产的空间，并支持互动和内容的协作。2019 年春节联欢晚会，中国移动与中央广播电视总台合作完成了春晚首次"5G + 4K 超高清"直播。借助 5G 网络和 5G CPE 终端，将春晚深圳分会场的 4K 高清画面通过 5G 基站回传到"转播车"，即展现在广大观众面前的北京 CCTV 总台演播室。"5G + VR 全景视频"与"5G + 超高清视频相似，它依赖于 5G 的低时延、高无线传播能力，可以更流畅地传送 VR 图像的通信数据，并进一步提高清晰度，可以有效地解决当前 VR 图像体验问题，如分辨率低、帧率低等。

除了媒体的内容生产以外，在 5G 和人工智能的融合下，万物互联都将成为可能，传感器能够让人与物在数据构筑的智能环境中进行交互，每个物体都将成为信源。5G 带来的万物皆媒的变革，使得我们可以随时随地利用各种设备作为互联网的接口，融入虚拟世界之中，并逐渐呈现出一种人机共生的样态。以智能家居为例，在 5G 低时延和物联网的作用下，能够实现更多居家设备智能化互联，并且提升设备间的响应速度。物联网感知器与人的能力相比，具有感知广度、深度和准确度明显的优势，可以实现预测性报道，提供准确可靠的数据，通过多维感知的物联网，叠加强大的计算能力，利用传感器所收集到的信息为用户无缝地提供个性化的信息，满足生活的需求，打造具有虚拟和沉浸感的体验。

利用 5G 网络的传输能力，采编人员不论在哪里，都可以及时将现场的图文和声像信息上传到云端数据库中，并将所获得的原始信息交给采编人员统一处理，集中处理形成模块化的素材库，打造一个流媒体的云端数据库，同时还可以以云端数据库为中心，通过平台驱动业务流程，实现具体业务生产，通过运营支撑平台整合，完成内容审核、分发、管理的对接。当全部素材资源都聚合在一个数据库当中，编辑就可以根据不同的媒体形态和传播特征，将资源按照需求组合生产出相应的内容产品，再通过云端流媒体服务器面向不同的媒体渠道进行传输。直播内容也可以通过专线或网络系统，直接连接直播平台或"两微一端"，为用户提供低延时和方便快捷的直播体验，并最终实现全媒体传播，打通与不同类型用户之间的连接，增强媒体竞争力。

在信息系统的管理和控制方面，人工智能技术与 5G 的深度融合也将带来新的改变。人工智能可以帮助 5G 在部署规划、运行维护等方面实现高度的自动化和智能化。针对 5G 网络的虚拟化、灵活性和定制化，对当前的网络能力和用户对业务质量的不同需求进行分析,实现了网络与平台资源的协调,为用户提供具有不同侧重的服务。另外还可以引入人脸识别技术等 AI 技术,实现对资源内容的标签化管理,辅助编目和检索,全面提高工作效率,实现内容资源的全日监控精确化数据统计,方便内容和用户资源的管理。5G 和人工智能的融合,将使个人潜能不断释放、生活不断丰富、组织创新能力进一步激发,不断创造巨大价值。

二、用户平台的重建

5G 技术凭借着超高能力的互联网网络,通过与人工智能、大数据、云计算等技术的融合,为社会的各行各业都带来了创造性的变革。然而对于用户来说,只有用户体验得到真正的改善,5G 带来的提升才会有价值、有意义。

作为新一代移动通信技术,5G 时代的来临也将像 4G 时代一样,"用户为王"依然是最核心的服务理念。

首先,现有的内容形态都将得到非常大的提升和优化,这也是服务理念中最基础的内容。无论是现有的新闻客户端、微信、微博、视频(尤其是短视频),还是直播、游戏等,5G 都可以在很大程度上提升网速和带宽,在降低延时的同时,还可以大幅度降低资费水平。与此同时,4K、8K 超高清视频将随着技术能力的提高,将逐渐实现大规模普及。超高清视频对画质质量带来的质的提升,可以实现对现实场景的高度还原,这种还原甚至接近于人眼的感受,这些都可以极大地满足用户在消费娱乐领域以及监控等应用领域的需求。

其次,5G 技术还可以推动内容产品的升级与创新,特别是 5G 所带来的高带宽、低时延,可以将媒体的发展潜力充分发挥出来,对 VR、AR 的发展有着十分有益的帮助。因为无线网络的输出存在速度慢的情况,在很大程度上限制了用户对 VR 设备的使用,用户体验受到很大的影响。要想实现完美的虚拟现实体验,就必须实现低于 20 毫秒的时延,5G 具备的毫秒级端到端时延的特性可以解决这个难题。另外,5G 的高速传输速率可以满足 VR 设备的高数据传输,来完成精细画面的绘制。VR 等通过现实和虚拟世界的有机融合,能够给予用户更好的沉浸式体验,更好地吸引和服务用户。

场景是 5G 时代的一个核心感受。场景化体验与以前说的"以用户为中心"不同,场景化体验是更多地关注于使用者对场景的重视与理解,以使用者个人化的场景作为中心。场景不仅包括软硬件要素、地理空间、周边景物,还包括用户心理、社交氛围等软件环境。

通过挖掘用户在特定场景下的信息需求和服务需求,以用户的特定场景为切入点,进而匹配相应的信息,以用户的场景为基础实现信息服务。移动互联网时代微信、支付宝、百度地图、美团等工具都已经开始运用场景化的思维来提高用户体验,这些依托 LBS 定位服务系统的工具,可以依据使用者的位置定位来确定使用场景,为使用者提供基于场景的信息,从而为使用者提供周围的服务信息,再通过对终端用户的大数据采集和分析,为用户提供个性化的内容及服务。

5G 技术的出现,能够初步打通人联网和物联网,实现万物互联的全新媒体体验。在 5G 技术的推动下,物联网可以做到每平方公里连接100 万台设备,是目前移动网络接入数量的近百倍,到那时我们身边的所有物体都连接在同一个网络下,极大地提高了对于用户数据的收集分析能力。而基于多种传感器的数据收集和大数据分析,可以更加准确地分析用户在不同场景、不同状态下的需求,为用户提供更精确的场景适配,提供相对应的优质内容,实现信息、服务与用户需求之间的精准化和智能化匹配,营造良好的用户体验。

5G 时代的一个很重要的变化就是跨屏、跨终端互动。云、网是 5G时代的基础设施,端、屏是 5G 时代的交互界面,一切在 5G 的时代接入物联网的终端设备,都可以成为人机互动的入口。从视听介质来看,我们已经从单屏世界进化到了多屏世界,并逐渐迈向跨屏时代,如电视、电脑、手机、平板电脑,用户的内容消费不再仅仅围绕着单一终端,而是多种终端共同作用。5G 的高速率提高了用户端的互动频率,手机、电视、穿戴设备、智能家居、传感器等多终端在物联网的连接下,可以共同成为媒介,创造使用的互动场景。打通一个用户多个屏幕,这就意味着需要将 5G 和物联网作为基础,并满足场景的人工智能适配和垂直适配的不同场景的转换要求。例如让手机成为物联网络的输入端,用小屏带动大屏,打造一个更加多元、互动式、服务式、体验式的跨屏生态系统。除此之外,跨终端互动也给用户平台带来进一步的改变。在当下移动媒体时代,智能手机是用户的核心终端,但它未必会是 5G 时代的核心终端。媒体终端的进化,从电视到电脑再到手机,主要有两个特点:一是它变得更轻、更灵活,二是与自己的身体贴得更近。在物联网、语音交互、虚拟现实等技术的发展下，可穿戴设备、VR 眼镜、智能家居正逐渐成为我们获取信息的新的载体。虽然这些是否能够取代我们现在的手机还需要一定的时间去观察，但是多终端之间的互动协作也将是未来发展的趋势之一。

5G 时代的另一个重要革新就是云计算。5G 的来临对云计算的发展极其有利，5G 时代网络速度飞跃式提升，万物互联进入智能新时代，而其背后所蕴藏的大量数据对运算、存储能力的要求，更是非常之强。在消费互联网领域，终端计算将向云平台迁移，这样可以大幅度降低终端硬件的成本，从而为终端产品的普及奠定基础。5G 所带来的更快的数据传输速度和数据吞吐量，将使得云游戏与电脑成为可能，云游戏仅需连续至相应的云平台就能进入游戏当中，使用者无需下载任何游戏资源，点开即玩，游戏资源均运行在云厂商的云服务器上，玩家通过用户端以实时的方式控制云主机，可以通过 5G 超高网速获得实时传回的游戏画面。华为曾推出一款产品"华为云电脑"，它通过手机连接屏幕就可以轻松地使用远程云桌面，和使用电脑没有任何差别，所有的运算都在"华为云电脑"的虚拟主机上面，不占用任何手机计算和存储资源，通过与云端数据传输，仅仅花费流量就可以运行应用程序。依靠 5G 带来的高速率、高带宽、低时延这三大特点，让云计算明显提升了网络响应效率、可靠性和单位容量，这样就可以把本地大量的计算业务完全搬到云上去，这样云计算就可以把它的长处发挥出来，万物皆云的时代即将到来。

三、媒体业态的变化——全媒体与智媒体

目前，学术界还没有正式地提出全媒体的概念，都是从应用层面提出的。随着媒体形式的不断丰富，媒体在内容、功能和渠道层面不断融合，这种情况下就需要有涵盖面更广的概念性词汇，才有了"全媒体"（All-Media）。

新闻制造的前沿环节是新闻线索与素材的收集。电话爆料式、人工登记式、被动候补的传统线索收集模式，随网络终端的发展而变革。通过整合通信技术和协议接口，以海量、丰富、快速的特点为基础，将线索的搜集整合到一个崭新的生产平台上，利用各种输出接口协议，把新闻大餐丰富多彩的原材料采集后的线索进行各种方式的输出。责任编辑

和制片人挑选其中的有用信息,通过线索的快发,产生选题,实现了快速收集线索、分类筛选、快速分配采访、快速统筹资源,充分满足了新闻节目对于时效性的高度要求。

制作稿件审核后进入制作环节,编辑好的字幕和文字可根据交稿中段落标识的不同,直接发送到字幕机和在线包装工作站,直接向提词人发送导言口播,工作效率大大提高。采用数字化内容管理平台,将播出的串联单、稿件等与视频文档整合,方便这些新闻资源的复播,并及时地归档。将新媒体业务的格式素材打包自动产生后,以文稿的串联单为主,直接报送不同的新媒体分发对象,通过新媒体平台在网络电视、移动电视、手机电视等新媒体上进行发布,从而快速有效地实现了节目资源的再次使用。

随着网络和社会化的媒介发展,消费者对信息渠道的接受程度也日益多元化,因此传统的媒介将形成了"三微一端"等渠道混合信息投放的全媒体平台。例如2016年元旦前夕,央视新闻新媒体新年特别报道"三微一端"统一互动平台上线,内容有效整合新闻频道各栏目互动需求,电视与微博、微信、微视和新闻客户端之间的通道被打通,在技术上进行对接。用户打开微信,对着新闻频道摇一摇手机,就能进入统一的互动平台,互动内容可以同时呈现在这 4 个应用平台上,实现跨平台联动,在产品上打造出多个跨年互动的原创内容,同步多平台传播,通过"还在玩朋友圈?一起进入央视新闻圈吧""微观 2015""我的年度海报"等活动,在看电视、摇手机、拍照片、写寄语等互动环节中,新闻频道观众与 CCTV 新闻新媒体用户共同完成了与 CCTV 新闻的跨年报道。

在接收到个性化推荐的内容之后,算法会对使用者媒体的消费行为进行勾勒,并对使用者进行更系统、更全面的参数分析,包括点击次数、阅读情况、停留时长、分享、报告、屏蔽、点赞、评论等。这样的用户反馈系统可以掌握用户对社会问题的观点或看法,并根据用户的反馈,对信息内容的提供和分发进行调整。可以归纳为五大类型:人口统计属性、可信度、关注来源、关联性、活跃度等因素对通信接收者所提出的测量指标进行了分析。在粉丝所在地区、性别、年龄、收入水平、受教育程度、职业信息、兴趣爱好等用户调查中,经常会出现大量的人口统计关联指标。可信度测量与传播主题一样,即利用平台加 V、实名认证等机制对水军含量进行测量,并提出测量水军含量的问题,供传播信息的接收者参考。关注来源,着眼于源头,即把设备和渠道指向接收方接触信息。

关联性则主要是用于反映信息接收者与目标受众的相关性。活跃性指标并没有强调它的内容生产能力，而是主要局限于两类指标：平台的使用频率和传播者的交互频率。

媒体内容层面的智能化体现在生产和推介方面，新闻机器人作为人工智能，在新闻领域的最新应用与垂直领域的报道中，写稿机器人使用频率已经很高了。其实，新闻机器人在九寨沟大地震发生之前，就已经被全球主流媒体所关注，并派上了用场。国外，有纽约时报的 Blossom、华盛顿邮报的 Heliograf、美联社的 WordSmith 等，国内，则有新华社的快笔小新、第一财经的 DT 稿王、腾讯的 Dreamwriter 等。新闻生产全自动化，利用智能算法，电脑程序能够分析输入的数据，并写入内容，乃至目前新闻机器人能够模拟人体文字风格和文字语言，使机器写作更加智能。除此之外，新闻机器人可以实现新闻生产的低成本率。新闻机器人有助于加速新闻生产速度，节省新闻生产成本，无需媒体为其支付工资。同时，新闻机器人可以快速抓取数据，保证新闻时效，它已经被媒体广泛应用在体育新闻和财经新闻的报道中，它还具有基于分析大数据的平台来预测趋势的能力。

媒体传播层面上的智能化体现在分众与聚合方面。场景化是某一时空中人性的需要，即被满足的过程，因手机网络和社交传播而日益突出和增强所带来的。场景化传播是一种特殊的信息或服务匹配，它的基本条件是人类的实时状态。利用社会化媒介进行信息传输实现的基础是算法的个性化准确地推送和 LBS 定位服务等技术。例如，基于位置信息的场景智能推荐，也就是我们所说的算法推荐，计算机根据文章的兴趣标签、质量标签等，并且将标签化的模型、用户模型抽象出来，对用户的浏览记录、阅读习惯等进行归类、排序、过滤、关联，自动筛选出有效信息，形成文章画像和用户画像。在分发过程中，算法建议将所选择的信息准确地推送给使用者，与使用者的特点相匹配，如年龄、兴趣、职业等，再如环境特点和分类、时间、天气情况、地理位置等，还有关键词、热度等、文章特征等。算法推荐建立面向用户的"用户 + 事件"模型，区别于以往以事件为出发点的传统信息传播方式，实质上就是以用户关心的事件为核心，赋予用户信息定制功能，这不仅节约时间成本，提高信息的获取率，将个性化的信息传递模式转化为现实，更符合用户的个性化要求。

四、新闻领域的智能化

机器人写作最大的优势在于高效,并且这种量变还带来了新闻的质变,满足了一些受众对于新闻的长尾需求。但工业化生产也是一把双刃剑,以标准化生产为主的分工和专业化,一方面带来的是模式化、内容产品单一化的弊端,另一方面是效率的提高。机器人写的作品虽然精准,但总体来说还是缺乏人情味,并且在题材、体裁上目前还很局限,缺少人为创作的灵光闪现和艺术之美。

腾讯 Dreamwriter 是由腾讯财经研发的一款能够根据算法在第一时间自动生成稿件、瞬间输出分析研判的自动化新闻撰稿机器人,一分钟内将重要资讯和解读送达给用户,Dreamwriter 进行写作的整个流程主要经历以下五个环节:数据库的建立、机器对数据库的学习、就具体项目进行写作、对写作内容的审核、最后一个是分发。简单来说,腾讯应当自己建立可供机器学习的数据库,其目标是形成相应的写作方式,Dreamwriter 学习完毕后,即可进行报道写作与数据库有关的新闻事件,写作完毕后,通过审核环节,最后通过腾讯的内容向用户端发送。

2015 年 11 月 7 日,新华社第一位机器人记者快笔小新横空出世,在《财经与体育报道》中,快笔小新可以实现多种任务。快笔小新写稿件可分为三个阶段:采写清洗、计算分析、模板匹配,利用大数据技术实时采集、清洗和标准化处理,并利用业务需求定制对应的算法模型,对数据进行实时计算,最后通过计算的结果,选取适当的模板生成 CNML,也就是中文新闻信息定位标语版稿件,在编辑审查后自动进入待编稿件库,然后从编辑审查后,再从编辑审查后发布。快笔小新运行一年多来,新闻社编辑记者的工作强度大大下降,在采写深度分析稿件的基础数据信息中,发现编辑记者的生存能力和发稿时效也有了较大的提高。

科大讯飞与人民日报共同打造的 AI 虚拟主播果果正式亮相 ,在人民智播报微信公众号上,这位虚拟播报员每天准时到岗,智能播报国内外的热点事件,为网友们带来了便捷的新闻资讯阅读体验。据悉,果果以主持人果欣禹为原型,科大讯飞技术人员通过对果欣禹的人像及音频素材进行采集,为了使 AI 虚拟主播果果可以实现多语言新闻自动播报,采用科大讯飞的一些人工智能技术,包括语音合成、人脸建模、人脸识别、机器翻译、图像合成等,且可支持文本到视频的输出与转换。虚拟主播的出现不仅使得新闻播报更加精准、高效,也为观众带来全新的浏览体验。

（新华云智能采编系统）新华网历经十多年发展，一方面其新闻传媒业务不断发展壮大；另一方面，多元化布局也日益开拓。紧跟"互联网+"的时代发展步伐，进行跨媒体、跨领域、跨行业的大融合，结合自身在媒体行业信息采集、生产加工、产品策划、集成发布等的经验积累，协同国内一线科技公司共同打造基于云计算服务的一站式解决方案平台，提供云化支撑运营能力，推动云计算平台、大数据建设，打造最佳云生态，由服务读者向服务用户转变，新华云希望打造一个丰富多样的生态系统和大数据创新平台，通过这个生态系统之间的有效协作和基于大数据的业务创新，能够为政企客户带来更多的创新价值，推动传统主流媒体进行资源云化整合，技术、资源、应用、人才、渠道、用户、产业集结于此，在人才吸纳、技术力量储备、云基础平台搭建、自主软件开发、主导产品研发、经营模式探索等方面进行聚合，建立一个媒体一体化发展的生态系统。在现场新闻技术平台的基础上，"现场云"全国服务平台将新闻现场的功能运用到全国新闻媒介中，为一站式整体的解决方案，记者只要一幅移动，就可以利用直播云系统来采集素材，同步回传。后方编辑部可以实时编播网络，报道的全时性、纪实性极大地提高。

科技是第一生产力，新闻资讯的生产方式在每一次新技术的应用下都带来巨大的改变。目前，我们正处于"互联网+"时代，很多新兴技术被广泛地运用，比如大数据、云计算、机器学习、人工智能等技术。随着科学技术的发展，Dreamwriter、虚拟主播、快笔小新、新华云等产品得到了推广，并取代人做了一些辅助工作。新闻的制作、加工和传播，将来会随着技术的进步而不断地改变。但是，我国的 AI 还停留在相对初级应用阶段，我们距离实现真正的智能新闻还有差距，因此未来 AI 的发展依然存在着很大的不可控性。

第三节　5G 的智能化媒体传播遐想

5G 时代，移动互联网具备高速率、高容量、低时延、低能耗的特点。

5G 将裹挟着人工智能、云计算、大数据等技术,将人类社会推向万物互联的智能世界,而智能媒体借助 5G 技术能够实现怎样的飞跃,这也是值得我们期待的。5G 双高双低的四大特点将为媒体传播的发展提供更为坚固的基础保障,5G 将推动媒体实现颠覆性的改变。如之前内容所提到的,媒体将从全时空传播到全程媒体、从全现实传播到全息媒体、从全连接传播到全员媒体、从全功能媒体传播到全效媒体,媒体传播方式的更新迭代,将重新构建更完整的信息传播格局。除了传播方式发生改变,人工智能也必将在 5G 时代,成为传媒领域的基础技术之一,从而影响融媒体的建设进程,如重构信息系统、重建用户平台、重塑媒体业态。上面简述了 5G 对传媒信息传播方式的影响,那么 5G 在我们的日常生活场景中,究竟有什么样的影响呢?

根据一家名叫高通公司的实测数据显示,5G 网络延迟将从 4G 的115 毫秒降至 5 毫秒以内,这就意味着在广阔的商用领域,不仅手机使用体验可以得到极大的提高,而且可以大显神威。基于 5G 网络高速率和低延迟两大技术特性,我们的 5G 网络在 3D 视频通话、4K 在线视频等方面无疑将会给我们带来前所未有的体验。现如今,随着 VR 技术的发展,能够给人们带来前所未有的沉浸式体验,通过 5G 连接的 VR 头盔更是解决了 4G 网络传输速度慢、卡顿等一系列问题,让你置身于游戏的欢乐,不受丝毫影响。并且 5G 网络高速率可以满足 VR 头盔高带宽的需求,低延迟特性可以有效降低 VR 头盔眩晕感,堪称天作之合。而在人工智能领域,5G 网络的落地应用将会开启一个全新的智能时代,人工智能技术的发展将会给人们生活带来巨大的改变。5G 时代的到来,大幅度改善了我们的生活,人工智能可以借助 5G 传播的高速率,帮人类打扫卫生、看顾小孩、选择商品、看病拿药等。

从以上内容中我们可以详细认识 5G 的特点,高速率、高容量、低时耗、低能耗,用户能够更加高效地使用移动网络,而低能耗则允许大量的传感器遍布在我们的生活之中,从而实现万物互联。前四代移动通信技术的发展只是方便了人际联系,5G 则满足了万物互联的核心,不仅解决了人与人,也解决了人与物、物与物之间的联系,如果说 4G 改变了生活,那么 5G 就是改变了社会。5G 时代,不论是商用还是家用,人工智能的普及都离不开 5G 技术的支持。在家庭使用场景下,最为典型的媒体传播终端当属电视机,如今的家庭电视多为互联网电视,即集卫视直播、节目平台订阅、直播平台点播等功能为一体。但电视在家庭中,仍只是作为一个独立的主体存在。试想在5G及人工智能技术普及后，家庭电视机终端将沿着互联网电视的发展道路转变为智能家庭的信息屏幕，即成为海量化、多类型的网络媒介信息内容的播放设备，既能实现远程遥控又支持语音交互，既可以作为家庭影院又能连接VR眼镜实现进一步的沉浸体验。同时，连接家庭所有的传感器成为管理智慧家庭的核心枢纽，让每个家庭都拥有为自己定制的智能家庭管家。

5G使工作交流快捷便利化。首先，在商用场景或企业内部中，具有针对性服务的智能媒体可给予企业更方便快捷的使用体验。根据企业所处的领域及每名员工负责的工作，自动为各级员工收集、发放新闻信息、企业内部交流沟通，可以根据部门、级别等设置来查看权限，在平台上，通过开放、兼容的平台，将记录沟通、日历、网上文档、云盘等应用程序进行深入的整合，使用户在平台中有效沟通、流畅协作，从而使企业效率得到全方位的提高。如飞书、钉钉等软件，都是为企业内部商务沟通和工作协同创办的媒体软件。进入5G时代后，由于速率、容量、延迟的极大优化，将完全发挥此类媒体软件的使用，实现办公效率的极致提升。其次，在媒体融合推进过程中，融媒体中心的运行也依赖于移动通信系统。融媒体中心实现采、编、审、发各个环节的一体化，其中各个环节的传递速度则对新闻的时效性有着至关重要的影响。采编的实时连接可大幅度减少新闻制作的时间成本，写作机器人、新闻AI合成主播的出现，都是新闻业在智能传播时代做出的创新。同时，新闻的呈现方式也影响着用户的体验，待5G普及后，VR直播便可作为新闻日常传播的方式之一，沉浸式的观感将很大程度上提升用户的观看体验。

总之，4G与5G不仅是速率、容量、延迟等方面的差异，智能媒体与传统媒体相比，也不仅是传播形式上的改变。VR的应用需要极大的网络传输数据，4G网络无法满足网络普及条件。因此，VR在被人们熟知的情况下仍无法全面普及，但5G的出现给VR的普及提供了必要的条件，可以想到5G商用后，VR产业也必将随之崛起成为现象级产品，媒体用户也将可以在各种场景下获得沉浸式观看体验。除此之外，5G的特点也允许巨大数量的传感器存在，且各种传感器可以相互连接实现万物互联。未来媒体或许会出现新的资讯品种——传感器咨询。智慧城市中运行的各个传感器可通过智能媒体向公众播报实时信息，实现城市的高效运转。

5G为互联网媒体提供了更为广阔的发展空间，即传统媒体向全程媒体、全息媒体、全员媒体、全效媒体的发展,智能前景下的融媒体建设也需要更完善的网络支撑,智能媒体的可持续发展也需要高速网络作为传播基础,可见5G与智能媒体的发展相辅相成。同时,我们还要强调,5G时代还需要从人出发,共同探索媒体发展新的方向。

第十章

智能媒体传播的畅想与反思

第一节　未来媒体与未来社会

从传统媒体、互联网媒体、社交网络再到智能媒体,过去的十年间,媒体行业经历了几十年都未曾有过的变革与创新,媒体形态上的颠覆性转变,赋予每个人极具个性化特征的媒体属性,也将评论传播权交付到了用户手中。那么未来媒体生态将会如何演化? 未来媒体与未来社会的发展方向又在哪里? 我们不妨从以下几个方面进行思考。

首先,是虚拟与现实的融合。未来媒体将打破现实与虚拟的边界,搭载智能技术,促进虚拟世界与现实世界的"融合"。可以说,未来媒体可以使沃尔特·李普曼曾经提出的"拟态环境"设想成为现实,通过使用具有智能特性的未来技术,人类有能力在满足人类主观想象的同时,创造出一个又一个虚拟与现实"融为一体"的世界,而这个世界正是基于人类的意愿而建立的。而这样一个虚拟的世界,不仅能将古老与现代连接起来,为用户营造出一种"穿越感",更能将这一处和那一处汇聚在一起,让用户体会到新鲜的感觉。

现实社会在未来媒体的推动下,更接近于人的主观世界,人们对现实社会的体验和感受在主观世界的丰富程度上得到了强化。客观和主观、现实与虚拟的交流和互动,使人们的感觉、心理与经验在任何时候都能得到激励,人类可以尽情徜徉在一个"静随心动"的世界。但是,人类必须警惕的是,在给予人类的"自由"与"享受"的同时,未来智能也可能会给我们带来"束缚"。未来智能从某种程度上讲,它抑制了人类的理性,也让价值失去了"意义"。也许,在未来的社会中,我们不再能够分辨哪些是仿真的经历,哪些是亲身的体验,哪些又是真实的记忆,也许虚实会越来越不能辨识,记忆与梦境就会变得难辨起来。正如鲍得里亚在《意义在传媒中的内爆》一文中提出的"内爆"概念那样,社会中各种各样的媒体信息,但大多数都被"内爆"成了没有任何内容的"杂音"。在未来智能媒体的持续作用下,现实与虚拟在社会中的载体将不复存在，媒体与现实之间的介入也将荡然无存，很有可能虚拟与现实的"交融"也会失去意义，但也不能因噎废食，价值、经验及新的社会现实、意义，只要我们时时维持理性的思维，未来媒体一定会建立起来。将来社会，在未来媒体建设下会更加完善，也会更加美好。

其次，人工智能语境下的未来媒体，将会是人全方位感官的"延伸"。加拿大学者麦克卢汉有一个著名的观点，就是"媒介是人的延伸"，未来智能技术作为媒介的一种核心力量，支撑着未来的传播形态。而在智能语境条件下，未来的媒介技术可以推动外部和虚拟的"交融"，使客观和人的主观"交融"，使人的全方位感官发生变化。在未来社会中，未来智能媒体与人的身体的界限将会被打破，人的感官将不断进化为可使用的媒介，甚至与智能媒介融为一体，全方位智能化的人类和深层次智能化的社会将会成为现实。

此外，智能影像化生存同样是未来社会的重要趋势。未来影像是未来媒体的核心因素，正像尼葛洛庞帝曾经预言的"数字化生存"，他说：在虚拟现实中，你可以张开双臂拥抱银河，在人类的血液中游泳，或者造访仙境中的爱丽丝。在智慧媒体的环境中，就是为了人类"交融"、主客"交融"、人的感官体验和心理想象"交融"的社会生存状况，营造出与智像生存相似的体验氛围，让你在追求世界中任意地漫步、体验。今后的社会，为"智能影像生存"提供了一种机会，使理想与现实无缝。

随着脑技术的不断发展，人类要打破自然人脑的秘密，然后将脑机的互动技术与媒体技术相结合，实现对自然人智能的仿真重构，实现人脑实体间超时空的信息传递，人类凭借对智能的运用，创造了"零点智媒"时代的全新可能。通过密码的方式，在生命体间，知识思想的信息交换就可以通过密码来完成，今后人脑或智脑将会发展为信息的收发终端。社会信息将通过智能化直接实现全社会共享，大脑也可以始终处于信息交流中的状态。

上述内容仅仅是理想的状态，在高速移动的网络推动下，智能技术将加快转移媒体的边缘，使迎来一切产品皆转、人机合一、自我进化的智媒时代，在智能技术的支持下，智媒体的发展已经在行业和学界达成共识。

智能媒体同时具备三种大众媒体的优势，即报纸、广播、电视和网络的优势，可以实现对深度报道的组织；图像图标、音频、视频，可以让报道有声有色；随时更新数据；不限版面、不限时段、不限频次，信息无限发布；保存方便，能提供较全面的检索资料；资讯信息实时传递到用户终端，人们可以在任何时间、任何地点都可以得到各种想要的资讯；甚至人工智能可以提前预知用户所需，进而安排好各种工作和生活。智能媒体传播飞速发展也有它的弊端：传播主体需要求具备计算机操作的一定技能；联网费用较高，接收起来也不是很方便；有限的容量，远达不到电视传播成熟顺畅的境界，音频尤其是视频新闻更是如此；用户信息被各个平台掌握，在网络中就像赤裸裸的存在一样，极易造成个人信息泄露。

第二节　智能时代媒体的发展方向

一、智能时代的"守正创新"

媒体形态趋向融合决定了新闻媒体新形势。随着新兴技术的不断发展，很多新的信息传播方式也相继产生，比如像网络媒体这一类的新媒体，媒体之间的界限、新闻资讯行业与其他行业之间的界限都愈发模糊。群级信息平台将是一种标准的组织形式，进一步减少了新闻团体对外部信息的依赖性。这种变化使新闻组织和市场生活空间发生着改变。

"知常明变者赢，守正创新者进。"智能媒体时代，一要守正，二要创新，既要运用好智能媒体技术带给社会的福利，又要避免人类思维与行动受到技术的操纵，把握好技术、社会与人之间的关系；既要把握好舆论引导的"守正"方向，又要实施好媒体融合与智能媒体发展的"创新"战略，在守正创新中实现媒体融合在新时期的新飞跃。

无论是历史还是现实，媒体舆论的阵地都至关重要，在智能媒体时代坚持正确的舆论导向显得尤为重要。在智能传媒时代，党管媒体仍然是领导新闻舆论工作的基本原则，要求各种传媒机构按照先进的指导思想，规范管理，掌握舆论主动权，确保其为人民服务的基本导向，从而为社会主义服务。在互联网带来的喧嚣中，国内外日益领悟到作为专业的新闻业和媒体人是社会良性发展不可缺少的中坚要素之一，因此媒体人需要把"守正"作为新闻业必须的核心素养。在目前的媒体环境中，正面宣传引导舆论也需要党对新闻舆论的工作进行正确的引导,自媒体、虚拟现实交互、多向传播等现象,随着科技的发展,舆论环境变得越来越复杂,坚守舆论的难度日益增大,这一背景也对增强媒体的舆论引导能力提出了新的要求。传统媒体的衰落使得它在舆论场中的话语权不断降低,这就直接影响了它原有的很强的舆论引导能力以及公信力,所以要想推动社会舆论往好的方向发展,就迫切需要建立起智能媒体与传统媒体之间的沟通机制。舆论场的形成、党管媒体与依法治网的融合、良性对话机制的构建,在具有共通性的大环境下得以实现。此外,守好互联网舆论阵地,对于实现社会的安定祥和至关重要。要从这一高度认识党管媒体、依法治网与全局的关系,使党管媒体凝聚人心、引导大家不懈奋斗,这是党领导建设和改革事业的关键一步。

我们要始终坚持正确的政治方向,把握正确的舆论导向,坚持"四力"标准,同时对照"五个方面"深度融合的要求,凭借媒体人的责任担当,一步一个脚印,踏踏实实地去探索国有文化媒体独特、有效、可持续的深度融合发展之路。人民日报社社长李宝善同志认为,全媒体的发展离不开媒介自身的需求与发展,无论是在稳定、主流声音,还是从做大做强"国家队"的层面来看,都需要媒体融合的发展。因此,"守正"现代媒体必须在守正创新中进行新的跨越,将舆论引导与媒体融合、技术创新战略有机地结合起来,提高媒体的生存能力。

多元主体的智能化发展也是关键的创新点。媒体未来的智能化趋势将愈发明显,在智能媒体时代,拥抱智能技术,发展智能媒体,构建智能生态是对媒体提出的新的内在要求。面对这些要求,一方面,我们应该加强以技术为核心的媒体建设,促进媒体与技术的深度融合,利用智能技术创新媒体内容、丰富媒体形式;另一方面,将智能媒体与社会整体发展结合起来,在智能媒体时代,最大限度地发挥媒体的社会价值。对于传统媒体而言,在提升媒体融合的广度和深度这一层面,基于智能技术进行媒体创新尤为重要。智能时代的媒体融合应该做到"价值的智能匹配",这就更加要求囊括智能媒体在内的全媒体传播体系的建设与完善。在媒体格局上,构建全媒体业务格局,加快数字化、网络、移动等转型服务。在传媒技术方面,应顺应互联网传播的移动化、社交化、视频化趋势,充分应用智能技术传播形式,建立以互联网为基础的现代技术体系。在媒体内容上,深耕信息内容,提升内容品质,并开发多元化的内容呈现与智能传播形式。

新华社"媒体大脑"在处理海量数据时,可以精确地分析舆论;具有主流价值导向进行算法优化的人民日报社"人民号";中央广播电视总台对直播形式进行了优化,采用了万象鹰眼、贴地机位、全景照相等。我们可以看到,主流媒体融合发展的必要条件是智能技术,这些技术都在向主流媒体赋能传播新动能,并显示出极强导向力。对新媒介而言,更要充分利用自己的网络技术这一智媒介的发展优势,抓住机遇,在自己的发展之路上闯出一片天地。比如,搜索引擎可进一步探索智能数据库建设,开发智能搜索模式,形成全方位智能化的用户画像;社交媒体可将图像视觉技术、自然语言技术、智能语音技术纳入其 UGC 内容生产与用户画像中。另外,网络内容集成媒体还可以运用智能写稿以及内容审核机器人来提升内容质量和信息传播效率。

对于智能时代的受众而言,智能技术的赋权更加推进其传授身份的转变。嵌入日常生活的"沉浸传播"环境,已经将受众的角色从被动转向主动,从接收者转向参与者,可以说用户在传播创新中的作用会越来越显著,将成为未来智能传播的主力军。在我们拥抱新兴智能技术,推进传播的生活化、个性化的同时,更要着重提升智能化、理性化的媒介素养,审慎运用自身的传播权利,处理好技术与生活的关系。

对于媒体工作者而言,从纸媒时代到微博、微信,再到视频、H5、VR全景,"提起笔能写,对着话筒能讲,举起摄像机能拍"的全媒体记者已经成为时代的需要。作为智能时代的传播者,应该用更大的创新热情,生产出更多契合用户需求的新闻产品,也在媒体融合的考验中锤炼"脚力、眼力、脑力、笔力",培养智能媒体思维,丰富智能媒体实践,形成一支强有力的智能传播的生力军。

创新是现代媒体发展的核心问题。目前,新闻媒体的传播格局、媒体形态、舆论生态等方面都发生了很大的改变,随着技术的更新迭代、管理与经营模式的改变、传播载体的创新等方面问题,媒体人也需要从媒体理念、方法、形式、体裁、手段、业态、内容、机制、体制等多个方面来迎接创新的到来。随着智能媒体的发展,媒体对传播格局、新闻理念、媒体业态等方面均加快了建设的步伐,把信息技术裂化所带来的严峻挑战转变为信息传播发展的难得机遇,转变为媒体融合发展的强大动力,对新闻采编、制作、传播、发行等全链条创新形成了巨大的推动作用。锐意改革创新,敢为人先,就能真正开辟出更广泛的新闻蓝海。智能时代的传媒人,需努力成为全媒型、专家型人才,引领媒体融合与智能媒体发展大潮,真正地做到"以自我革命的姿态适应时代发展,以融合手段壮大主流阵地,以内容创新唱响时代强音"。

二、智能媒体发展前景

未来5年,5G、人工智能、物联网等将会成为信息技术发展的引擎,这些技术应用到全媒体领域,将会形成"四化"的特点:第一个是全媒体内容"海量化",5G带来的移动宽带能力提升会促使媒体信息采集能力、传输能力、信息存储能力、信息处理能力都大幅提高,在全媒体传播体系中,传播者、信息内容、受众、终端表现都会有更大的数据传输能力、更加丰富的内容信息形态;第二个是全媒体流程的云化,数据存储、操作、处理的云化在整个媒体传播体系的建设中已经成为媒体发展的潮流;第三个是全媒体终端的物联化,当终端连接到网络中,每一个终端都会成为一个媒介,在云计算的保障下,在5G的信息通道下,全媒体的终端形态就完全打通了;第四个是全媒体传播方式智能,人工智能将从简单的数据处理到智能的参与,深度参与内容创作,提供创作灵感。

人脑价值与智能效率平衡才能发挥智媒最大价值。每一刻都在创新进步的智能媒体,赋予我们更多的方法去感知这个世界。当人工智能发展进入到更高、更复杂的阶段,我们又将面临新的机遇与挑战,智慧化升级意味着传媒的运作效率提升,也意味着解放了人类的大脑。但不可忽略的是,人具有情感的,是会思考的,人总是新闻价值的判断者,所以我们必须兼顾人脑的价值与智能效率的关系,同时要发展智媒,这样人工智能才能赋予媒体更大的价值。

人工智能技术对信息传播业格局变化带来的影响有利有弊,主要表现在四个方面:一是重构媒体格局,二是重塑核心资源,三是变迁传播权力,四是移动碎片传播。互联网平台媒体将以强大的内容制作能力迅速崛起,这是最为明显的趋势。平台经济大趋势已经显现,用户的遍在、社会化内容的生产、新技术的应用,借助数据和智能技术进行内容分发、精准广告投放及商业价值变现,智能创新传播已经成为媒体发展的核心趋势。

人工智能带来了新的新闻革命,带来了新的挑战,既有伦理道德,也有法律和法规。伦理学是一种哲学问题,其困难是怎样把现有的伦理学准则转换成人工智能能够识别的语言,这是哲学问题。从媒体的智能实践出发，我们急需建立一套引导人工智能系统进行推理和决策，能够被广泛接受的全新的伦理体系。同样面临重构问题的还有新闻法规，尤其是基于深度学习的算法新闻，不管是用户还是监管者，都存在不透明、不确定的问题。保证人工智能时代新闻传播活动仍然在法律范畴中进行，需要在数据保护、算法透明化、平台监管、机器人立法等方面进行新的途径。而且，很多研究人员强调，在人工智能系统的研发上，要通过技术手段克服算法暗箱带来的弊端，通过技术设计来保证系统的公正性、透明性和可责性。遵守同样的技术逻辑，我们必须充分考虑到我们把它叫作社会标准的人工智能系统中的一个重要新闻伦理和法律规范。只有将法律规制、伦理规范和技术手段结合，并借助传播学、法学、伦理学、计算机科学等多种学科的知识与方法，这样才能真正融入伦理规范与法律规范中，确保人工智能能够被新闻界善用、自动前进。

在媒体智能化过程中，许多社会化媒体呈现出有点无面的报道特征，这对社会热点问题研判带来了一定误导，缺乏科学合理的事实依据，仅凭寥寥数人的观点、网民评论形成新闻报道，给平台、数据媒体的传播、政府部门的监管带来了风险和挑战。今后可通过发展社会化指标来真正对社会起到监测作用，带有情感型的、各种社会力量价值观导向型的媒体报道形式可作为补充手段。同时，还需要警惕具有话语权、影响力的意见领袖等带来的叙事霸权，平台媒体在支持内容自由生产的同时，还需要承担部分内容把关、审核的责任。未来随着 5G 时代的到来，算力、内容生产能力的逐步发展，知识产权保护、内容原创的技术判定与保护等也应该相应提升，对于算法机器生产的内容带来的影响同样需要给予高度关注。

至此，智能媒体重塑的内容即将要告一段落，通过前面的内容，我们一同了解了智能媒体的方方面面。无论是智能媒体时代传播学理论新体系的构建、智能媒体技术的前沿应用、未来媒体的发展方向，以及新闻领域的智能化趋势等，通过对具有前沿色彩的现象和案例进行分析，希望能够帮助大家感受到智能媒体传播的普遍应用性，进而在引发大家对智能媒体关注的同时，启发大家的发散性和批判思维。在复杂多变的智能媒体传播时代，应理智、客观地迎接智媒时代所面临的机遇与挑战，对技术、媒体和社会之间的动态关系进行进一步的思考和探索。

第十章　智能媒体传播的畅想与反思

参考文献

[1] 陈昌凤,李凌.算法人文主义:公众智能价值观与科技向善 [M].北京:新华出版社,2021(05).

[2] 方兴东,严峰,钟祥铭.大众传播的终结与数字传播的崛起——从大教堂到大集市的传播范式转变历程考察 [M].现代传播(中国传媒大学学报),2020(07).

[3] 张玉祥.广谱哲学浅说 [M].北京:中国社会科学出版社,2014.

[4] 孙愈中.机器人写稿将取代记者工作的现实悖论 [J].新闻论坛,2018(04).

[5] 于炬.智能传播中算法的进化 [J].视听界,2021(03).

[6] 燕艺丹.浅析推荐算法与信息需求满足 [J].中国报业,2021(12).

[7] 赵红勋,李宁宁.人工智能时代算法新闻的空间实践探析 [J].中国传媒科,2021(06).

[8] 文远竹.智能传播的伦理问题:失范现象、伦理主体及其规制 [J].中国编辑,2021(09).

[9] 张艳,程梦恒.人工智能营销传播算法偏见与元规制路径研究 [J].中国出版,2021(08).

[10] 匡文波,张一虹.论新闻推荐算法的管理 [J].现代传播,2020(07).

[11] 袁玥琪.智能传播时代媒体伦理的解构与重构 [J].科技传播,2021(14).

[12] 潘红霞.智媒时代智能信息推荐算法的缺陷及正向重构 [J].未来传播,2020(05).

[13] 张建中.声音作为下一个平台:智能语音新闻报道的创新与实践 [J].现代传播(中国传媒大学学报),2018(01).

[14] 卢维林,宫承波.智能音箱中的新闻生产与呈现逻辑 [J].青年记者,2020（13）.

[15] 宋国澳,麦梦佳.智媒时代新闻播报的新特征与发展困境:基于新华社 AI 合成主播家族的研究 [J].青年记者,2020（32）.

[16] 喻国明,王文轩,冯菲.智能传播时代合成语音传播的效应测试:以语速为变量的效果测定 [J].当代传播,2020（01）.

[17] 冯菲,王文轩,修利超等.冷热媒介:合成语音与真人语音的不同传播效应:基于 EEG 的实验证据 [J].新闻与传播研究,2020（27）.

[18] 姜泽玮.收听人工智能语音播报与阅读文本的短时记忆效果差异:以新华社客户端新闻为个案的实验法研究 [J].中国记者,2021(03）.

[19] 穆伦尼克斯,斯特恩,威尔逊等.男女计算机合成语音的社会认知 [J].人类行为中的计算机,2003（19）.

[20] 赖杰,程凯,格林等.在路上和网络上? 在驾驶时理解合成语音和人类语音［C].计算系统中的人为因素会议论文集,2001.

[21] 里夫斯,拜伦,克利福德纳斯.媒体方程:人们如何像对待真实的人一样对待计算机、电视和新媒体 [J].英国剑桥,1996（10）.

[22] 罗德罗.广告故事中真人语音和智能声音的有效性、注意力和回忆:声部的韵律影响及作用 [J].人类行为中的计算机,2017（08）.

[23] 周葆华,苗榕.智能传播研究的知识地图:主要领域,核心概念与知识基础 [J].现代传播（中国传媒大学学报）,2021（07）.

[24] 江作苏,刘志宇.从"单向度"到"被算计"的人——"算法"在传播场域中的伦理冲击 [J].中国出版,2019（02）.

[25] 黄升民,刘珊.重新定义智能媒体 [J].现代传播（中国传大学学报）,2022（01）.

[26] 隋岩.群体传播时代:信息生产方式的变革与影响 [J].中国社会科学,2018（11）.

[27] 吴学谋.从泛系观看世界 [M].北京:中国人民大学出版社,1990.

[28] 昝小娜.信息传播的时空矩阵模型及其经济学意义 [J].现代传播（中国传媒大学学报）,2016（12）.

[29] 昝廷全,周仪涵.信息自组织:价格形成的传播机制与模型 [J].现代传播（中国传媒大学学报）,2022（02）.

[30] 胡正荣,李荃.媒体融合的时空升维发展:对《关于加快推进

媒体深度融合发展的意见》的深度解读 [J]. 新闻与写作, 2021（01）.

[31] 姬德强. 媒体融合：打造数字时代的基础设施 [J]. 中国社会科学报, 2019（24）.

[32] 习近平. 在网络安全和信息化工作座谈会上的讲话 [EB/OL]. 人民日报, 2016-04-26.

[33] 胡正荣. 智能化：未来媒体的发展方向 [J]. 现代传播（中国传媒大学学报）, 2017（06）.

[34] 彭兰. 假象、算法囚徒与权利让渡：数据与算法时代的新风险 [J]. 西北师大学报（社会科学版）, 2018（05）.

[35] 胡正荣, 李荃. 发力全媒体人才培养推动深融发展 [J]. 青年记者, 2020（31）.